cents francs ou trois mil francs de france suffisent ? Mais quoiqu'il en
soit je vous conjure avec la plus vive instance de donner l'avis
sur le champ a cette tête j'ai besoin d'offrir de mon vivant
cet hommage au bienfaisant quatrainier ; mon âge mon
malheur, et peut être mon désir me conduisent rapidement
a la mort. pour dieu ne me refusez pas célèbre et excellent
marquis dischia ; vous avez été indulgent pour les oeuvres
de ma main soyez le pour le voeu de mon coeur

J'ai l'honneur d'être pour ma vie avec admiration
et attachement Monsieur votre très humble et
très obeissante servante

Valigny Dames, Mme De Grollier

Rue de Beaune No 2 le 16 Juin 1816

Md Grollier

Lettre di Clam[illegible] pr

Md [illegible]

A Monsieur

Monsieur le chevalier

Canova Marquis d'ischia

à Rome

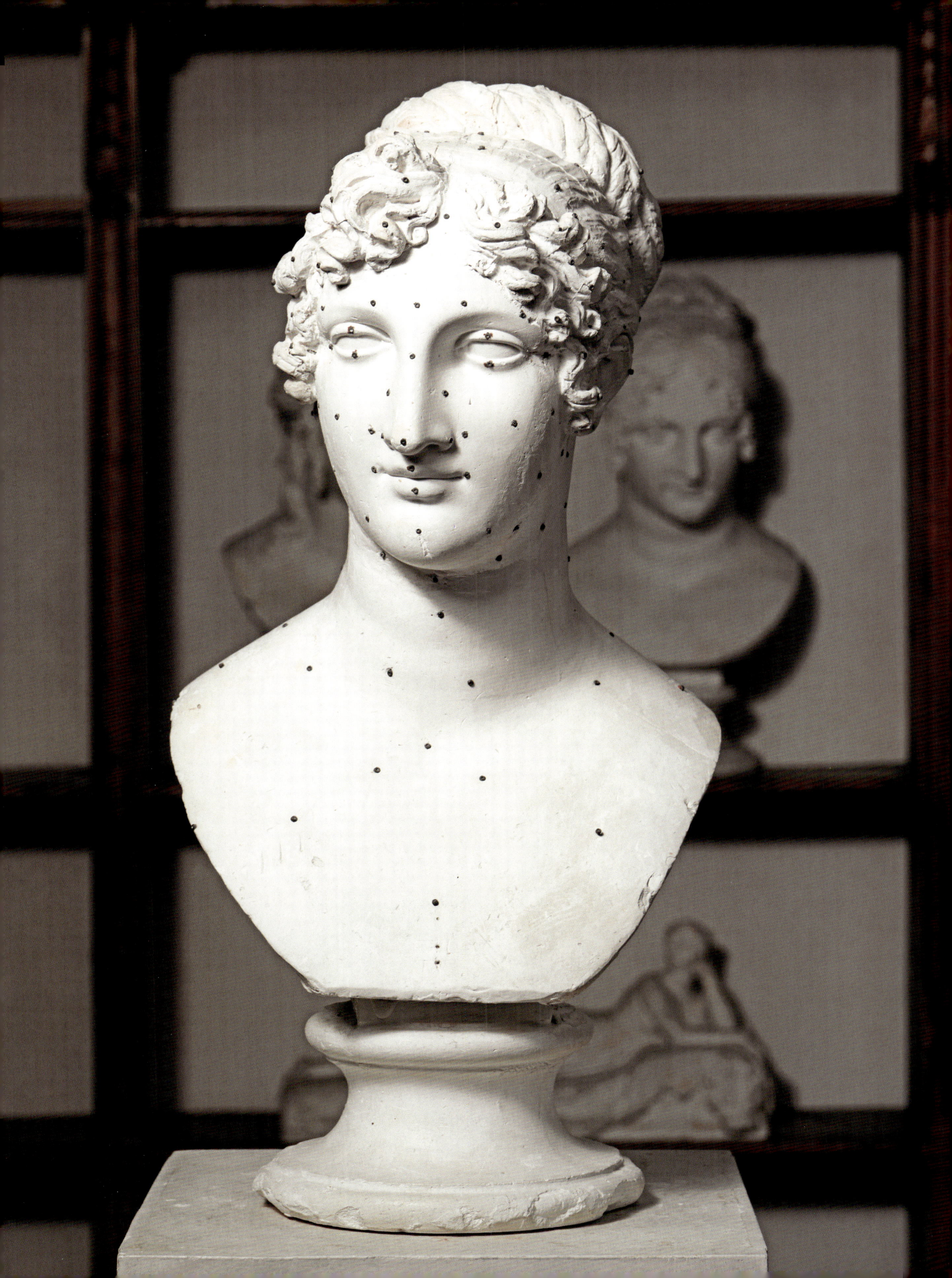

ANTONIO CANOVA

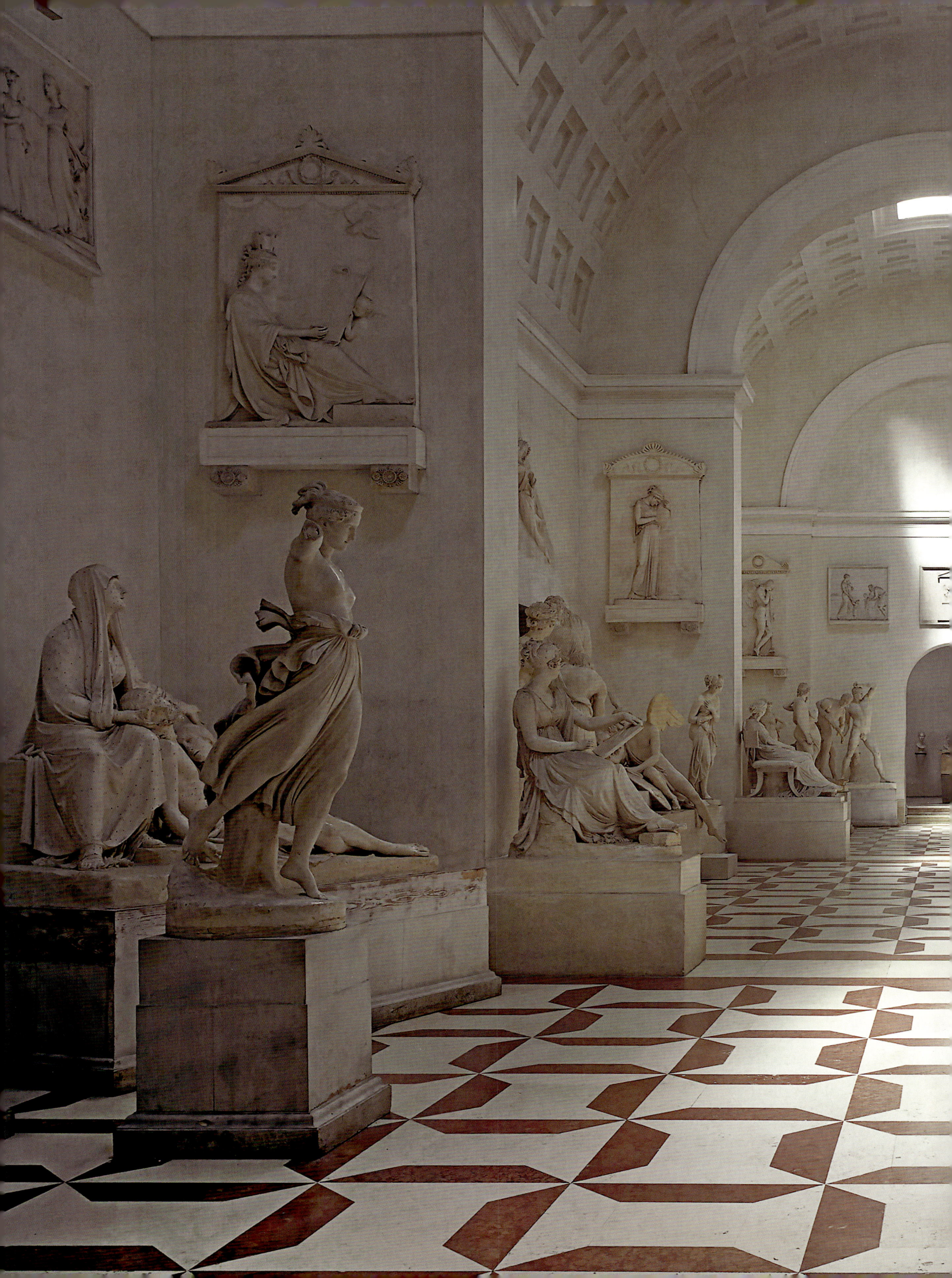

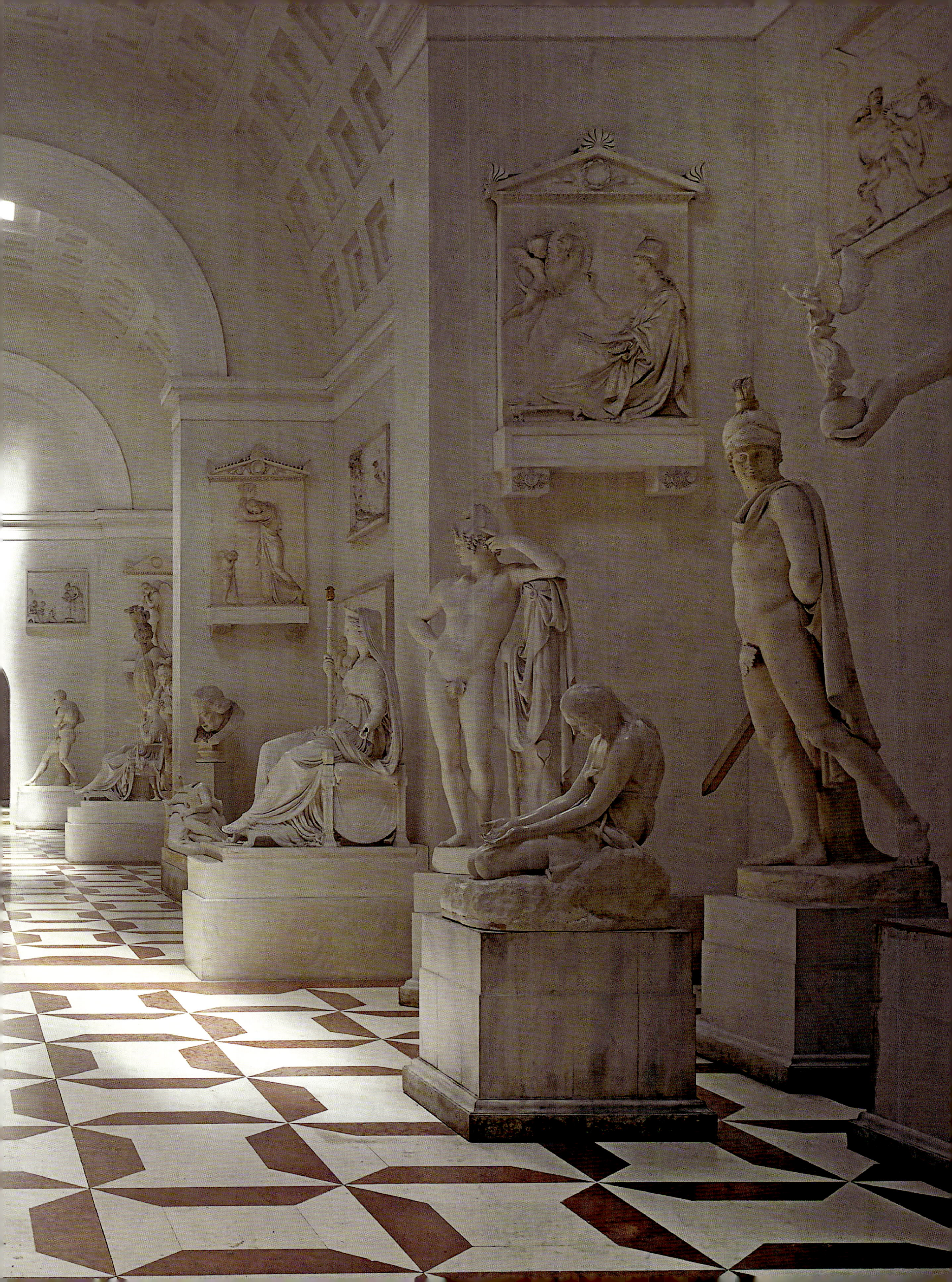

Fernando Mazzocca

CANOVA

La Riconoscenza and the Ideal Heads

Daughters of a privileged heaven

La Riconoscenza e le Teste Ideali

Figlie di un cielo privilegiato

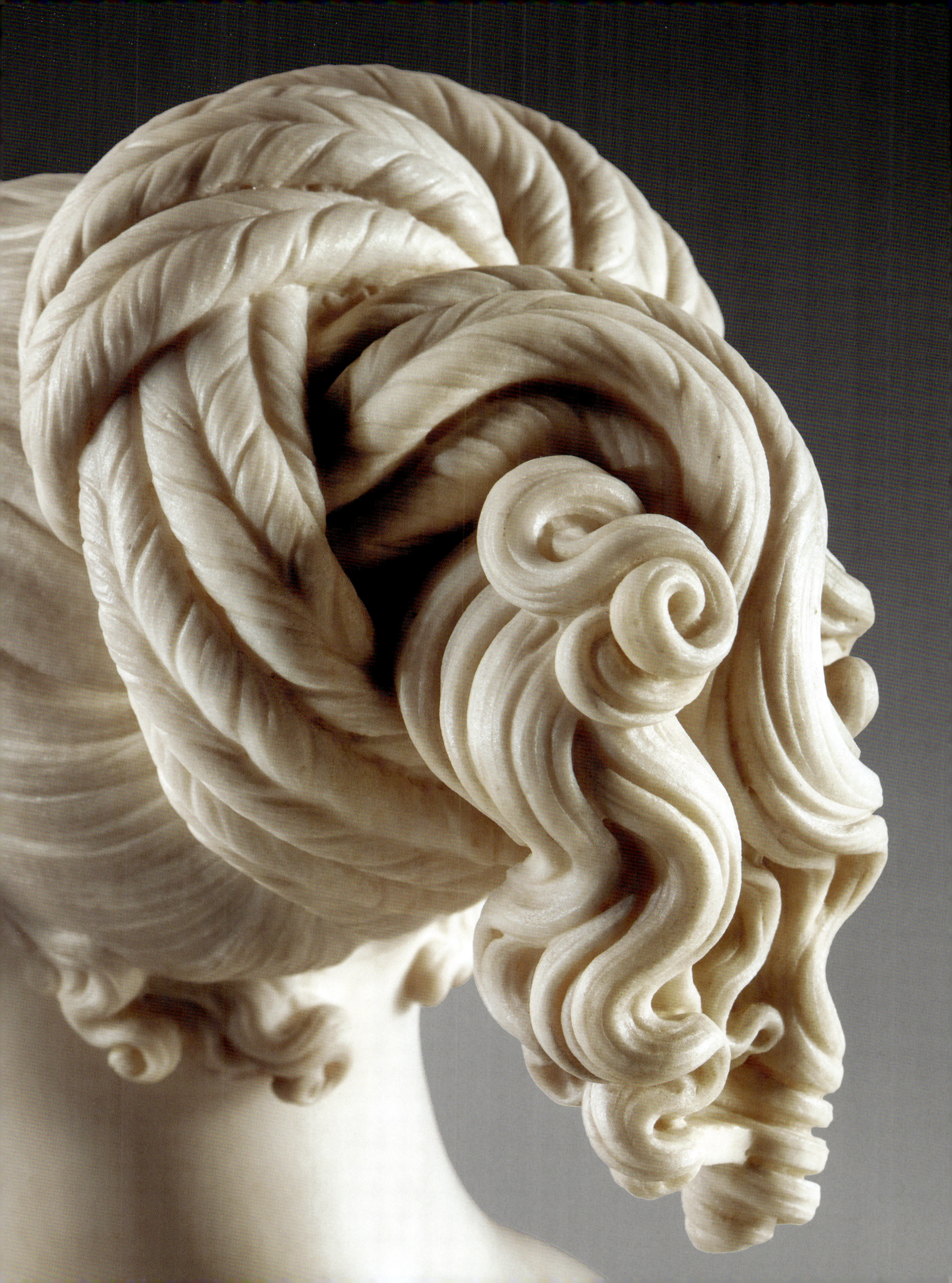

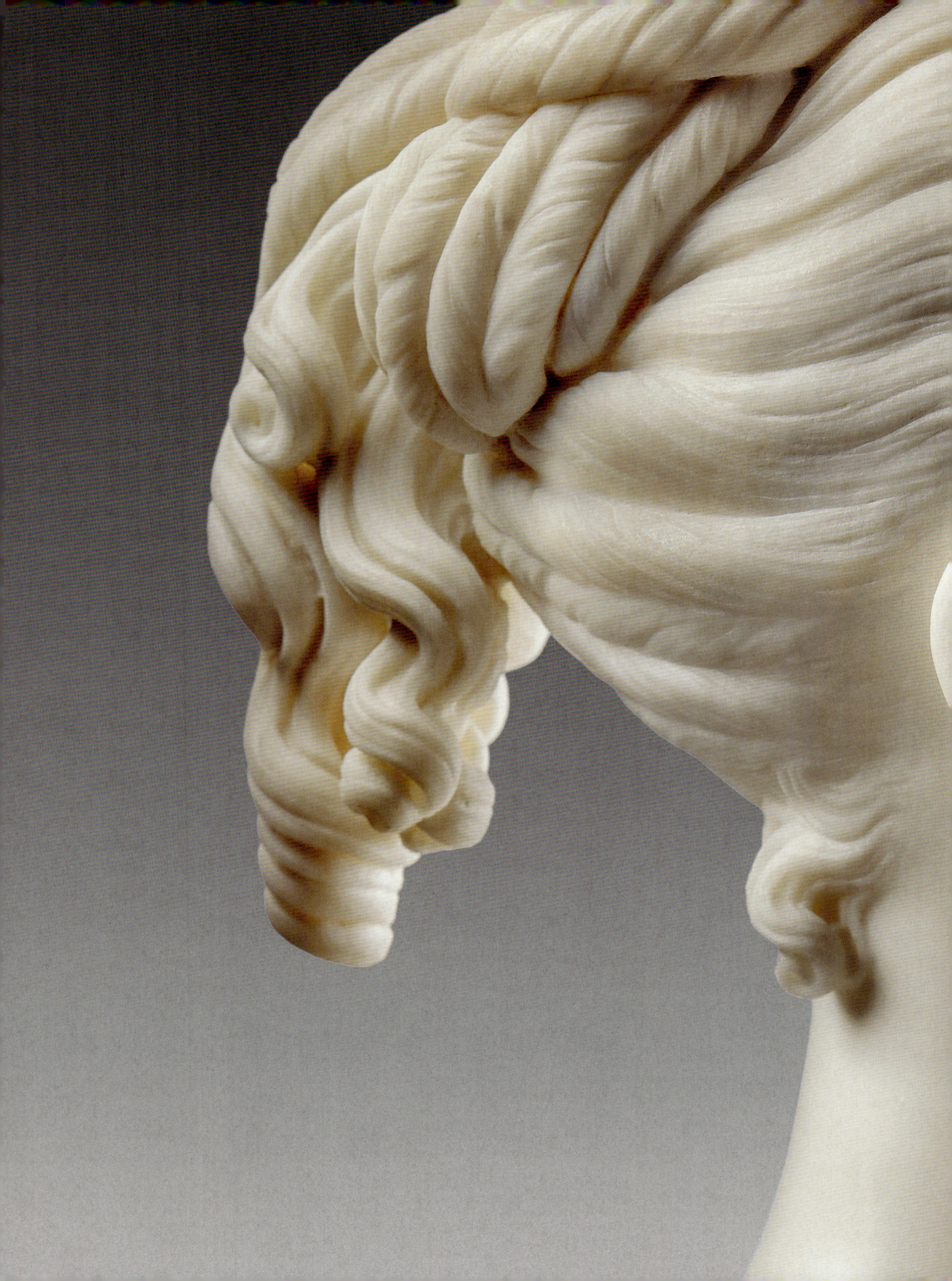

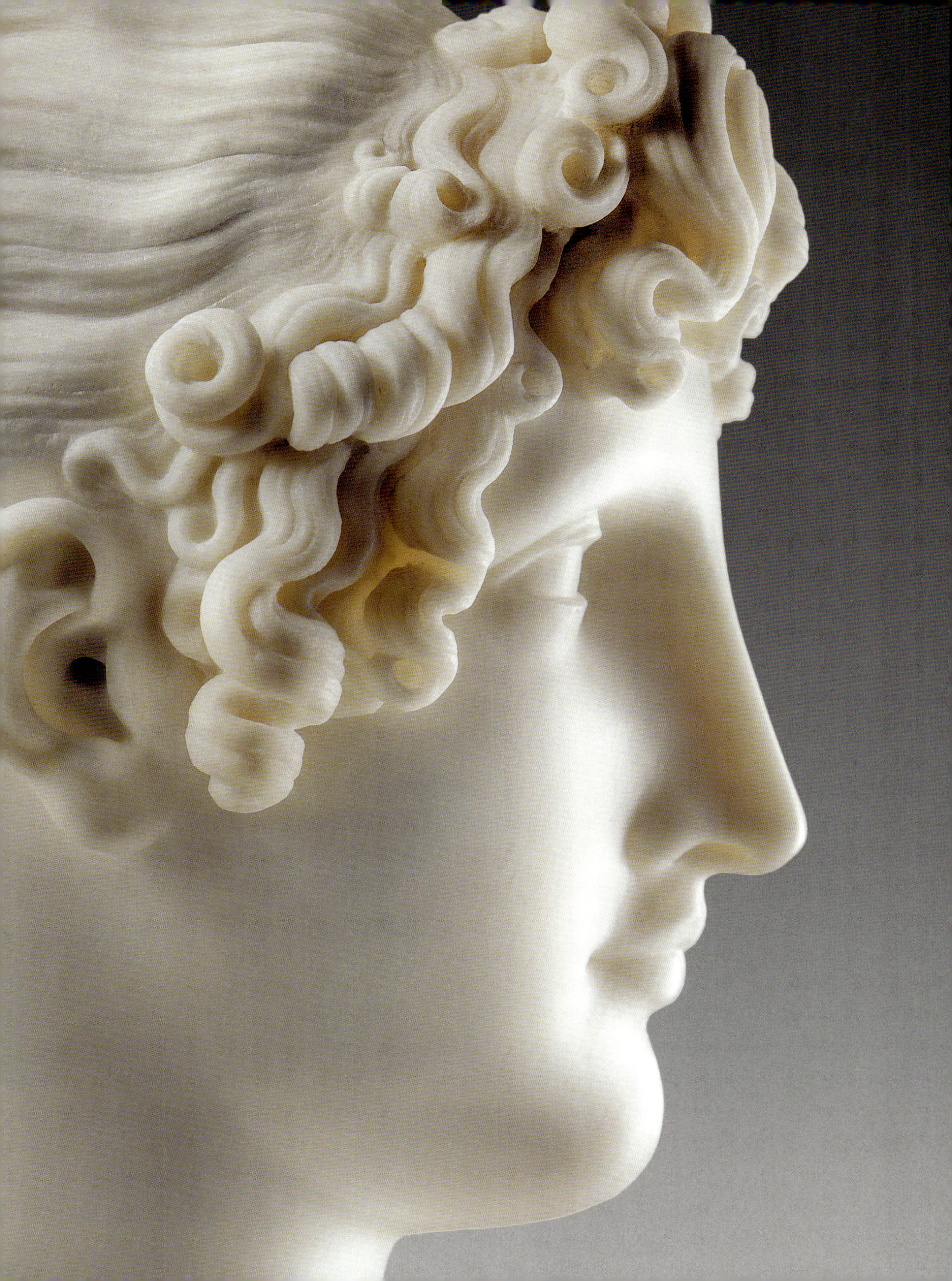

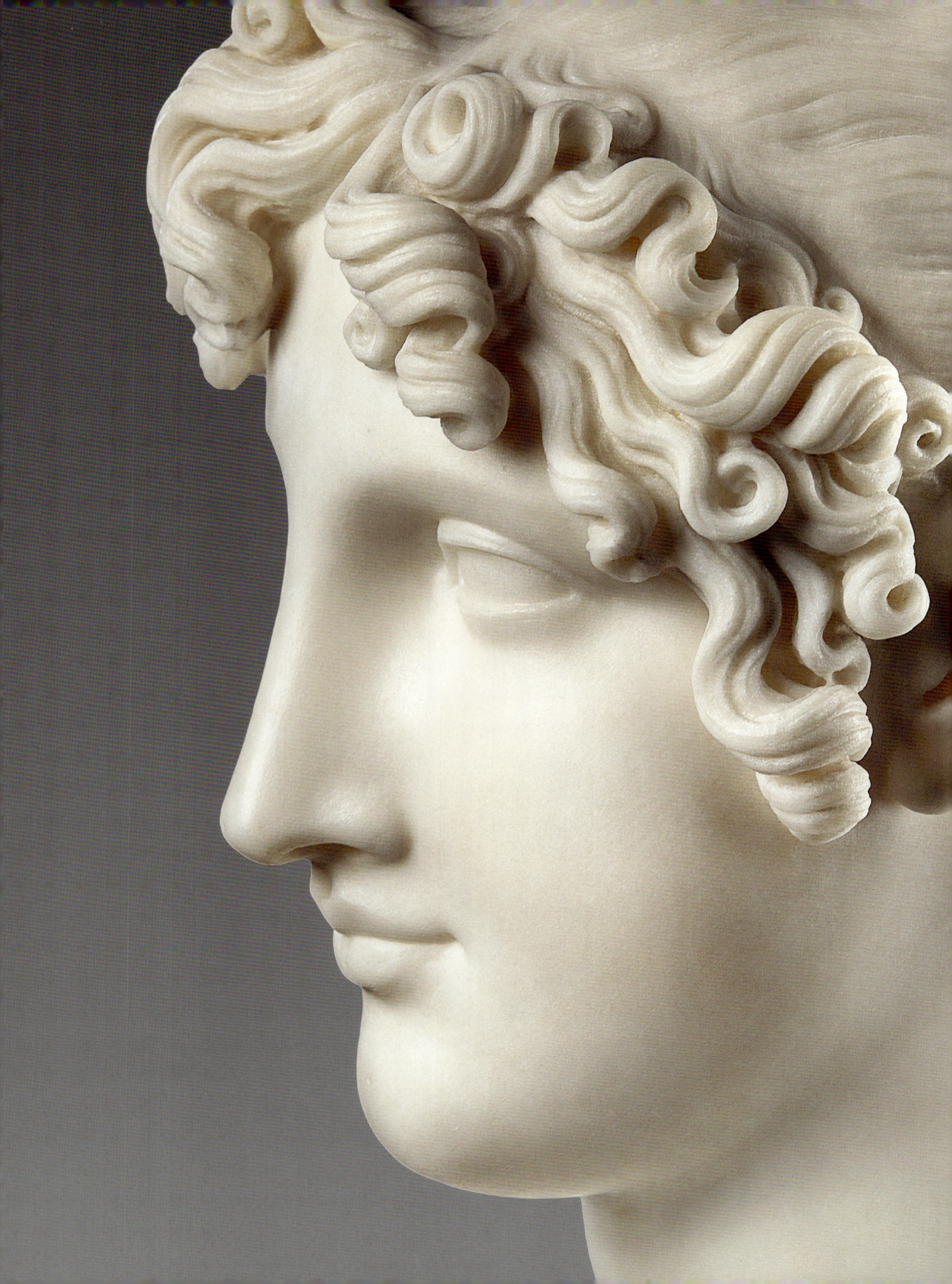

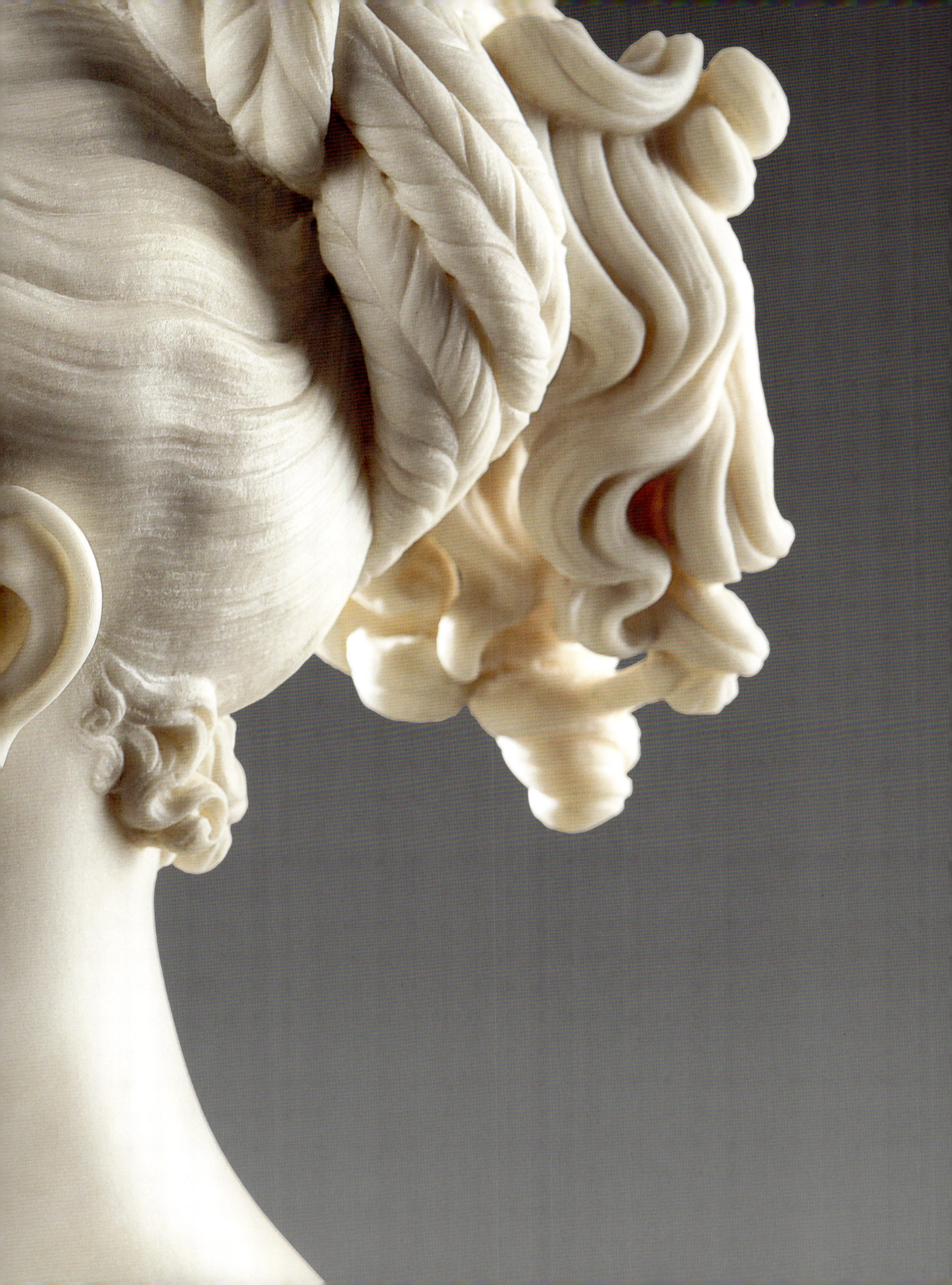

Fernando Mazzocca

CANOVA

La Riconoscenza and the Ideal Heads
Daughters of a privileged heaven

La Riconoscenza e le Teste Ideali
Figlie di un cielo privilegiato

The Key Characters
I protagonisti della vicenda

Biographical summaries / Cenni biografici
by Miriam Prencipe

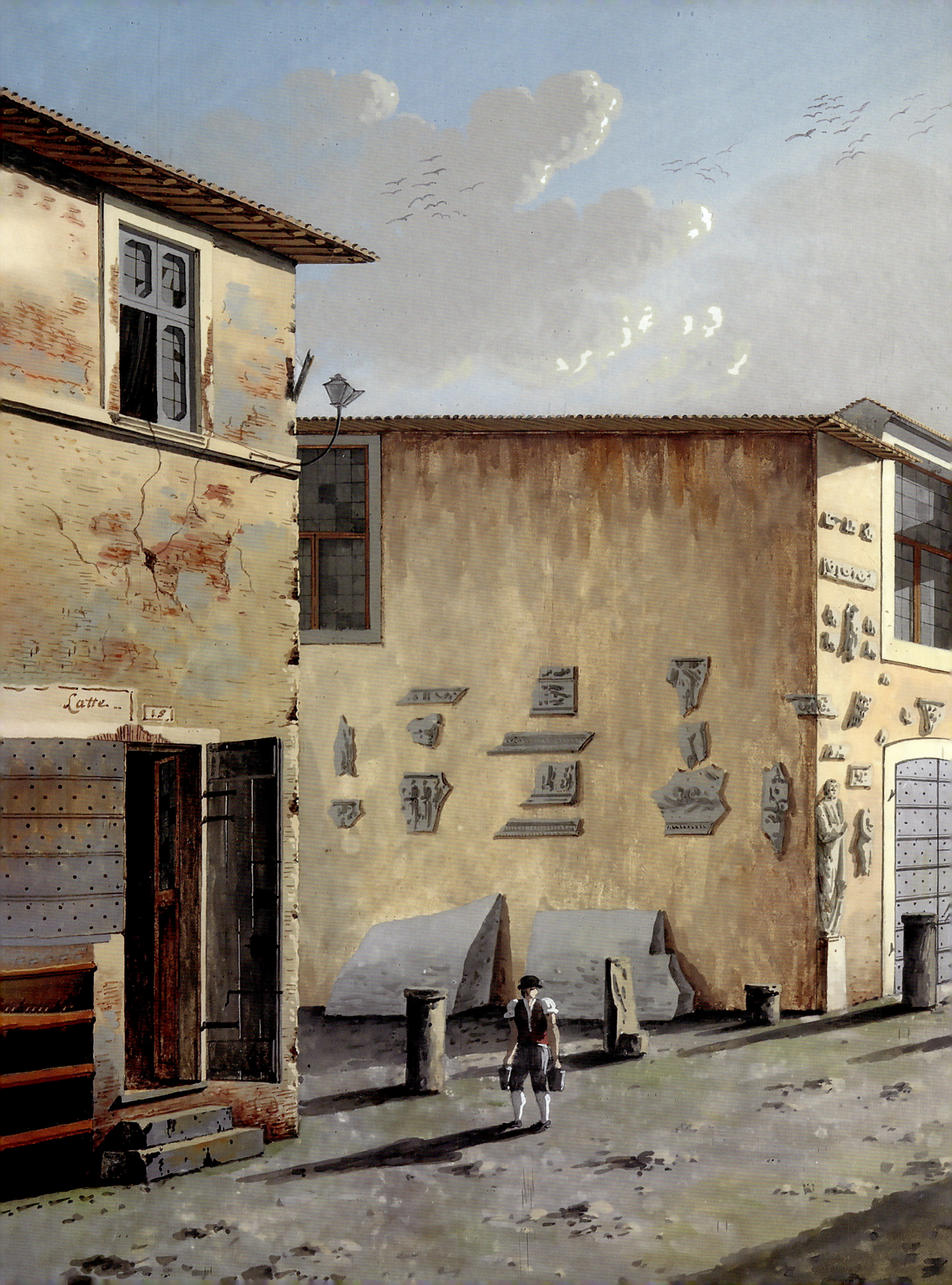
Latte

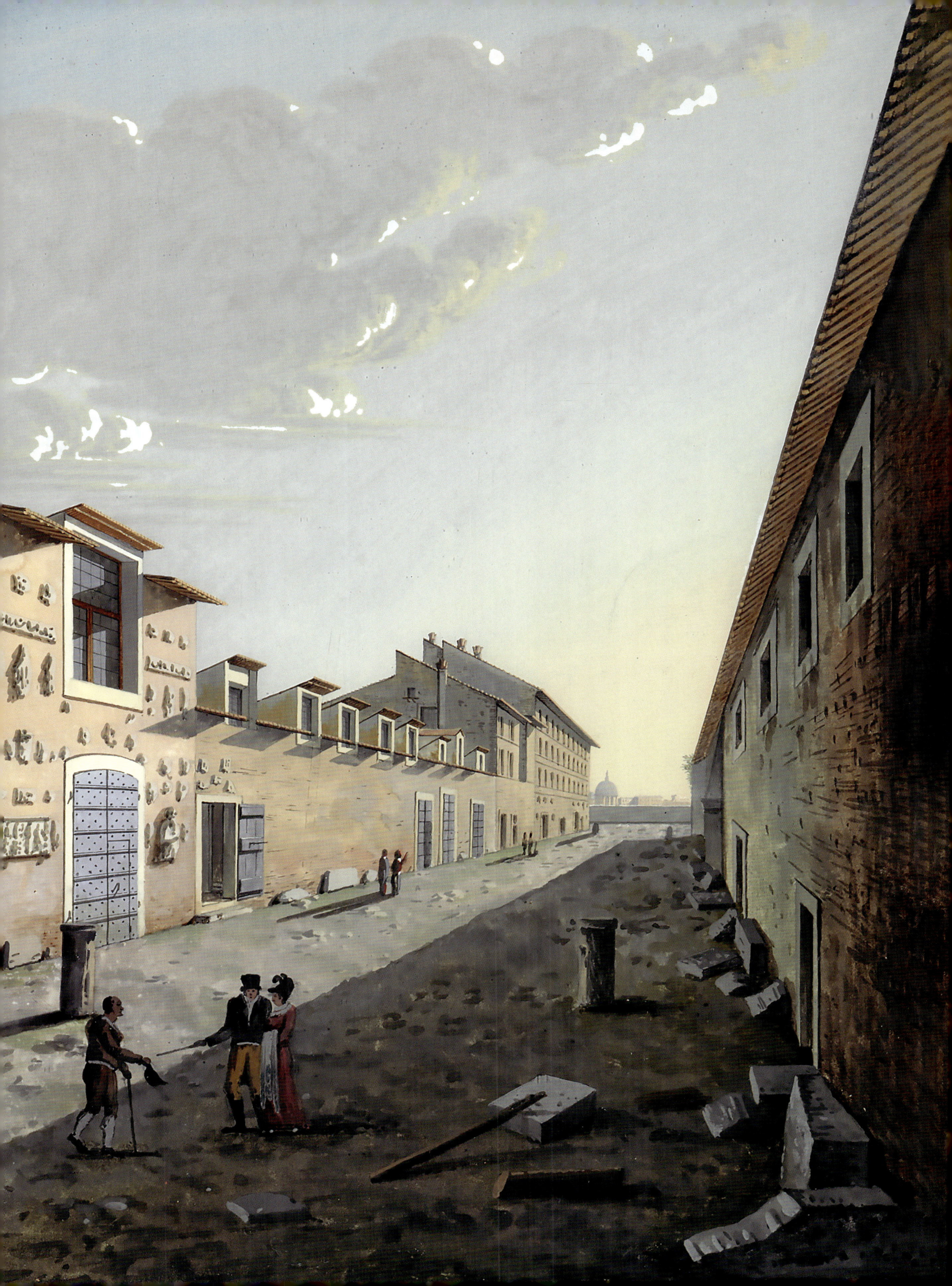

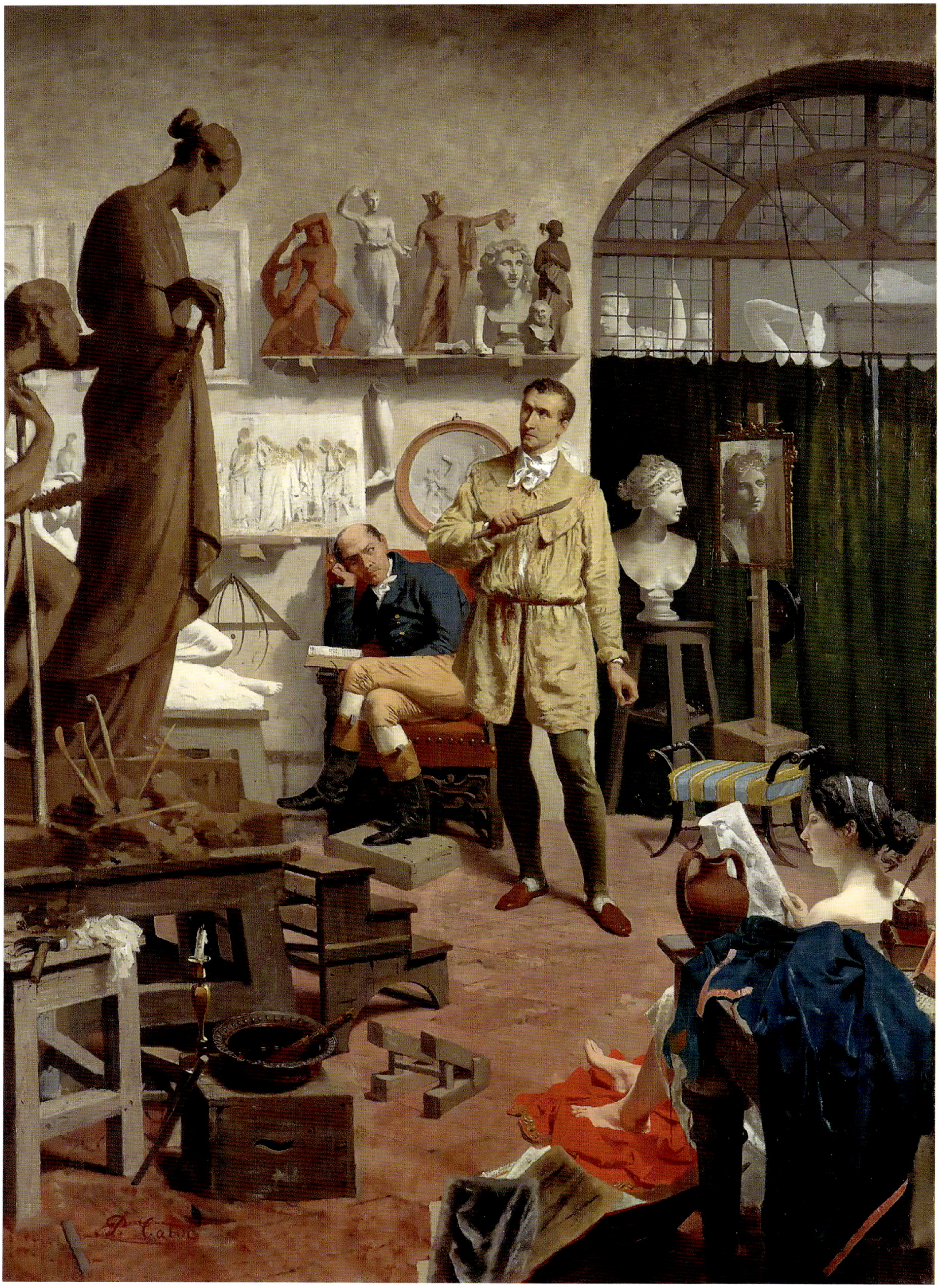

The Never-Ending Search for New Boundaries of Beauty

Year by year, from 1811 to his death, the invention and execution of the so-called Ideal Heads punctuated the final decade of Antonio Canova's exceptional artistic career and life (fig. 3). Like an overriding train of thought, a sort of magnificent obsession in his never-ending search for new boundaries of beauty, they can therefore be considered a genre in their own right, one created by Canova himself (fig. 2).

These extraordinary faces, which seem to capture life in marble, constitute an unprecedented repertoire of iconography and form, the like of which had never been seen before in Antiquity or in the modern sculptural tradition. For the most part, this originality has remained misunderstood, inadequately considered by many of the commentators of his time, all of whom focused on building the myth of a modern-day Phidias, celebrating in his numerous masterpieces the "crowd of idols" and "heroes" who emerged from the "extensive workshop of this brilliant man" to spread "across the world".[1]

The exception was Isabella Teotochi Albrizzi (fig. 4). Regarded as the Italian counterpart of Madame de Stäel, this cultured Venetian noblewoman hosted a salon that became one of the most prestigious meeting places for intellectuals and travellers.[2] In her indispensable illustrated catalogue dedicated to the *Opere di scultura e di plastica di Antonio Canova* – published in the clear Didot typeface by the Pisan publisher Niccolò Capurro between 1821 and 1824 – she gave great prominence to the series of Ideal Heads, having them reproduced in faithful engravings and commenting sensitively on their formal characteristics and meaning.

L'incessante ricerca di nuovi confini della bellezza

L'invenzione e l'esecuzione delle cosiddette Teste Ideali scandisce anno per anno, dal 1811 sino alla sua scomparsa, gli ultimi dieci anni della eccezionale vicenda artistica e della vita stessa di Antonio Canova (fig. 3). Come se avessero costituito un pensiero dominante, una sorta di magnifica ossessione nella sua incessante ricerca di nuovi confini della bellezza, si possono dunque considerare un genere a parte da lui stesso creato (fig. 2).

Questi straordinari volti, che sembrano fermare la vita nel marmo, compongono un inedito repertorio iconografico e formale, senza alcun precedente nell'antico né nella tradizione della scultura moderna. Questa originalità è rimasta per lo più incompresa, non adeguatamente considerata dai numerosi esegeti suoi contemporanei, tutti concentrati a costruire il mito del Fidia moderno, celebrando nei suoi numerosi capolavori il "popolo di Numi" e di "Eroi" scaturito dall' "officina amplissima di questo ingegno" e sparso "nel mondo".[1]

Ha fatto eccezione Isabella Teotochi Albrizzi (fig. 4), la colta dama veneziana che, titolare di un salotto divenuto uno dei più prestigiosi luoghi di incontro di intellettuali e viaggiatori, si può considerare la Madame de Stäel italiana.[2] Sarà lei, nel suo fondamentale repertorio illustrato dedicato alle *Opere di scultura e di plastica di Antonio Canova*, pubblicato coi nitidi caratteri tipografici di Didot dall'editore pisano Niccolò Capurro tra il 1821 e il 1824, a dare grande rilievo alla serie delle Teste Ideali facendole riprodurre in fedeli incisioni al tratto e commentandole con grande sensibilità sia per le loro caratteristiche formali che per il loro significato.

Fig. 2 Pompeo Calvi
Interior of Canova's Workshop in Rome, c.1880, private collection
L'interno della bottega di Canova a Roma, collezione privata

previous pp. / pp. precedenti

Fig. 1 Roberto Roberti
Studio of Antonio Canova in Rome, c.1810 / *Studio di Antonio Canova a Roma*
Asolo, Museo Civico

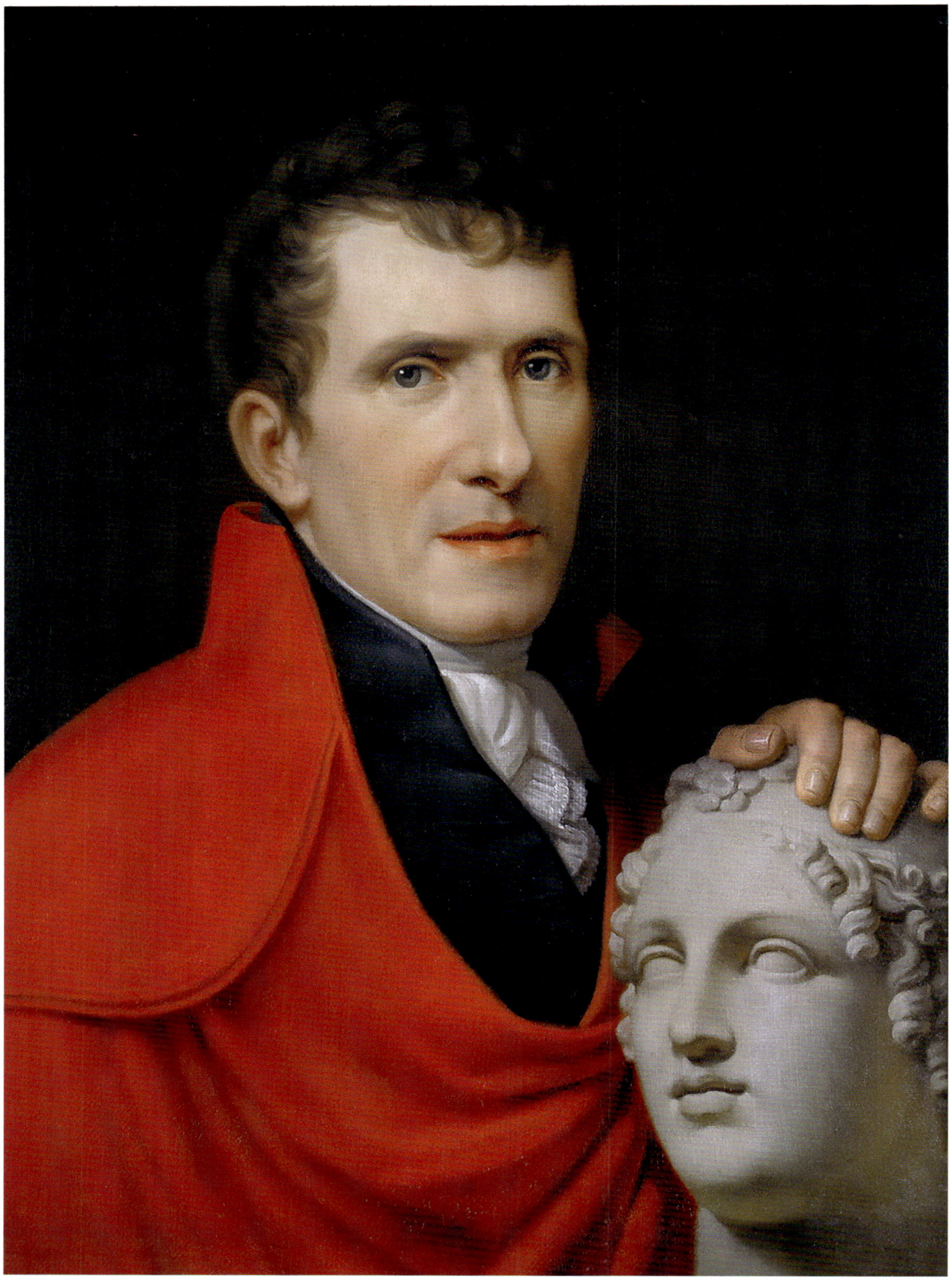

Per qualità e numero, tenuto anche conto che di alcune di esse vennero realizzate più versioni, non le considerò una manifestazione secondaria della produzione canoviana degli ultimi anni. Anzi, al suo spirito di donna libera dovevano apparire come emblemi di una femminilità nuova, moderna ed emancipata, basata sui più alti valori etici.
A questo proposito sono significative le considerazioni di carattere generale che chiudono il testo dedicato alla "bellissima testa", definita "tutta greca, e di Greci attributi adorna" della antica poetessa greca *Corinna*, realizzata nel 1819 per il conte Sanseverino di Crema (fig. 6, Roma, collezione Banca d'Italia).[3] Si trattava di una scelta particolare perché la leggenda del personaggio era legata al fatto che la "giovanetta era stata condiscepola di Pindaro, il quale poscia venne da lei vinto per ben cinque volte nell'aringo, dove disputavasi della corona poetica". La Albrizzi ammetteva che al di là della attendibilità di "questa lontana tradizione, essa lusinga troppo il mio sesso, perché io voglia con dubitative riflessioni distruggerla, o attenuarla".

Due to their quality and number – remembering that multiple versions were made of several – she did not consider them secondary in the production of Canova's later years. In fact, as a free-spirited woman, they must have seemed like emblems of a new, modern and emancipated femininity based on the highest ethical values.

Significant in this regard are her general closing comments in the text dedicated to the "beautiful head", defined as "entirely Greek and adorned with Greek attributes", of the ancient Greek poetess *Corinne*, sculpted in 1819 for Count Sanseverino of Crema (fig. 6, Rome, Collezione Banca d'Italia).[3] The subject was an unusual choice because of the myth surrounding the figure: the "young girl had been a fellow disciple of Pindar, whom she later defeated five times in the arena in which competitions for the poetic crown were staged". Albrizzi admitted that beyond the reliability of "this distant tradition, it flatters my sex too much for me to want to destroy or attenuate it with doubtful thoughts".

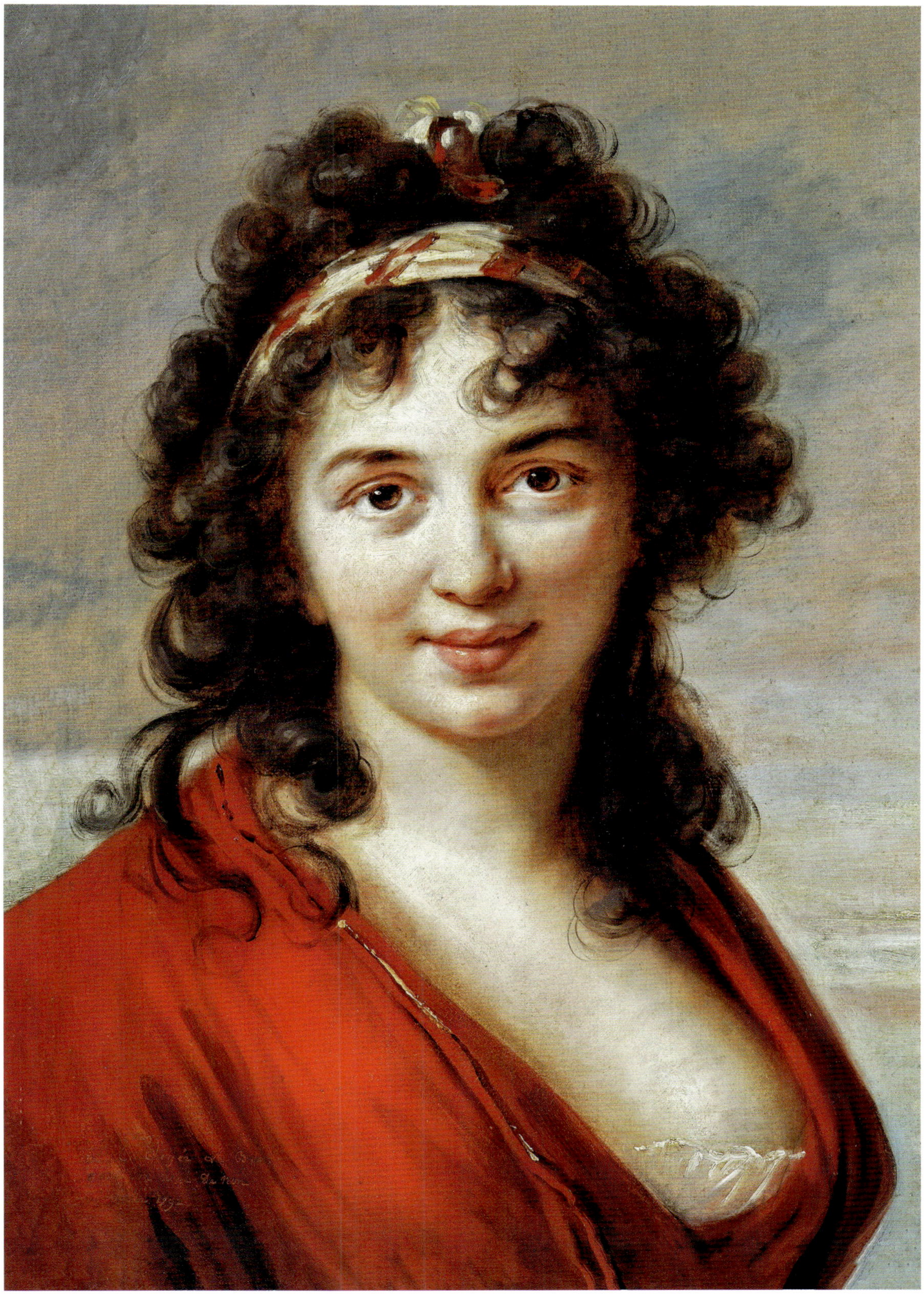

Fig. 3 Rudolph Suhrlandt
Antonio Canova with the Ideal Head of Clio, 1811 / *Antonio Canova con la Testa Ideale di Clio*
København, Thorvaldsens Museum

Fig. 4 Élisabeth Louise Vigée Le Brun
Portrait of Isabella Teotochi Albrizzi, 1792 / *Ritratto di Isabella Teotochi Albrizzi*
Toledo, Museo de Arte

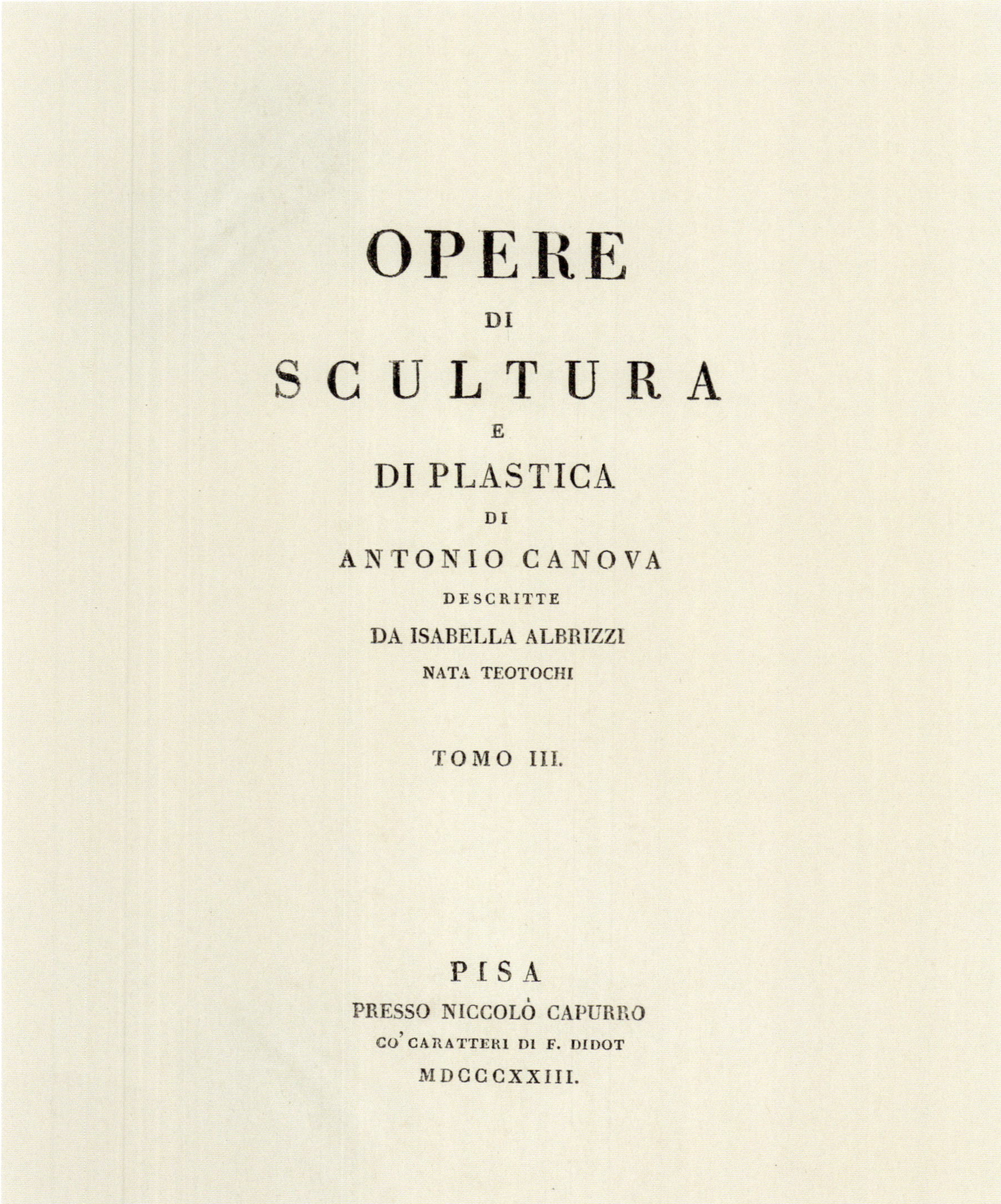

OPERE
DI
SCULTURA
E
DI PLASTICA
DI
ANTONIO CANOVA
DESCRITTE
DA ISABELLA ALBRIZZI
NATA TEOTOCHI

TOMO III.

PISA
PRESSO NICCOLÒ CAPURRO
CO' CARATTERI DI F. DIDOT
MDCCCXXIII.

In questa sorta di rivendicazione dell'orgoglio femminile risaltava la perfezione dell'ovale purissimo, cinto da "un velo, che leggerissimo gli posa sopra, e le cui estremità discendono da ambi i lati del collo". Un elemento che, risolto mirabilmente dal punto di vista plastico, assumeva un significato emblematico, perché

le donne gentili non dovrebbero in vero abbandonare giammai que' semplici ornamenti, i quali, nel tempo medesimo, che le abbelliscono, offrono una favorevole idea di quella virtù, che in esse specialmente tutte le altre avvalora, la modestia.

Questa dimensione spirituale diventava il motivo unificante della sperimentazione di diversi ideali di bellezza collegati alla rappresentazione delle figure della antica mitologia o della letteratura moderna. La dama veneziana, proprio nella magnifica chiusura delle pagine sulla Corinna, ci lascia una definizione indimenticabile della magia e del significato di queste Teste Ideali:

Bella è la Francese Laura, più bella l'Italiana Beatrice, ma che diremo delle Greche Elena, e Corinna? Figlie di un Cielo privilegiato, esse additano i confini dell'arte e del pensiero![4]

In what is almost a revindication of female pride, what stands out is the perfection of the purest oval, encircled by "a veil, draped lightly over her, its ends falling from both sides of the neck". It is an element that, resolved wonderfully from a sculptural perspective, assumed an emblematic significance, because

in truth, gentle women should never abandon these simple ornaments, which, as well as making them more beautiful, offer a favourable ideal of that virtue which especially enhances all their others: modesty.

This spiritual dimension became the unifying motif of Canova's experimentation with various ideals of beauty linked to the representation of figures from ancient mythology and modern literature. In the final magnificent passages of her pages on *Corinne*, the Venetian noblewoman leaves us an unforgettable definition of the magic and meaning of these Ideal Heads:

The French Laura is beautiful, the Italian Beatrice more beautiful, but what can we say about the Greeks, Helen and Corinne? Daughters of a privileged heaven, they point to the boundaries of art and thought![4]

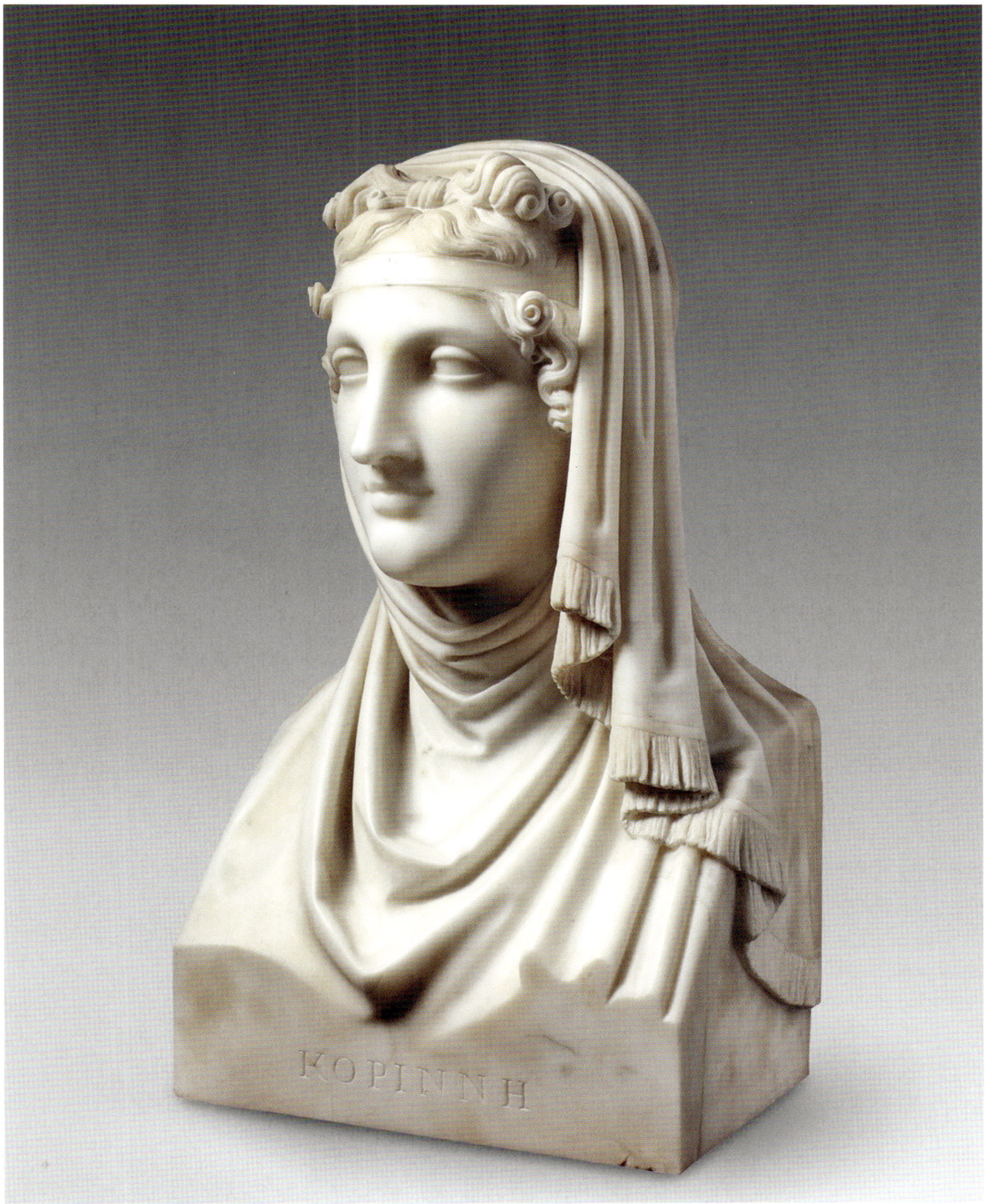

Fig. 5 *Title page* / Frontespizio, in Isabella Teotochi Albrizzi, *Opere di scultura e di plastica di Antonio Canova*

Fig. 6 Antonio Canova
Corinna, 1819
Roma, Collezione d'arte Banca d'Italia

following pp. / pp. seguenti

Fig. 7 Antonio Canova
Paolina Borghese as Venus Victrix, 1804–1808 / *Paolina Borghese come Venere Vincitrice*
Roma, Galleria Borghese

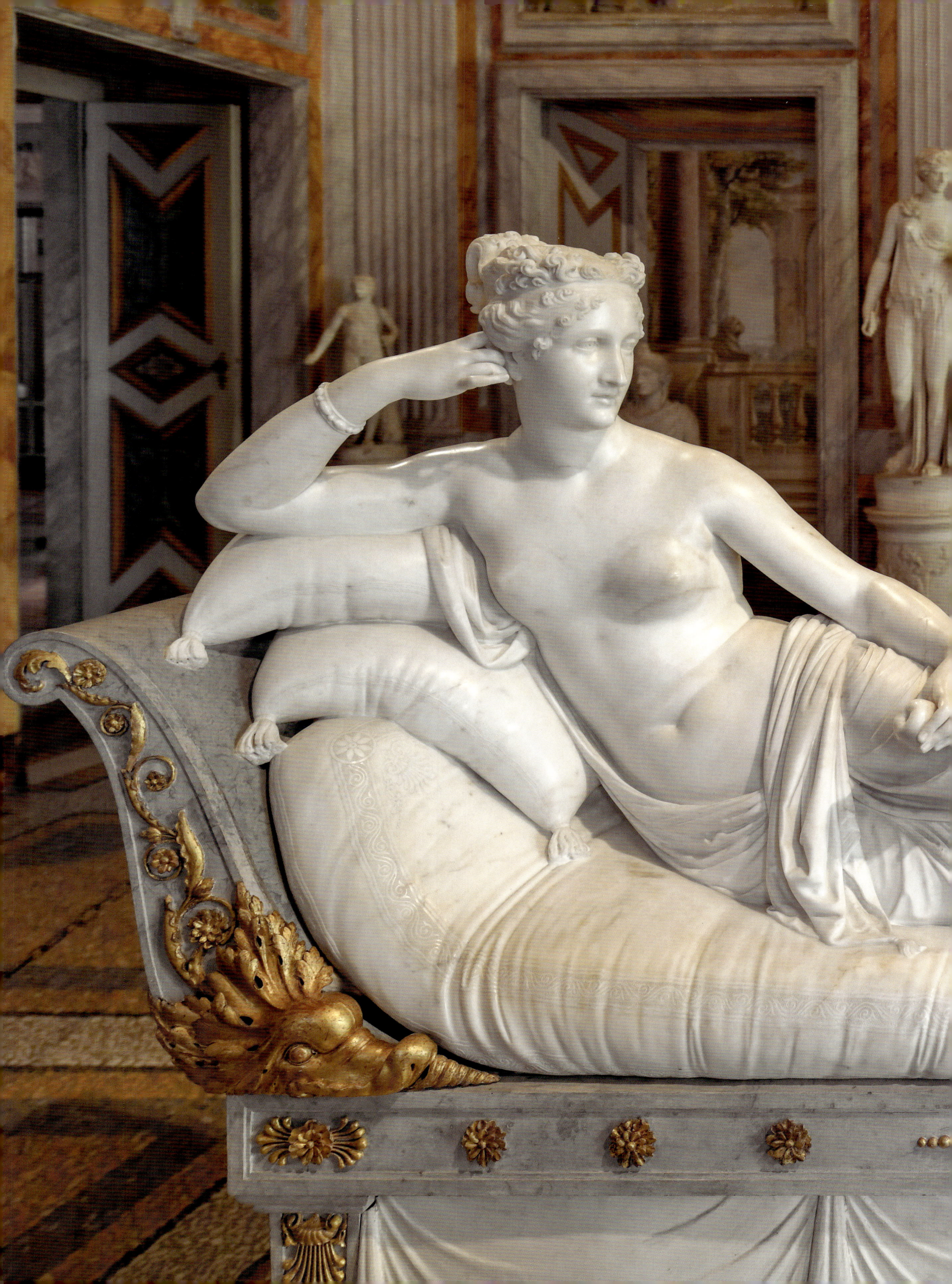

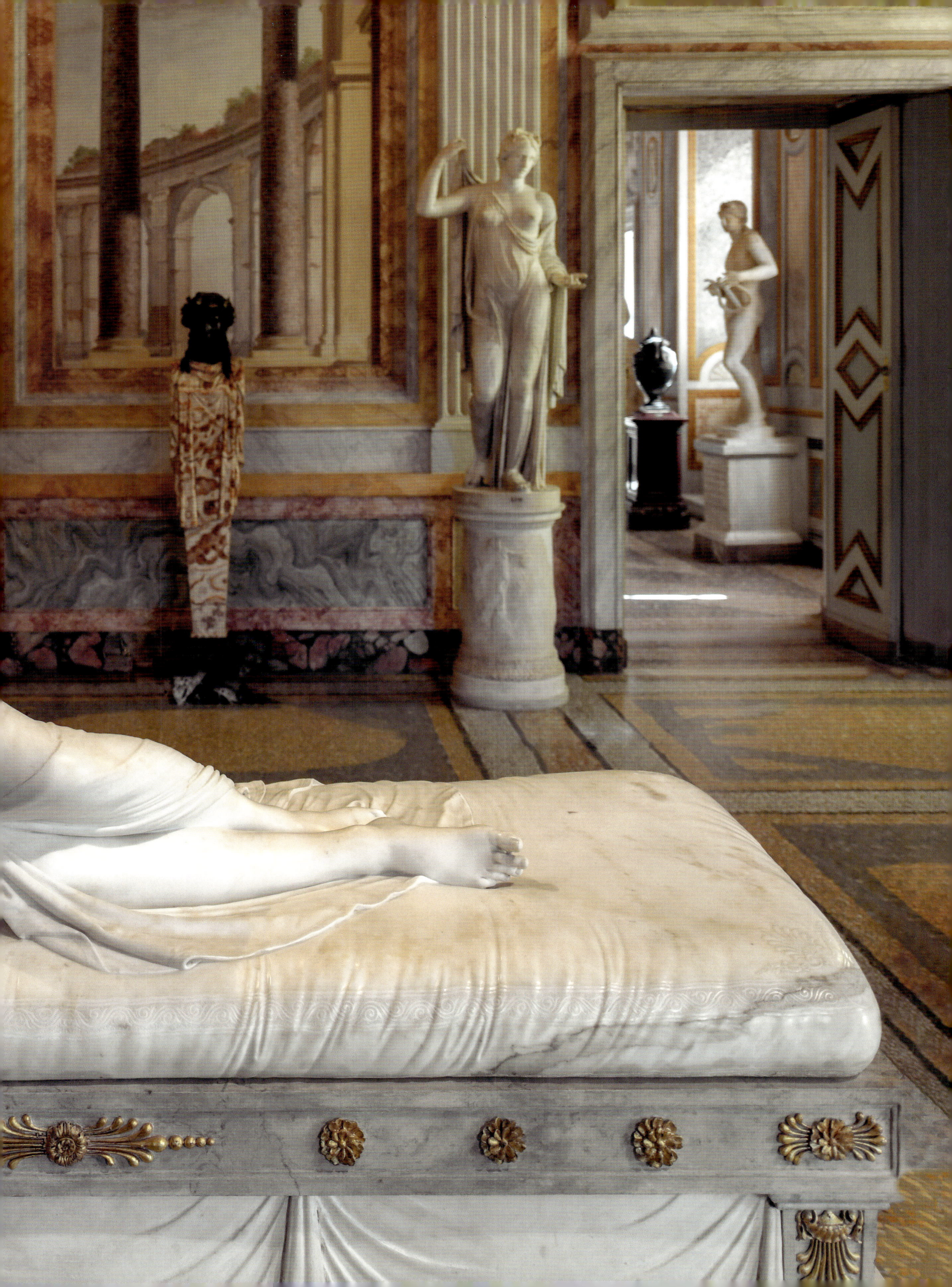

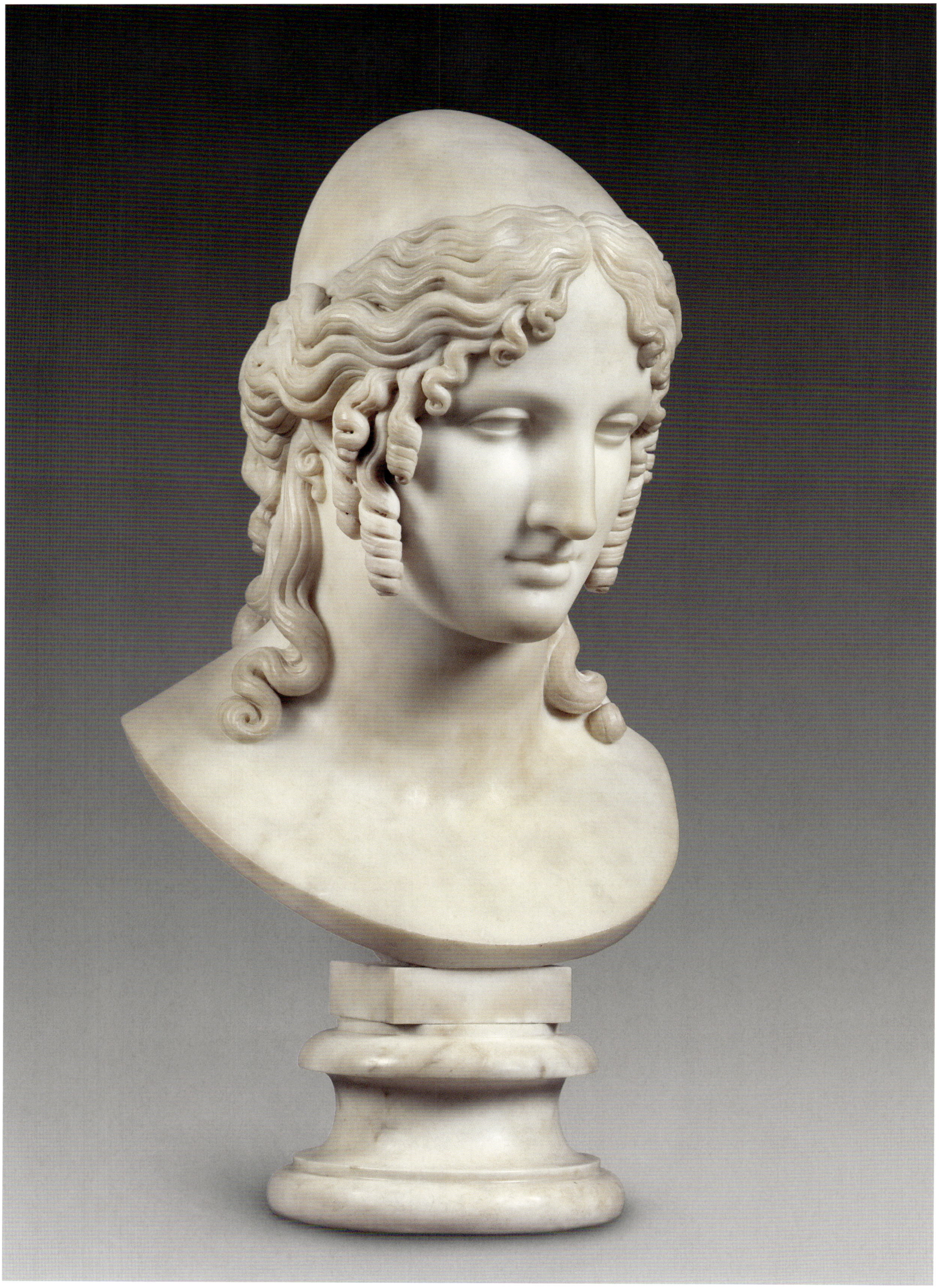

Helen and the Muses

The first Ideal Heads from Byron to Foscolo

Isabella Teotochi Albrizzi mentioned Helen (figs. 8–10), still the most famous of the Ideal Heads, because it was the first and best known, alongside Clio (fig. 11, Montpellier, Musée Fabre), also carved in 1811 for Louise Stolberg, Countess of Albany, the patron of the famous *Monument to Vittorio Alfieri* (1806–1810) in Santa Croce, Florence. Replicated as many as six times, *Helen* is the most beloved by Canova's interpreters, to the extent of becoming immortalised as a symbol of beauty itself in the famous lines dedicated to her by Byron.

The first version of the head was a magnificent gift from the sculptor to his friend Isabella in 1812 to express his gratitude for the first illustrated edition of his *Opere*, published in Florence in 1809. In the effigy of this legendary woman, Canova had therefore chosen to celebrate the manifestation of an ideal beauty, made human by grace or more particularly by the comparison between the convention of classical forms and nature. This aspect had been grasped immediately by Leopoldo Cicognara who, in 1812, wrote from Venice to his friend Canova about the impression made on him by the "surprising head" of "a truly Greek Helen", a "divine sculpture" in which he had "found the sad and grave dignity mixed with the voluptuousness and egregious beauty that suited such a woman".

The entirely formal and ideal motif of the perfect oval was rendered human by the subtle psychological notation of an ironic and slightly smug smile, although this is only hinted at. Enigmatic perhaps. The sensual handling of the marble, on the other hand, confirmed the hand of the master, who had expertly let the hair, "styled with mastery, but also with artifice, and not left to the mercy of nature alone", rest on the "voluptuousness of the neck".

Elena e le Muse

Le prime Teste Ideali tra Byron e Foscolo

La Albrizzi citava quella di *Elena* (figg. 8-10), che tra le Teste Ideali rimane la più famosa, perché, insieme a quella di *Clio* (fig. 11, Montpellier, Musée Fabre) eseguita nello stesso 1811 per Louise Stolberg contessa d'Albany, la committente del celebre *Monumento a Vittorio Alfieri* (1806-1810) in Santa Croce a Firenze, è la prima e la più nota. Replicata ben sei volte, è la più amata dagli interpreti di Canova, sino a diventare immortale come simbolo stesso della bellezza nei celebri versi a lei dedicati da Byron.

La prima versione di questa testa era stato un magnifico dono che lo scultore, nel 1812, aveva voluto fare all'amica Isabella per esprimerle tutta la sua riconoscenza per la prima edizione illustrata delle sue *Opere,* pubblicata a Firenze nel 1809. Canova aveva dunque scelto di celebrare nell'effige di quella donna leggendaria la manifestazione di una bellezza appunto ideale, che si umanizzava nella grazia, cioè nel confronto tra la convenzione delle forme classiche e la natura. Questa caratteristica particolare era stata subito colta da Leopoldo Cicognara che da Venezia nel 1812 scriveva all'amico scultore dell'impressione che gli aveva fatto la "sorprendente testa" dell'"Elena veramente greca", quella "divina scultura", dove aveva "trovato quella mesta e dignità grave mista di voluttà e di bellezza egregia che a tal donna conveniva".

Il motivo tutto formale e ideale dell'ovale perfetto risultava umanizzato dalla sottile notazione psicologica di un sorriso ironico e lievemente compiaciuto, ma tuttavia solo accennato. Forse enigmatico. Mentre la trattazione sensuale del marmo confermava l'intervento autografo del maestro, che aveva saputo far scendere sulla "voluttà del collo" l'"acconciatura dei capelli fatta con maestria, ma pure con artificio, e non abbandonati in balia della sola natura". Era riuscito infatti a renderli "quali esser denno le anella di una chioma reale coltivata a disegno di piacere, e trattata con quello sprezzo di scalpello che non sa far se non chi è sommo maestro: i tocchi sono freschissimi, e non v'è il più piccolo tormento".

Fig. 8 Antonio Canova
Helen of Troy, later version, after 1812 / *Elena di Troia,* versione successiva, post 1812
London, Victoria and Albert Museum

following pp. / pp. seguenti

Fig. 9 Giovanni Paolo Lasinio
Helen / Elena, in Isabella Teotochi Albrizzi, *Opere di scultura e di plastica di Antonio Canova*

Fig. 10 Antonio Canova
Helen of Troy, later version, after 1812 / *Elena di Troia,* versione successiva, post 1812
London, Victoria and Albert Museum

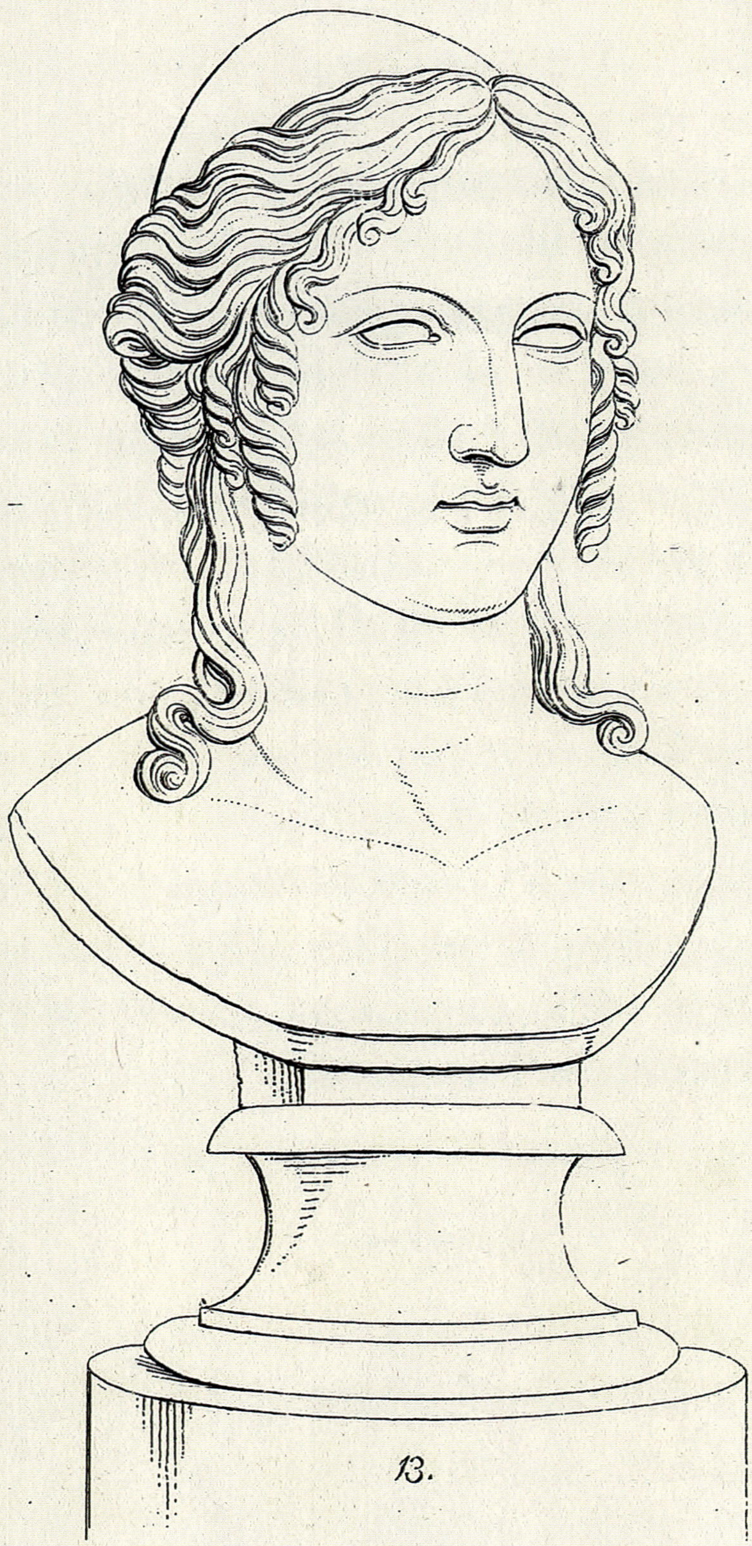

13.

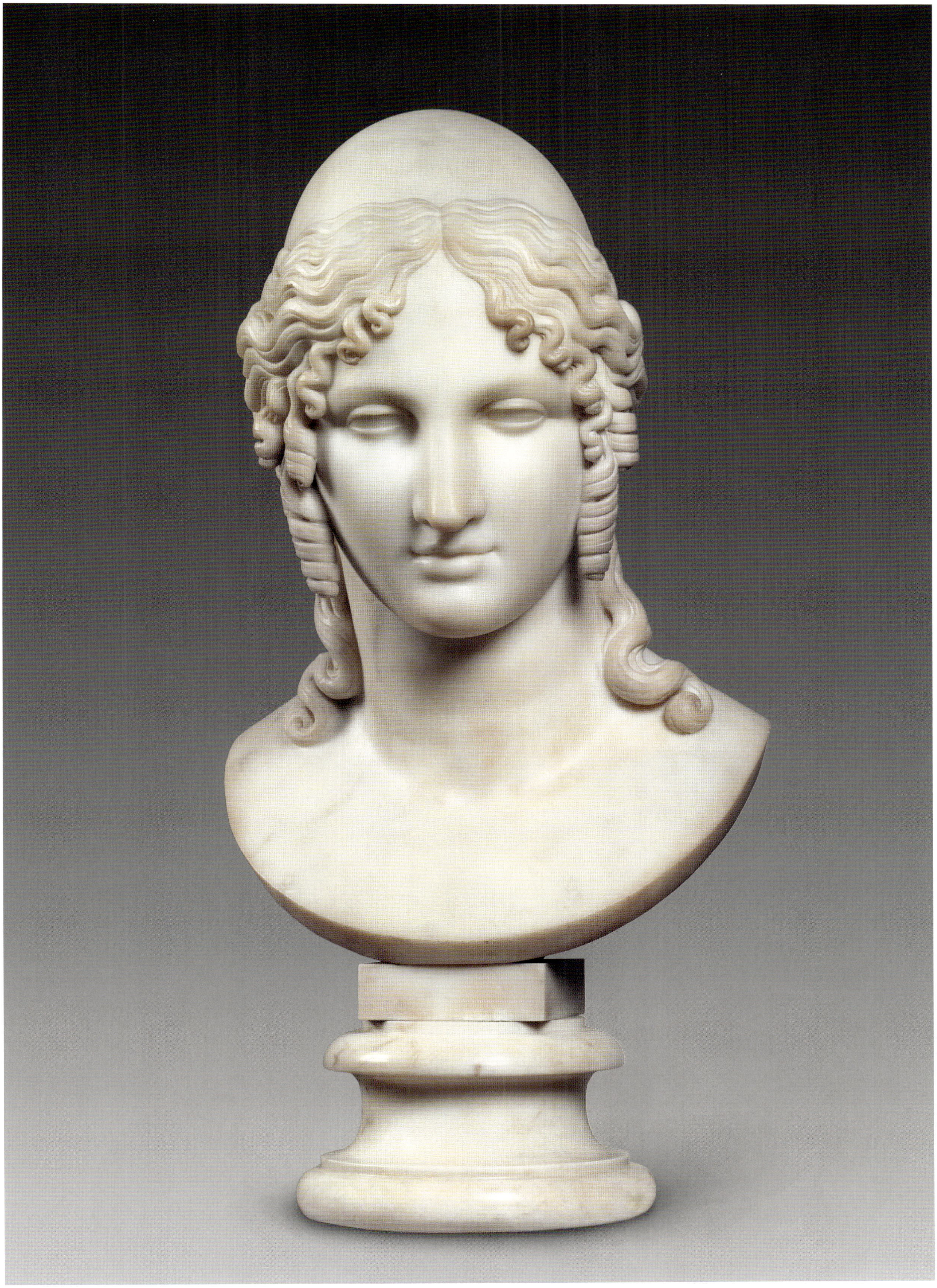

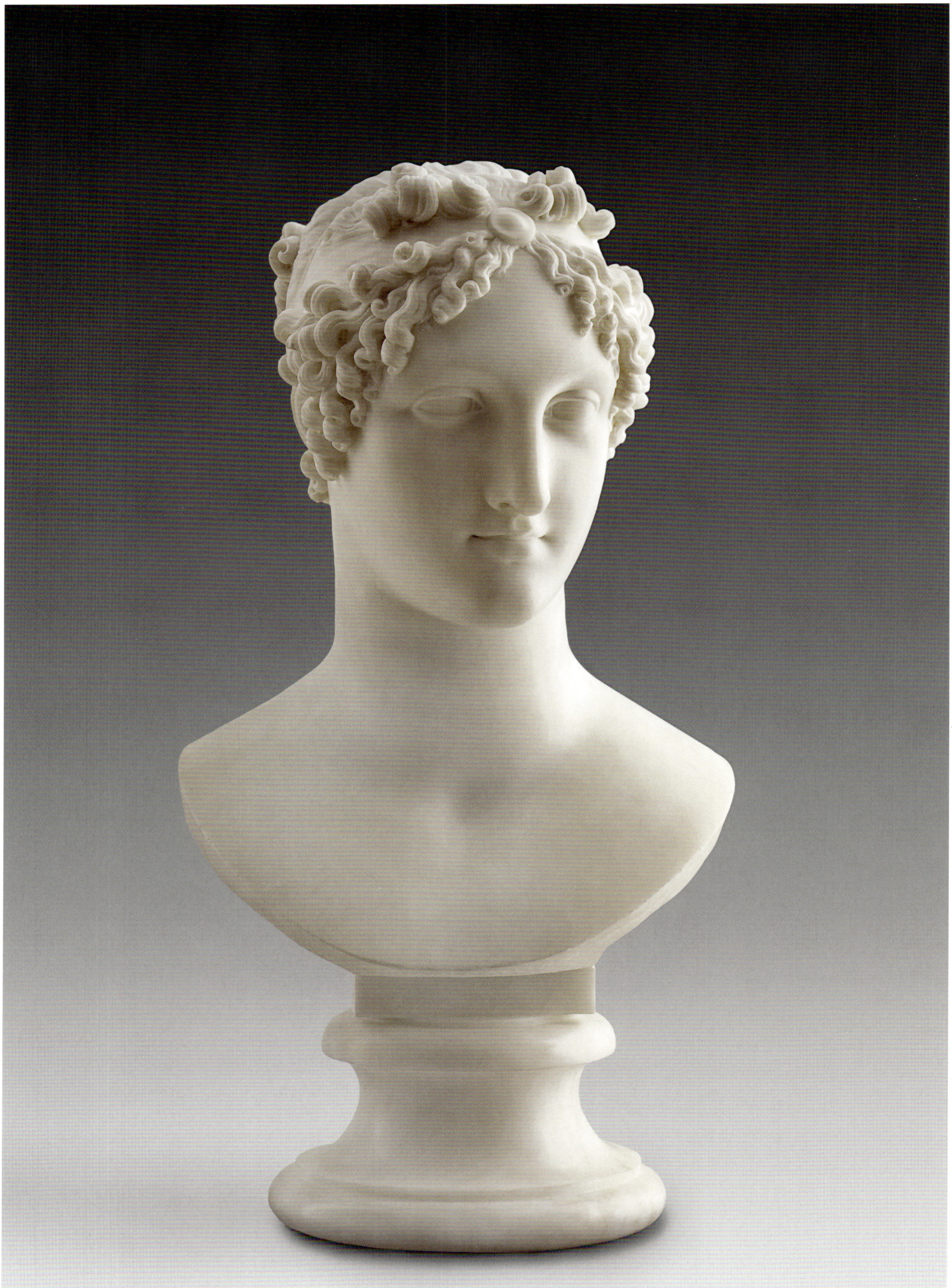

He had succeeded in making the curls "worthy of the ringlets of a regal mane, cultivated to please and treated with that nonchalance of the chisel as only the greatest masters can; the touches are fresh and there is not the slightest torment".

As an art historian, Cicognara's expert eye even picked out the slightest details of the marble as chiselled by the hand of the sculptor, whom he asked if the tiny hollow identifiable near the pupil of the left eye should be put down to an error.[5] Canova replied that it had been a deliberate "artifice on the part of the artist, who thought this whim would add greater spirit and beauty to the image".[6]

Compared to the extraordinary sensitivity and understanding of the artist's poetry and technique that characterises even what are off-the-cuff observations made by Cicognara, the long description published by Albrizzi in the *Giornale Enciclopedico di Firenze*, and later inserted into the Pisan edition of the *Opere*,[7] relies on apparently more conventional considerations or on deciphering the distinctive iconographic feature of the half shell used as a head covering, a "noble symbol of the family of Leda". Instead, Canova's art historian friend had correctly understood that this important detail represented genuine *bravura*, given the difficulty in "carving [it] gracefully".

However, in her description of the face, the recipient of such a precious gift reveals an exemplary ability to see, offering the sculpture up to our admiring gaze in all its refined passages:

What can I say about the serenity of the forehead, the small elegant ears, the flowery cheeks, the lovely roundness of the chin, the perfectly Greek nose, and the soft lines of the lips that are so often seen to be sharp elsewhere? Those lips that offer you so sweet and insidious an invitation, and whose form is so gentle, whose sinuosity so sweet and whose freshness so soft, as if sprinkled with eternal dew. What of the mouth that opens to a heavenly smile of voluptuousness?

All'occhio esperto di Cicognara non erano sfuggiti neanche i minimi dettagli di questo marmo come cesellato dalla mano dello scultore, al quale chiedeva se doveva attribuirsi a un errore il leggero incavo individuabile in corrispondenza della pupilla dell'occhio sinistro.[5] Canova rispondeva che era stato un voluto "artifizio dell'autore, al quale parve aggiungere con tal vezzo più spirito e venustà all'immagine".[6]

Rispetto alla straordinaria sensibilità e comprensione della poetica e del fare dell'artista che caratterizza le osservazioni pur estemporanee di Cicognara, la lunga descrizione pubblicata dalla stessa Albrizzi nel "Giornale Enciclopedico di Firenze", e poi inserita nell'edizione pisana delle *Opere*,[7] si affidava a considerazioni apparentemente più convenzionali o alla decifrazione del distintivo iconografico del mezzo guscio d'uovo, usato come copricapo, "simbolo gentilizio della famiglia di Leda". Questo importante dettaglio in realtà rappresenta, come aveva ben capito l'amico storico, un vero e proprio pezzo di bravura, data la difficoltà a "eseguirsi leggiadramente".

Però quando ne descrive il volto, la destinataria di quel dono così prezioso rivela una esemplare capacità di vedere, per cui l'opera appare al nostro sguardo ammirato in tutti i suoi raffinati passaggi:

Che dirò poi della serenità della fronte, degli eleganti piccioli orecchi, delle gote fiorite, dell' amabile tondeggiare del mento, del naso perfettamente Greco, e che morbidissime ha pure quelle linee che taglienti sogliono sovente altrove vedersi, delle labbra, che ti fan dolce e insidioso invito, e delle quali sì gentile è la forma, sì dolci le sinuosità, e sì molle la freschezza, che irrorate le diresti d'un'eterna rugiada, della bocca che s'apre a celeste sorriso di voluttà, della meravigliosa espressione degli occhi, alquanto socchiusi, dolcemente penetranti, appassionatissimi, che chiedendo ti promettono amore, con un vezzo e con un linguaggio, che la voce non può

Fig. 11 Antonio Canova
Clio (*Calliope*), 1811
Montpellier, Musée Fabre

Or the marvellous expression of the eyes, half-closed yet sweetly penetrating, so passionate, which by simply asking promise you love, with a charm and language the voice cannot express, accompanied by the sweet smile of the mouth, cheeks and chin! Veiled, you might say, by fine eyelashes, almost like a light shadow, and the arch of the eyebrows that appear like those of a living person. The freshness, roundness and softness bring naturalness to the neck, which is adorned with such marvellous beauty as to seem slightly agitated and filled by the restless and frequent trembling of youthful love: so wonderful is it in its power to deceive!"[8]

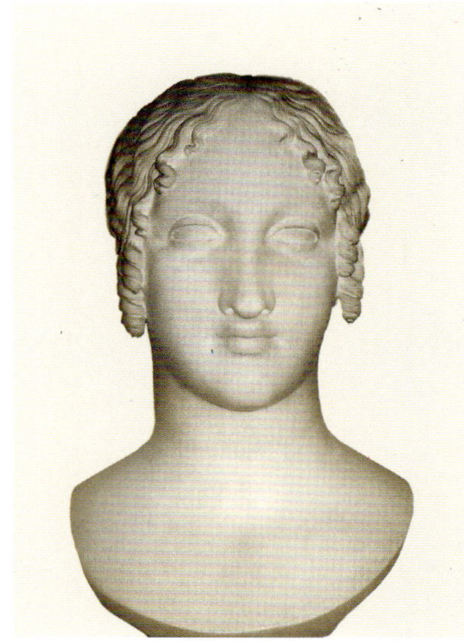

We also find Albrizzi's empathy for the wonderfully natural rendering with which Canova succeeds in reproducing the idealised features of the face in her equally enchanting description of the hair, which is another strength of these Ideal Heads:

The rich mass of unbraided but softly waving hair; it contours it gently and without constricting it, loosens it a little and spreads it with wonderful grace and naturalness, gathering it with a beautiful ribbon behind the head. This large mass is suitably divided into others, parting from the centre of the forehead as if to let us admire the majestic line that begins there and descends along the nose. Shorter strands of hair emerge like tendrils whose ringlets fall playfully to adorn the forehead, temples, cheekbones and neck, so well arranged and curled with such marvellous artifice that they cannot fail to convey the satisfaction she took from them, or the mischievous goal the charming Spartan was aiming for when she arranged them so carefully in such a way.[9]

As was the case with other masterpieces by Canova, the fame of *Helen* was also fostered by its evocative location in Albrizzi's "casin" in Corte Michiel near Santa Maria del Giglio,[10] which

esprimere, ed accompagnano essi pure sorridendo il dolce sorriso della bocca, delle guance, e del mento! Velati gli diresti da finissime ciglia quasi di un'ombra leggera, e di persona viva ti comparisce il ben piegato arco delle sopracciglia. La freschezza poi, la rotondità, la morbidezza rendono il collo di naturalezza, e di beltà sì meravigliosa adorno, che ti pare vederlo lievemente agitato e rigonfio dal palpitare inquieto e frequente dell'amorosa età giovanile: tale e tanto stupenda è in costei possanza di illudere![8]

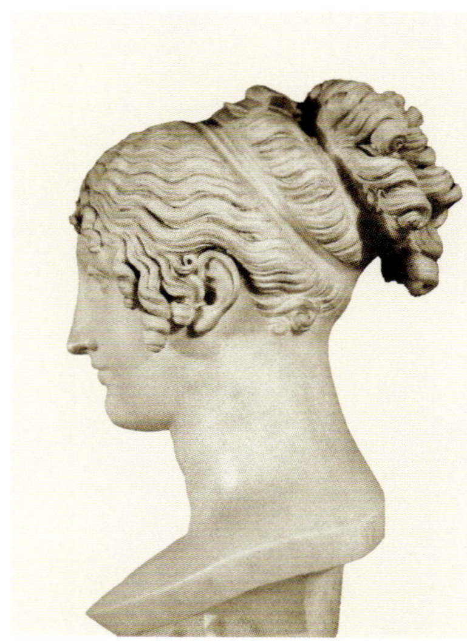

La stessa immedesimazione nel rendere la mirabile naturalezza con cui Canova ha saputo restituirci i tratti pur idealizzati del volto la ritroviamo nella altrettanto mirabile descrizione della capigliatura, che è l'altro punto di forza di queste Teste Ideali:

Ricchissima massa di capelli non intrecciati, ma mollemente ondeggianti, glie lo contorna con vaghezza senza stringerlo, e allentandosi alquanto, ed allargandosi con mirabile grazia e naturalezza, viene ad allacciarsele con bel nastro dietro la testa. Acconciamente compartita questa massa maggiore in altre, che si dividono in mezzo alla fronte, quasi lasciar ci volessero ammirare la maestosa linea che da quella si parte, e scende lungo il naso, escono simili a giovinetti pampini inanellati i men lunghi capelli, e vengono scherzevolmente cadendo ad ornarle la fronte, le tempie, il finir delle guance, il collo, così ben disposti, e con sì meraviglioso artifizio arricciati, che ben ti fanno certo della compiacenza che ne traeva, e del fine malizioso a cui con tanto studio disponendoli mirava la vezzosa Spartana.[9]

Come è avvenuto per altri capolavori di Canova, anche la fama dell'*Elena* fu favorita dalla sua suggestiva collocazione in quel "casin" della Albrizzi a corte Michiel presso Santa Maria del Giglio,[10] che tra età napoleonica e Restaurazione fu un vero e proprio luogo di riferimento

Figs. 12, 13 Antonio Canova
Muse, 1811, private collection
Musa, collezione privata

Fig. 14 Giovanni Paolo Lasinio
Muse / *Musa*, in Isabella Teotochi Albrizzi, *Opere di scultura e di plastica di Antonio Canova*

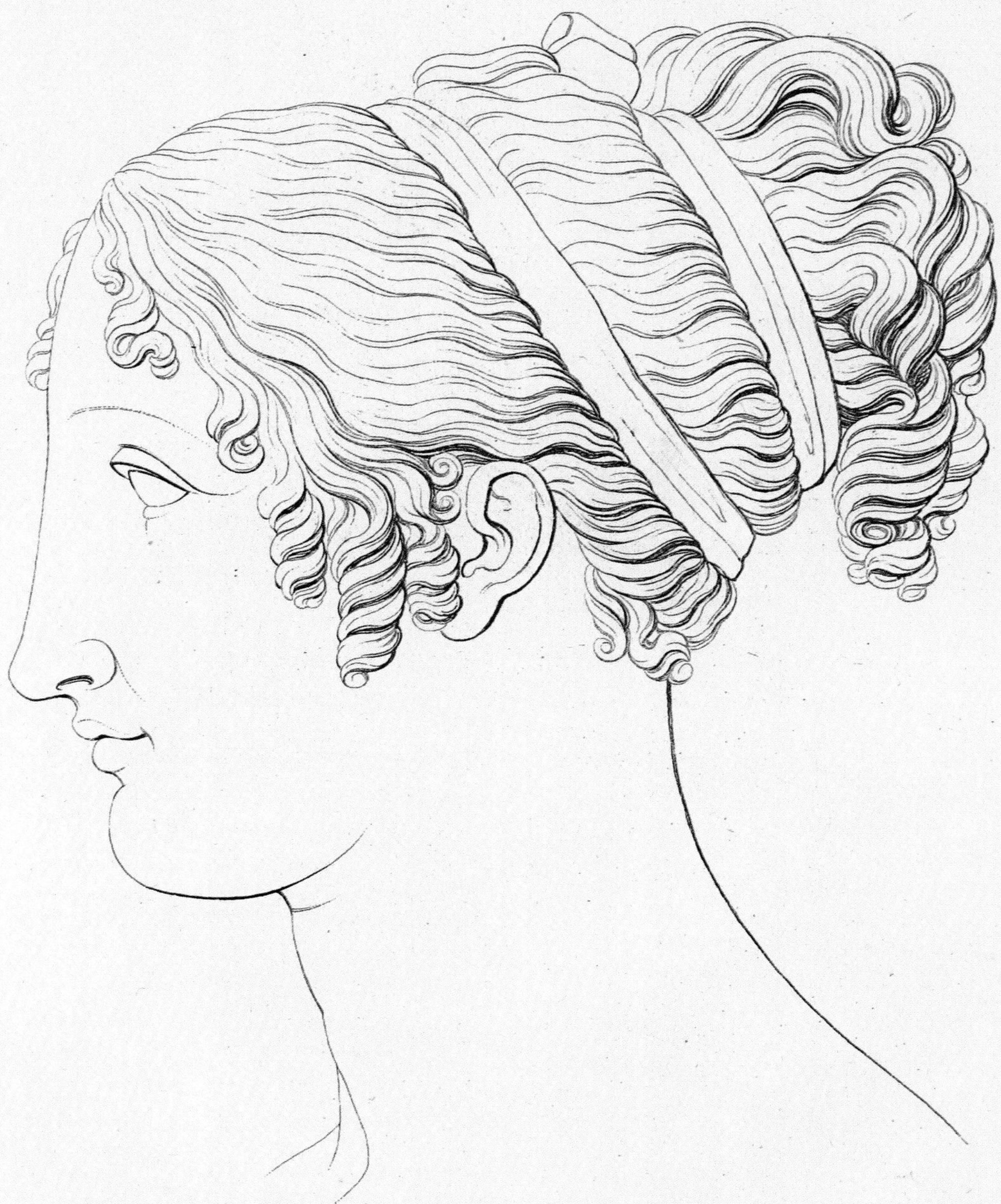

141.

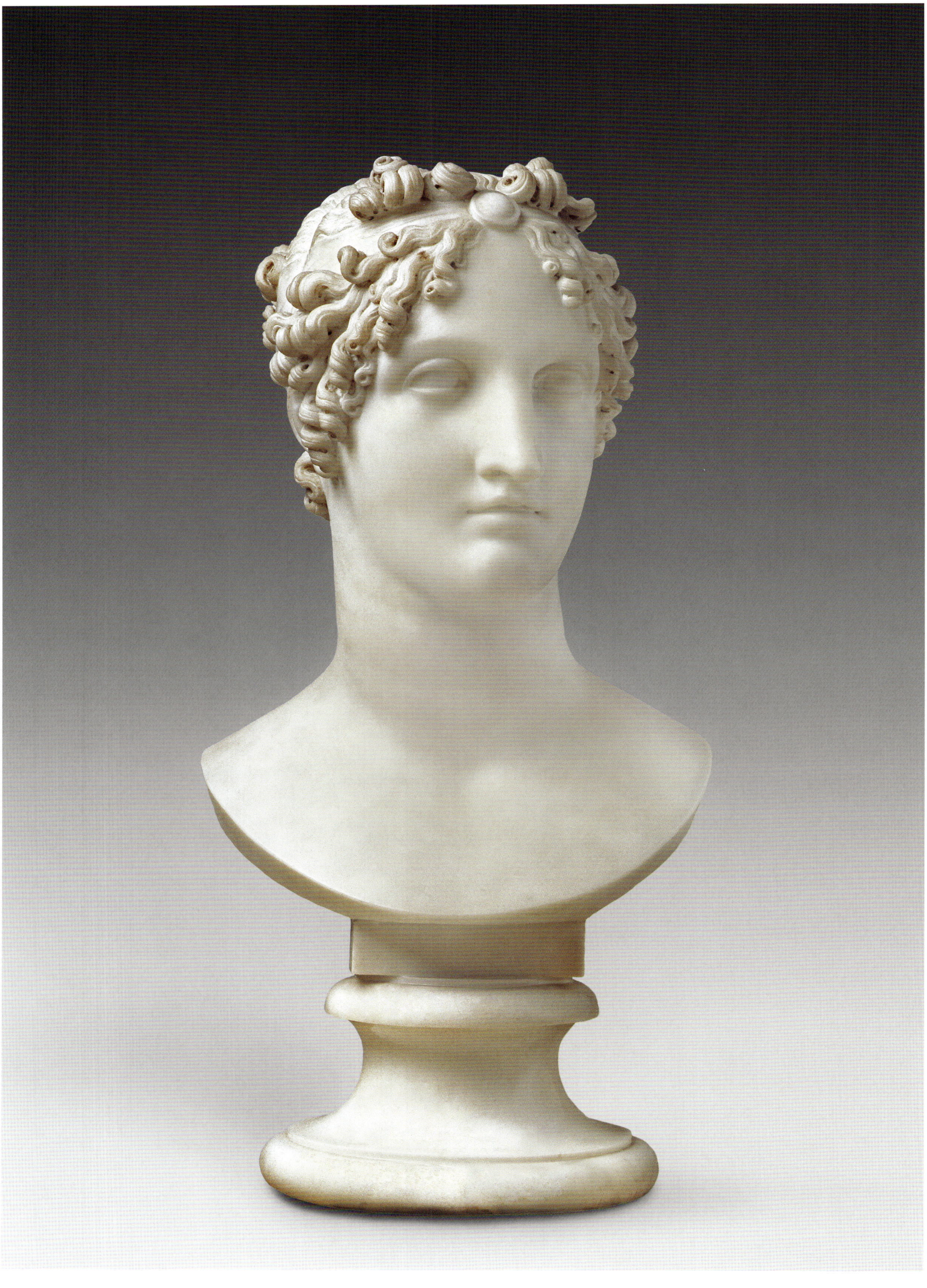

was a true landmark for international culture and high society between the Napoleonic era and the Restoration. There, amidst the admiration of many illustrious visitors also shared with its charming owner, it must have sparked love at first sight in Lord Byron, the most famous traveller to pass through the *salotto*. The three years he spent in Venice, from November 1816 to late 1819, would leave a profound mark not only on his life, but also on his work and on the very perception of the city.[11]

In the few lines of his poem *On the bust of Helen by Canova* (November 1816), which constitute one of the highest peaks reached by Canova's critical fortunes, the poet succeeds in delivering the icon of the classical ideal to the strength of romantic imagination and sentiment:

In this beloved marble view,
Above the works and thoughts of Man,
What nature could, but would not, do,
And beauty and Canova can!

Beyond imagination's power,
Beyond the Bard's defeated art,
With immortality her dower,
Behold the Helen of the heart![12]

We find an echo of Byron's belief in the seductive appeal of these marble visions, capable of transporting us to an unreal dimension, in Albrizzi's assertion, quoted above, that through their power Canova's Ideal Heads "point [us] to the boundaries of art and thought".

della cultura e della mondanità internazionali. Qui doveva essere oggetto, tra l'ammirazione condivisa con l'affascinante proprietaria dei tanti illustri frequentatori, di un vero e proprio colpo di fulmine da parte del viaggiatore più celebre passato da quel salotto, lord Byron.

I tre anni trascorsi a Venezia, dove arrivò nel novembre del 1816 e che lasciò alla fine del 1819, erano destinati a lasciare un segno profondo non solo nella sua biografia, ma anche nella sua opera e nella percezione stessa della città.[11]

Nei pochi versi *On the bust of Helen by Canova* (November 1816), che costituiscono uno dei vertici più alti raggiunti dalla fortuna critica di Canova, il poeta riusciva a consegnare l'emblema dell'idealità classica alla forza dell'immaginazione e del sentimento romantici:

In this beloved marble view,
Above the works and thoughts of Man,
What nature could, but would not, do,
And beauty and Canova can!

Beyond imagination's power,
Beyond the Bard's defeated art,
With immortality her dower,
Behold the Helen of the heart![12]

Ritroviamo un'eco della convinzione di Byron sulla carica di seduzione di queste visioni marmoree, capaci di trasportarci in una dimensione irreale, nella sopra citata dichiarazione della Albrizzi sul potere delle Teste Ideali di Canova che ci "additano i confini dell'arte e del pensiero".

Fig. 15 Antonio Canova
Calliope, 1812
Firenze, Gallerie degli Uffizi, Galleria d'Arte Moderna di Palazzo Pitti

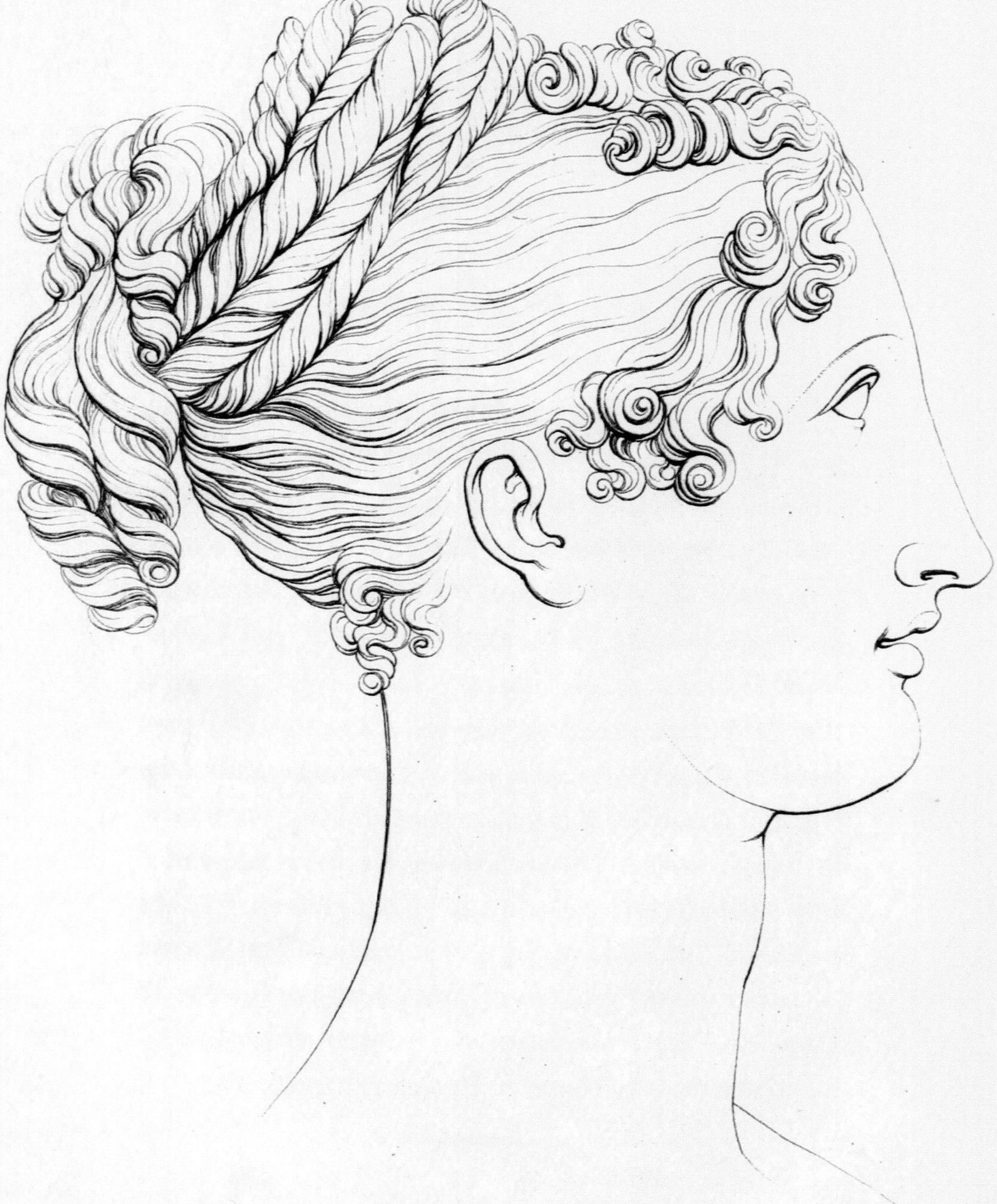

140.

The equally wonderful *Clio* (or *Calliope*; fig. 11), which ushered in the production of Ideal Heads alongside *Helen* in 1811, was destined to consolidate a friendship and pay a debt of gratitude. Once again it was a gift and its recipient was also a woman, Louise Stolberg, Countess of Albany, with whom Canova had a truly special, although not easy relationship due to the events surrounding the Monument to Alfieri, which she commissioned for the Basilica of Santa Croce in Florence in honour of her late companion. One of Canova's most challenging works, not least for its political meaning, it was destined to become a symbol of the country's Risorgimento,[13] thanks to the presence of the moving figure of Italy weeping.

While *Helen* was the most replicated of the Ideal Heads, *Clio* instead became the prototype for the series of Muses carved, with significant variants, one immediately in 1811 for Count Antonio Pezzoli of Bergamo (figs. 12–14), the other in 1812 for Giovanni Rosini and named *Calliope* (fig. 15, Florence, Galleria d'Arte Moderna di Palazzo Pitti). The second muse of 1811, the one for Pezzoli, which was finally rediscovered in a private collection in Cremona in 2019,[14] had been confused by Albrizzi with the head carved for Viscount Castlereagh.

She published it as a profile engraving in the group of the "three muses, or Ideal Heads, since the imagined beauty of the daughters of Mnemosyne is often confused with that of mortal women", carved "one for the Duke of Wellington, another for Viscount Castlereagh, and the third finally for Cavalier Hamilton" (figs. 14, 16, 21):

All three beautiful, but all three have a rather different face. Who could notice the minute differences seen between them, particularly in their rich hairstyles? To whom should we compare them and to whom, like a new Paris, should we give preference? Let all fear comparisons, no less dangerous between goddesses as between women, and, mindful of events in Troy, let all withhold the apple and admire.[15]

Anche l'altrettanto mirabile *Clio* (o *Calliope*; fig. 11), che inaugurava nello stesso 1811 insieme a quella di *Elena* la produzione delle Teste Ideali, era destinata a consolidare un rapporto di amicizia e a saldare un debito di riconoscenza. Pure questa volta si tratta di un dono e la destinataria è sempre una donna, quella Louise Stolberg contessa d'Albany, con cui Canova aveva avuto un rapporto davvero speciale, anche se non facile, per la vicenda del Monumento ad Alfieri da lei commissionato, in onore del suo compagno scomparso, per la basilica di Santa Croce a Firenze. Una delle sue opere più impegnative anche per il significato politico, era destinata a diventare, grazie alla presenza della commovente figura dell'Italia piangente, un simbolo del nostro Risorgimento.[13]

Mentre quella di *Elena* è stata la più replicata delle Teste Ideali, *Clio* ha costituito invece il prototipo della serie delle Muse realizzate, con significative varianti, una subito nel 1811 per il conte Antonio Pezzoli di Bergamo (figg. 12-14), l'altra nel 1812 per Giovanni Rosini e denominata *Calliope* (fig. 15, Firenze, Galleria d'Arte Moderna di Palazzo Pitti). La seconda *Musa* del 1811, che è stata finalmente ritrovata nel 2019 in una collezione privata a Cremona,[14] era stata scambiata dalla Albrizzi con quella eseguita per il visconte di Castelreagh.

La pubblicava, infatti, in un'incisione di profilo nel gruppo delle "tre Muse, o Teste Ideali che sieno, poiché spesso la immaginata bellezza delle figlie di Mnemosine, con quella delle mortali donne si confuse", scolpite "l'una pel Duca di Wellington, l'altra pel Visconte di Castelreagh, la terza finalmente pel Cavaliere Hamilton" (figg. 14, 16, 21):

Bellissime tutte e tre, tutte e tre di volto però alquanto diverso, chi potrebbe notarne le minute differenze, che pur fra di loro si scorgono, e particolarmente nella ricchissima acconciatura de' loro capelli? Chi raffrontarle, e a quale finalmente, Paride novello, accordare la preferenza? Tema ciascuno i confronti, perigliosi non meno che fra le Dee, che fra le Donne, e memore delle Trojane vicende, ritenga il Pomo ed ammiri.[15]

Fig. 16 Giovanni Paolo Lasinio
Muse / *Musa*, in Isabella Teotochi Albrizzi, *Opere di scultura e di plastica di Antonio Canova*

following pp. / pp. seguenti

Figs. 17, 18 Antonio Canova
Clio, 1816
Oxford, Ashmolean Museum

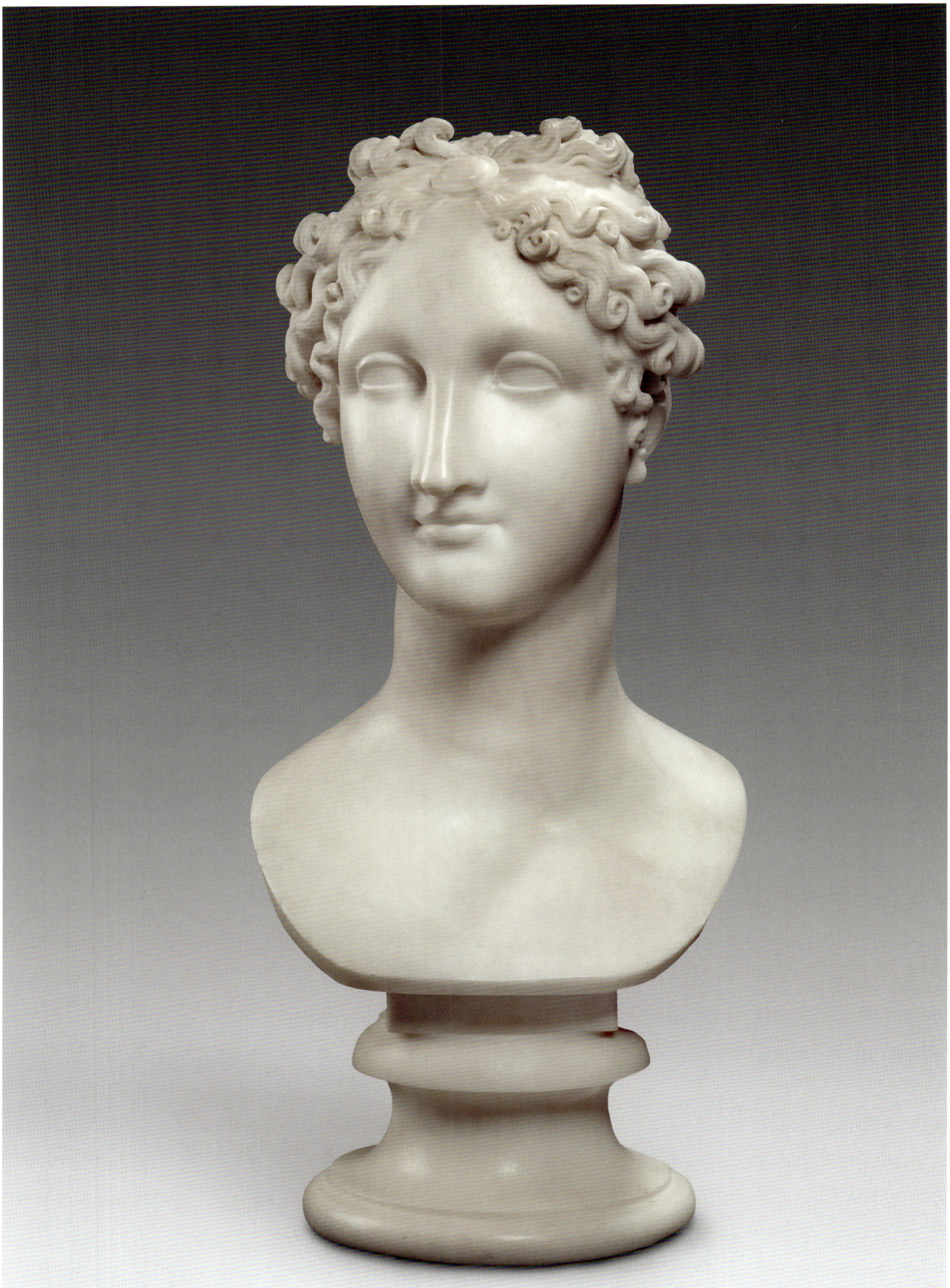

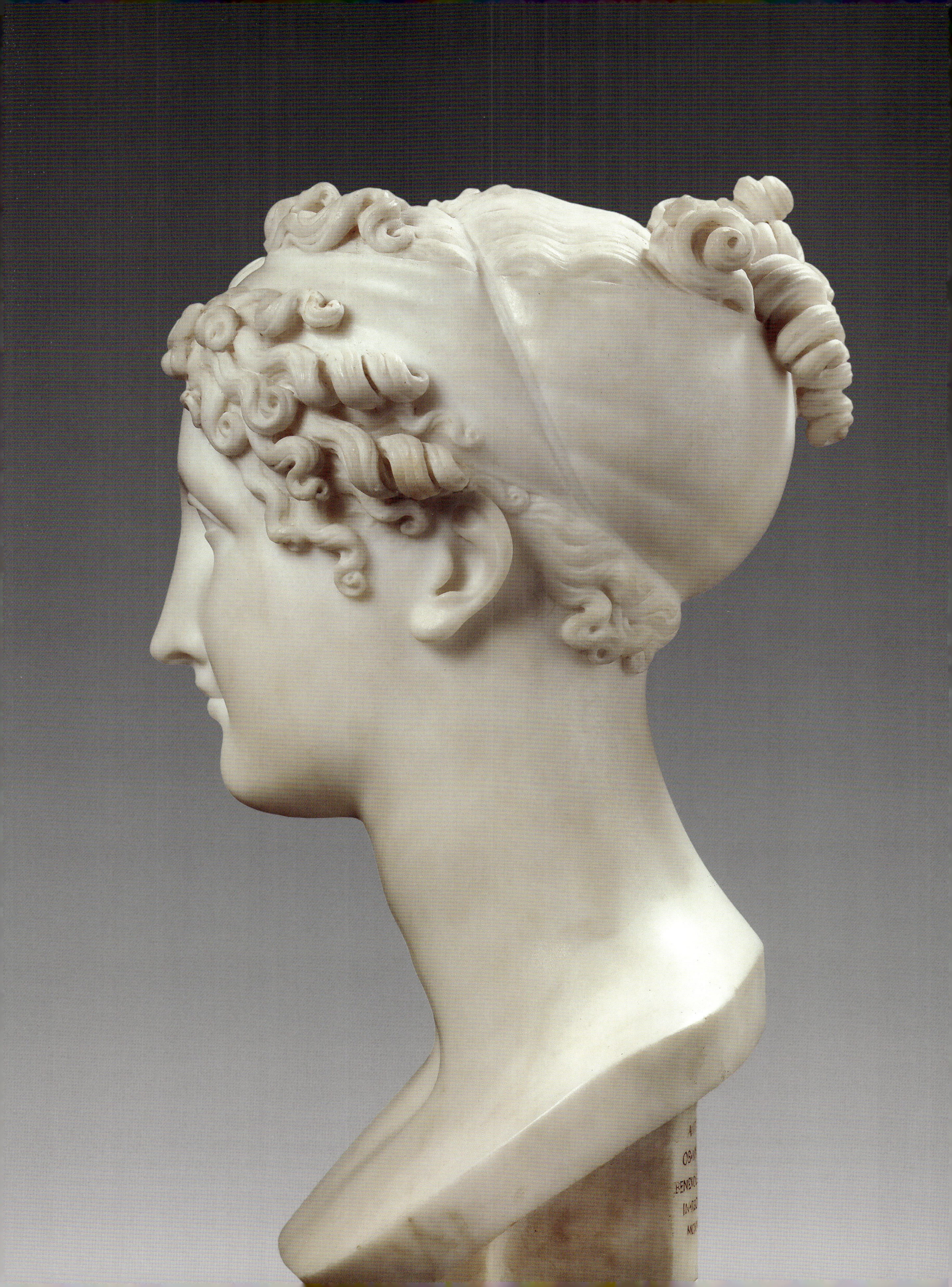

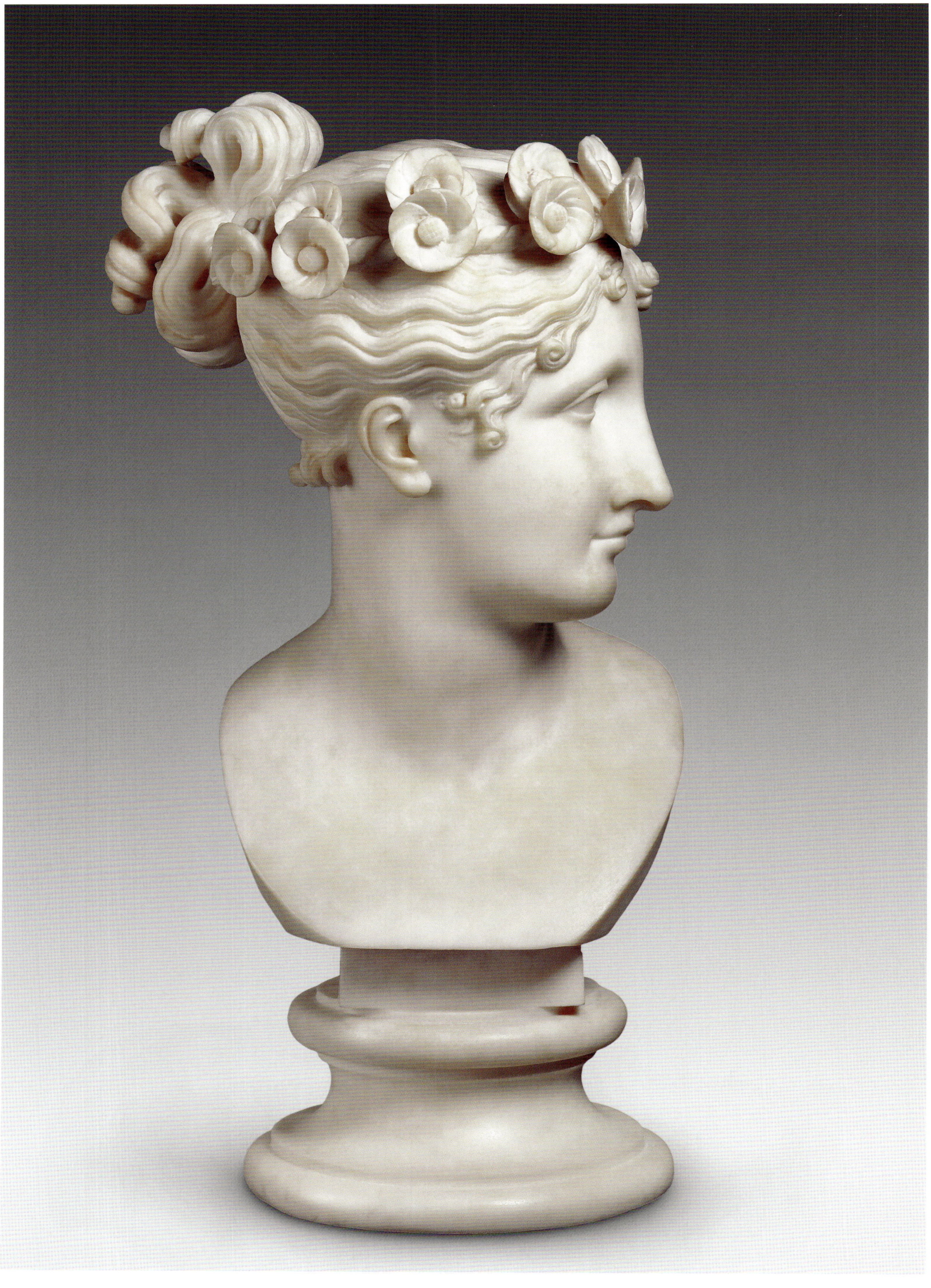

Albrizzi almost always seems at ease with these challenging comparisons, succeeding in keenly observing the different poetic and formal identity of the Ideal Heads. Yet, in this case, she falls victim to mistaken identity when she sees in the *Muse* for Pezzoli (figs. 12–14), features that are not there.[16] That said, it cannot have been easy to unravel the different versions and variations of works which, due to their magnificently extemporaneous nature, were less documented and celebrated than the more demanding sculptures.
It was this that led an authority like Cicognara, in his otherwise reliable catalogue of Canova's marbles, to make a mistake by dating Albrizzi's *Helen* and the group of three *Muses* to 1814.[17] Furthermore, the two already known heads and the one rediscovered in Cremona, signed and dated 1811 and 1812 respectively, allow us to establish the exact chronology.
A fine exhibition at the Ashmolean Museum in Oxford in 1997 reconstructed the story of the Ideal Heads – all of high quality and carved in 1816 – intended by Canova for the people in England that had helped him in the famous undertaking, in 1815, to recover the masterpieces requisitioned by the French army and moved to the Musée Napoléon in Paris. This was an exceptional series, both in terms of its beneficiaries and the circumstances in which it was produced, consisting of the *Clio* for William Richard Hamilton (figs. 17, 18, Oxford, Ashmolean Museum); the *Head of a Dancer* for the Duke of Wellington, victor over Napoleon (fig. 19, London, Wellington Museum, Apsley House); another *Muse* for Charles Long (figs. 20, 21, 37, Kimbell Art Museum, Fort Worth, Texas) and the *Helen* for Robert Stewart, Viscount Castlereagh and 2nd Marquis of Londonderry. Albrizzi had therefore published three engravings that do not correspond with any of these, being mistakenly identified. Instead, they coincide with the rediscovered *Muse* for Pezzoli (figs. 12–14), with another *Muse* now in a New York collection, which I have recently identified and will discuss later (figs. 63–66), and finally with a third for Charles Long, the one now preserved at the Kimbell Art Museum, but indentified by Albrizzi as the *Head for Cavaliere Hamilton*.[18]

Se la Albrizzi sembra quasi sempre a proprio agio in questi impegnativi confronti, riuscendo a identificare con perspicacia la diversa identità poetica e formale delle Teste Ideali, in questo caso invece cade in uno scambio di identità perché alla *Musa* per Pezzoli (figg. 12-14) affibbia sembianze non sue.[16] Del resto non doveva essere facile districarsi tra le diverse versioni e varianti di opere che, per la loro magnifica estemporaneità, erano meno documentate e celebrate rispetto alle sculture di maggior impegno.
Così anche una autorità come quella di Cicognara, nel suo altrimenti attendibile catalogo dei marmi canoviani, cade nell'errore di assegnare l'*Elena* Albrizzi e il gruppo delle tre *Muse* al 1814.[17] Del resto le due teste già note e quella ritrovata a Cremona, datate e firmate tra il 1811 e il 1812, consentono di ristabilire l'esatta cronologia.
Mentre una bella mostra del 1997 all'Ashmolean Museum di Oxford ha ricostruito la vicenda delle Teste Ideali, tutte di elevata qualità ed eseguite nel 1816, destinate da Canova agli inglesi che lo avevano aiutato nel 1815 nella celebre impresa del recupero dei capolavori requisiti dall'esercito francese e collocati a Parigi nel Musée Napoléon. Si tratta di una serie eccezionale, anche per la sua destinazione e le circostanze in cui fu realizzata, composta dalla Clio per William Richard Hamilton (figg. 17, 18, Oxford, Ashmolean Museum), dalla *Testa di Danzatrice* per il Duca di Wellington, il vincitore di Napoleone (fig. 19, Londra, Wellington Museum, Apsley House), da un'altra *Musa* per Charles Long (figg. 20, 21, 37, Kimbell Art Museum, Forth Worth, Texas) e dall'*Elena* per Robert Stewart, visconte di Castelreagh e poi secondo marchese di Londonderry. Quindi, la Albrizzi aveva pubblicate tre incisioni che non corrispondono o sono state scambiate e coincidono dunque con la ritrovata *Musa* per Pezzoli (figg. 12-14), con un'altra *Musa* ora in una collezione newyorkese (figg. 63-66), da me recentemente identificata e di cui tratteremo più avanti, e con una terza infine per Charles Long, oggi conservata al Kimbell Art Museum, ma identificata da Albrizzi come la *testa per il Cavaliere Hamilton*.[18]

Fig. 19 Antonio Canova
Head of a Dancer, 1816
Testa di danzatrice
London, Wellington Museum, Apsley House

following pp. / pp. seguenti

Fig. 20 Antonio Canova
Ideal Head, 1816 / *Testa Ideale*
Fort Worth, Kimbell Art Museum

Fig. 21 Giovanni Paolo Lasinio
Muse / *Musa*, in Isabella Teotochi Albrizzi, *Opere di scultura e di plastica di Antonio Canova*

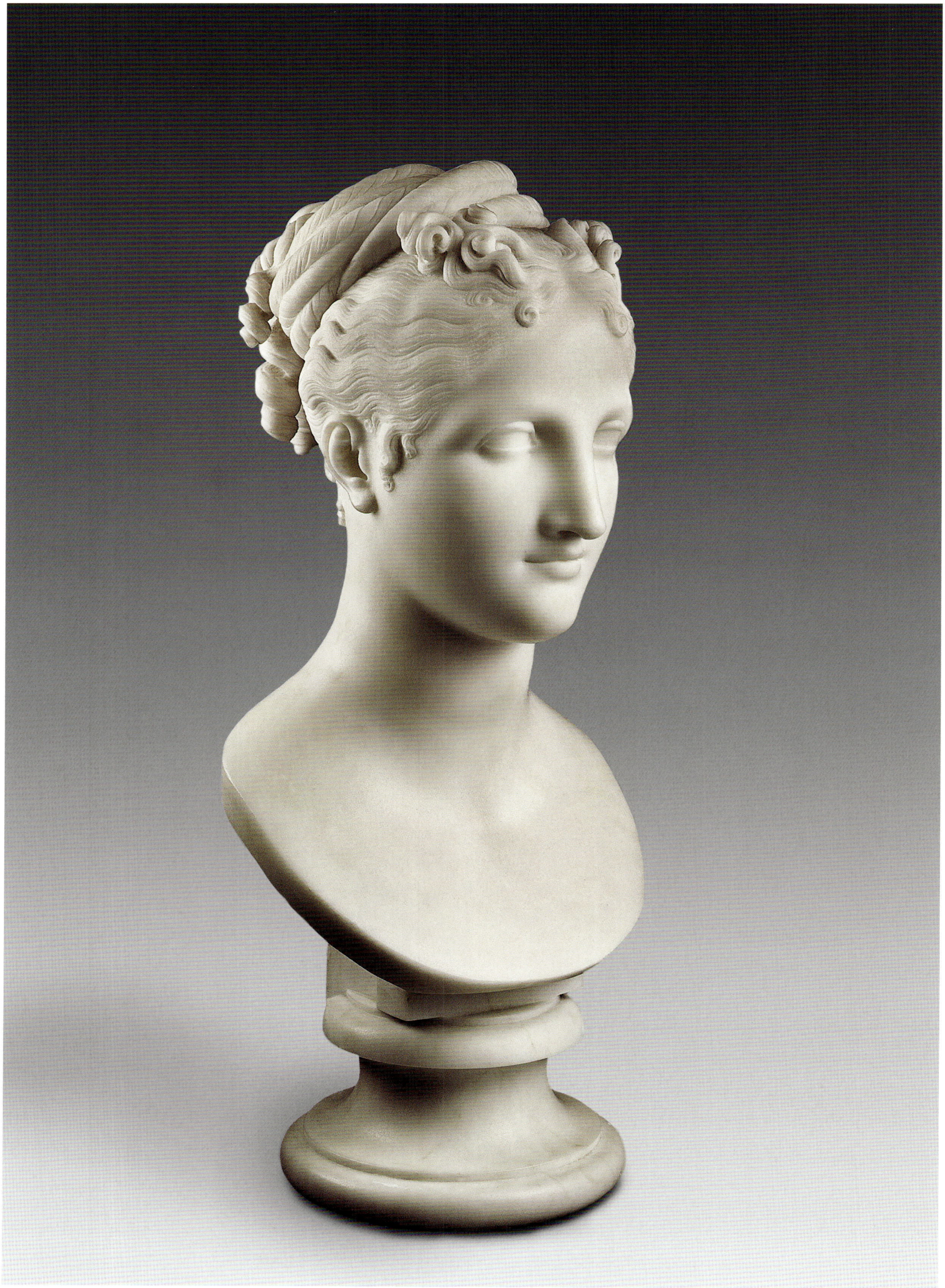

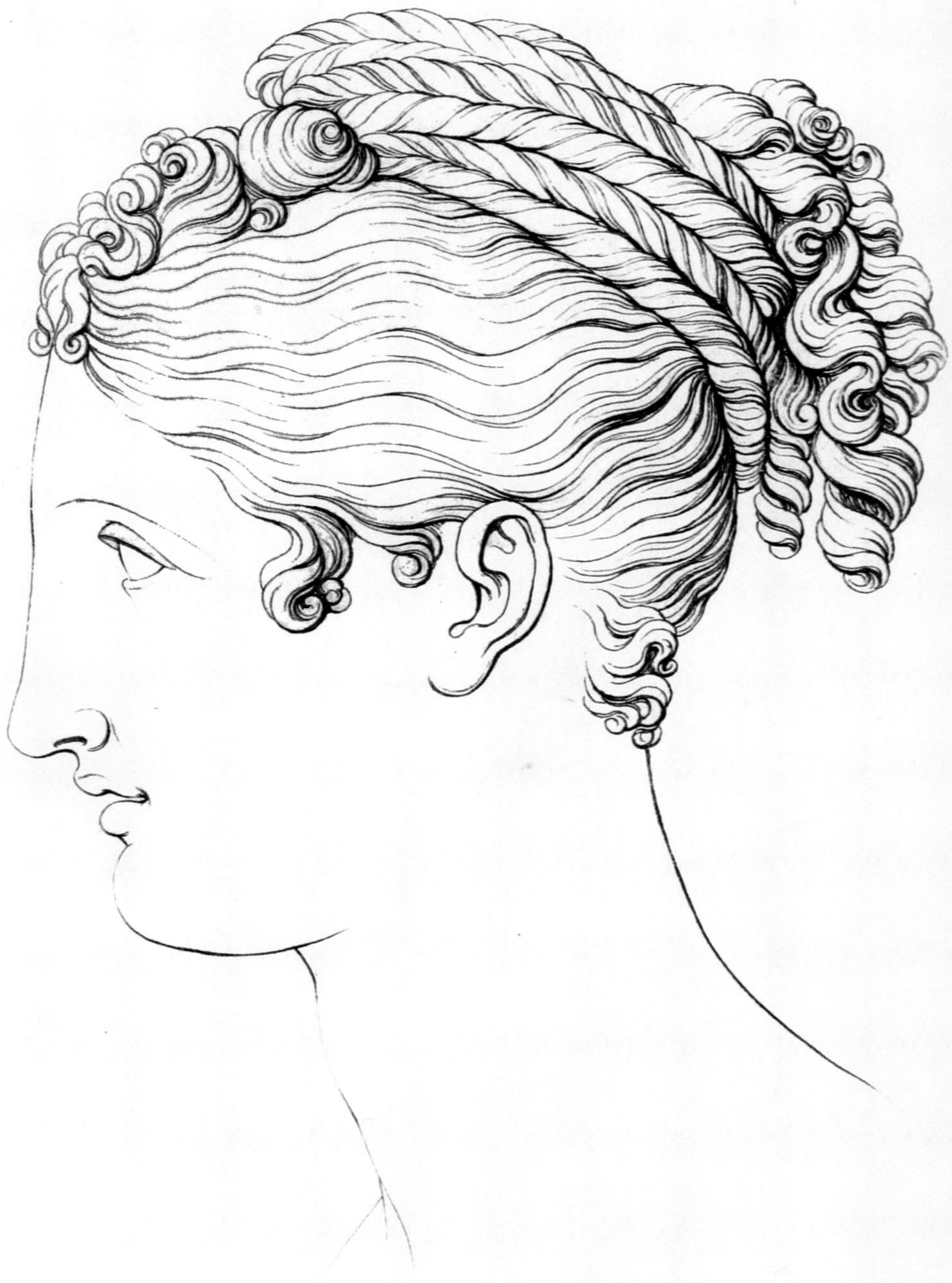

142.

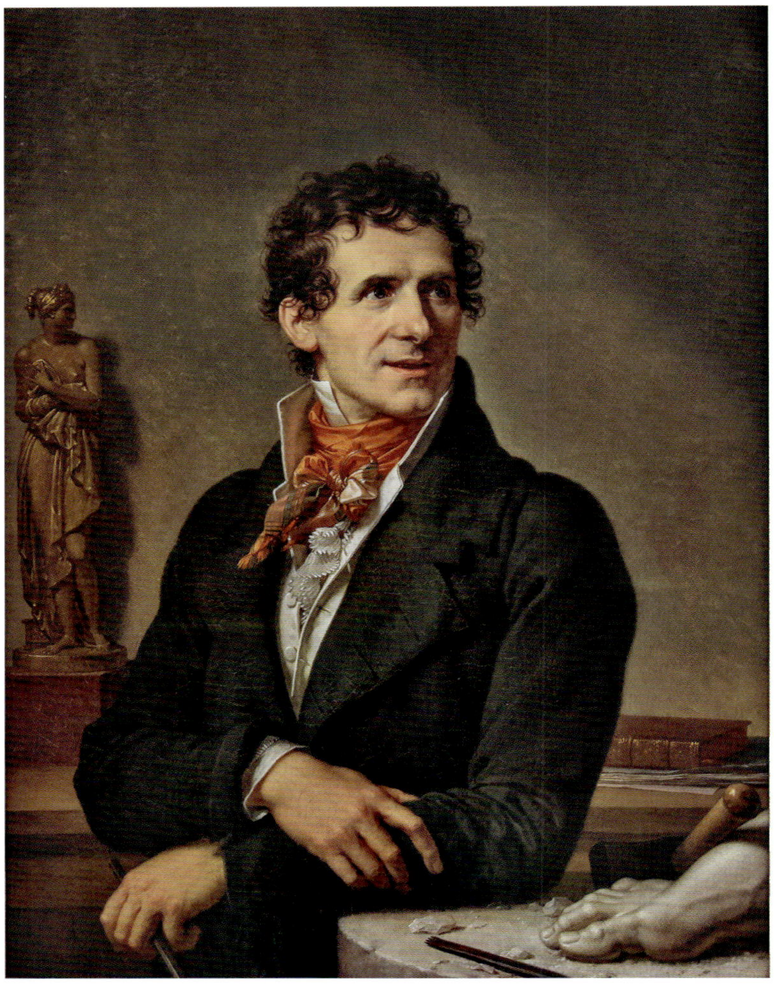

Ma torniamo alla *Clio* che, passata dalla d'Albany al suo ultimo compagno, il pittore François-Xavier Fabre, si trova oggi al Musée Fabre di Montpellier (fig. 11).[19] Mentre la fama dell'*Elena* è stata alimentata dagli straordinari versi di Byron, in questo caso una bellissima lettera di Ugo Foscolo (fig. 23), inviata il 5 settembre 1812 da Firenze all'amica bolognese Cornelia Martinetti, animatrice di un famoso cenacolo letterario frequentato anche da Stendhal, rende bene l'apprezzamento di cui l'opera era stata oggetto nel frequentato salotto fiorentino della proprietaria. Il poeta, entrato particolarmente in sintonia con il mondo dello scultore a proposito di capolavori come la *Venere Italica e Le Grazie,* così vicine allo spirito delle Teste Ideali, rende molto bene l'intensità di una esperienza che dall'arte si trasferisce alla vita:

[...] ma in quel crocchio io mi sto muto e freddo come la sedia che opprimo; non più così d'ora innanzi; perché hanno presentato in quella sala il volto più molle e candido di tutta Italia, e le chiome più graziosamente intrecciate, e una fronte un po' alta forse, ma che avea del celeste e un paio d'occhi verecondi ed arditi, e una bocca su la quale avrei sospirato appena, ma non avrei osato baciarla [...] e tutte quelle belle cose in una sola testa. Non vidi il seno; ma il collo era tutto scoperto, e mi sembra alquanto grossetto, ora ch'io vi penso freddamente; ma allora appunto per questo parvemi più voluttuoso. Eppure non apriva bocca; e appena si lasciò dire da me sommessamente alcune paroline; e mi rispose in modo che nessuno c'intese. Ah! S'io potessi pigliarmi confidenza; e giurerei di non baciarla che sulla fronte. Ma mi si raffredderebbero le labbra, perché la è una Musa scolpita da Canova, e comperata dalla Contessa per tenere compagnia al ritratto del Tragico.[20]

Nella sua intima complicità con l'opera d'arte, il poeta resta sedotto da una meravigliosa naturalezza che gli appare dominare l'invenzione di queste teste. Canova rielaborava sul vero, come se si trattasse di un ritratto ideale, la sua fonte antica rappresentata dalle cinque

Fig. 22 François-Xavier Fabre
Antonio Canova with the Venus Italica, 1812 / *Antonio Canova con la Venere Italica*
Montpellier, Musée Fabre

But returning to *Clio*, after it passed from the Countess of Albany to her final companion, the painter François-Xavier Fabre, it is now kept at the Musée Fabre in Montpellier (fig. 11).[19] While the fame of *Helen* had been fuelled by Byron's extraordinary poem, in this case a wonderful letter sent by Ugo Foscolo (fig. 23) from Florence on 5 September 1812 to his Bolognese friend Cornelia Martinetti, who hosted a famous literary circle frequented by Stendhal, successfully conveys the appreciation received by the work in the owner's popular Florentine *salotto*.
Foscolo had become particularly attuned to the sculptor's world through masterpieces such as the *Venus Italica and The Three Graces,* so close to the spirit of the Ideal Heads, and here the poet successfully renders the intensity of an experience transferred from art to life:

[...] but in that gathering I am mute and as cold as the chair I weigh down upon. This is no longer the case, because in that room they presented the softest and most candid face in all of Italy, and the hair most prettily braided, and a slightly high forehead perhaps, but with something of the celestial, and a pair of chaste, intrepid eyes and a mouth on which I would have barely sighed, but would not have dared to kiss [...] and all those beautiful things in a single head. I did not see the breast, but the neck was completely exposed, and it seems rather large to me now that I think about it coldly; but then, precisely for this reason, it seemed more voluptuous to me. Yet, she did not open her mouth; and she barely let me say a few words softly, answering in such a way that no one understood us. Ah! If I could only acquire confidence; I swear I would only kiss her forehead. But my lips would grow cold, because she is a muse carved by Canova, and bought by the countess to offer company to the portrait of the tragic Poet.[20]

In his intimate complicity with the work of art, the poet is seduced by a marvellous naturalness that appeared to him to dominate the idea behind these heads. As if it were an ideal

Muse Tiburtine, scoperte nel 1774 da De Angelis in uno scavo della Villa di Cassio a Tivoli e acquistate, come riportava il "Diario di Roma" del 22 marzo 1775, da Giovanni Battista Visconti per il Museo Pio Clementino. Già riprodotte in biscuit da Giovanni Volpato,[21] un personaggio molto vicino allo scultore, soprattutto Clio, Talia ed Euterpe risultano aver ispirato, con le loro sembianze idealizzate e il raffinato naturalismo delle loro capigliature raccolte, queste nuove creazioni canoviane.
Una forte sintonia tra lo scultore e il destinatario presiede anche alla creazione, nel 1812, di una nuova musa *Calliope* (fig. 15), molto vicina alla *Clio* di Montpellier (fig. 11), tanto da apparirne quasi una derivazione, eseguita su commissione del letterato pisano Giovanni Rosini, il futuro autore di una celebre *Storia della pittura italiana*, di un popolare romanzo storico su *La Monaca di Monza* e, nel 1825, estensore di un apprezzato *Saggio sulla vita e le opere di Antonio Canova*.[22] Questa magnifica testa, per lungo tempo misconosciuta e considerata una semplice copia anche se ne era stato accertato l'ingresso già nel 1855 nelle Gallerie Fiorentine, venne restituita a Canova nel 1972 da Sandra Pinto, che ricostruì, con l'aiuto di Hugh Honour, in tutti i passaggi la sua storia.[23]
In una nota al suo *Canto funebre ad Antonio Canova*, inserito nel 1823 nella Biblioteca Canoviana,[24] Rosini, invocando il soccorso della Musa ("Tu, che spiri nel marmo ognor più bella, / Arridi al lamentevole lavoro"), ricordava come "avendo l'autore di questi versi desiderato di posseder qualcosa dalle mani di si grand'uomo, Canova scolpì per esso il busto di Calliope nel 1808". Se la data è giusta dovrebbe riferirsi alla commissione dell'opera. Le sue vicende sono documentate, a conferma del rapporto di amicizia che univa i due personaggi, nella corrispondenza tra Canova e Rosini del maggio 1812, così come in quella, dello stesso anno, tra Giambattista Sartori, fratellastro e factotum dello scultore, Canova e Giovanni degli Alessandri, presidente dell'Accademia di Belle Arti di Firenze e direttore delle Gallerie.

portrait, Canova reworked his ancient source in real life: the five *Tiburtine Muses*, discovered in 1774 by De Angelis during excavations of the Villa of Cassius in Tivoli and purchased, as reported in the "Diario di Roma" on 22 March 1775, by Giovanni Battista Visconti for the Museo Pio Clementino. Already reproduced in biscuit porcelain by Giovanni Volpato,[21] who was very close to the sculptor, Clio, Thalia and Euterpe in particular seem to have inspired, with their idealised features and the refined naturalism of their swept-back hair, these new creations by Canova.

A powerful harmony between the sculptor and the recipient also presided over the creation, in 1812, of another muse *Calliope* (fig. 15), very similar to the Montpellier *Clio* (fig. 11), so much so as to almost seem derived from it. It was carved on commission for the Pisan scholar Giovanni Rosini, the future author of a famous *Storia della pittura italiana*, of a popular historical novel *La Monaca di Monza* and, in 1825, of an esteemed Saggio sulla vita e le opere di Antonio Canova.[22] This magnificent head, long unrecognised and considered a mere copy, even if its entry into the Gallerie Fiorentine as early as 1855 had been confirmed, was reattributed to Canova in 1972 by Sandra Pinto, who reconstructed its history in full with the help of Hugh Honour.[23]

In a note in his *Canto funebre ad Antonio Canova*, which was added to the Biblioteca Canoviana in 1823,[24] Rosini, invoking the help of the Muse ("You, who breathe ever more beautiful in marble, / Smile at the lamentable work"), recalled how "as the author of these lines desired to possess something by the hands of such a great man, Canova sculpted the bust of Calliope for him in 1808". If the date is correct, it must refer to the commissioning of the work. Confirming the friendship between the two, its story is documented in the correspondence between Canova and Rosini in May 1812, and again, in the same year, in that between Giambattista Sartori, the sculptor's half-brother and factotum, Canova and Giovanni degli

Ma già nel 1811, a conferma di come questo tipo di commissioni coinvolgesse la cerchia di amici intorno allo scultore, Giuseppe Bossi aveva comunicato a Canova di aver ricevuto da Rosini una precisa richiesta perché gli suggerisse quale "premio deve darti per la Musa che già gli hai fatta. Io pensai di scrivertene, acciocché tu mi dica candidamente ciò che ti accontenterebbe in valore, e penserò poi io alle formalità, ed al modo. Così io potrò consigliare al sicuro, e mi farò onore con entrambi".[25]

Collocata dal proprietario al centro di un ambiente speciale, una sorta di studiolo o tempietto dedicato alle belle arti, divenne presto famosa, per cui la Albrizzi, che aveva chiesto tra il 1821 e il 1822 un disegno al proprietario per farlo incidere da Giovanni Paolo Lasinio, la inserì nel suo repertorio illustrato delle opere di Canova. Nella sua descrizione sottolineava la intensa suggestione sentimentale espressa nel volto, in quanto

vedesi Calliope star con aria profonda meditando, e pare che scolpito porti nella fisionomia l'animo ed il pensiero. Non si oserebbe dire un motto, né fare un cenno per tema di perdere l'aureo concetto, che sta essa formando, e che si vede quasi spuntare sul labbro, pieno di soave decoro.

Passato questo momento di sospensione, l'attenzione è catturata dalla straordinaria maestria con cui è stata resa l'acconciatura raccolta

in piccolette masse ricciutelle, le quali, alquanto allargate nel mezzo della pura sua fronte, sicché tutta ne apparisca la vaga forma, discendono raccogliendosi verso le tempie, e le contornano assai leggiadramente le guance fino alle orecchie.[26]

Alessandri, president of the Accademia di Belle Arti in Florence and director of the Gallerie. Confirmation that this type of commission involved the sculptor's circle of friends appears in a letter, dated as early as 1811, in which Giuseppe Bossi told Canova that he had received a precise request from Rosini asking him what "reward he should give you for the Muse you have already made for him. I thought I would write to you, so that you can tell me candidly what would satisfy you in terms of value, and then I will take care of the formalities and the means. I will thus be able to advise you with confidence and act honourably to you both."[25]

Placed by the owner in the centre of a special setting, a kind of study or small temple dedicated to the fine arts, the sculpture quickly became famous, leading Albrizzi to ask him for a drawing sometime between 1821 and 1822 to be engraved by Giovanni Paolo Lasinio and inserted into her illustrated catalogue of Canova's works. In her description she underlined the intense sentimental suggestion expressed in the face

see Calliope meditating profoundly, carved as if to carry her soul and thought in her physiognomy. One would not dare to say a word or make a sign for fear of losing the golden concept she is about to form, which can almost be seen emerging on her lips, full of sweet decorum.

Once this moment of suspension has passed, her attention is captured by the extraordinary mastery with which the hairstyle was created

in small curly masses, which, slightly parted in the centre of her pure forehead to allow its lovely shape to appear in full, are gathered as they fall towards the temples and gracefully outline her cheeks as far as her ears.[26]

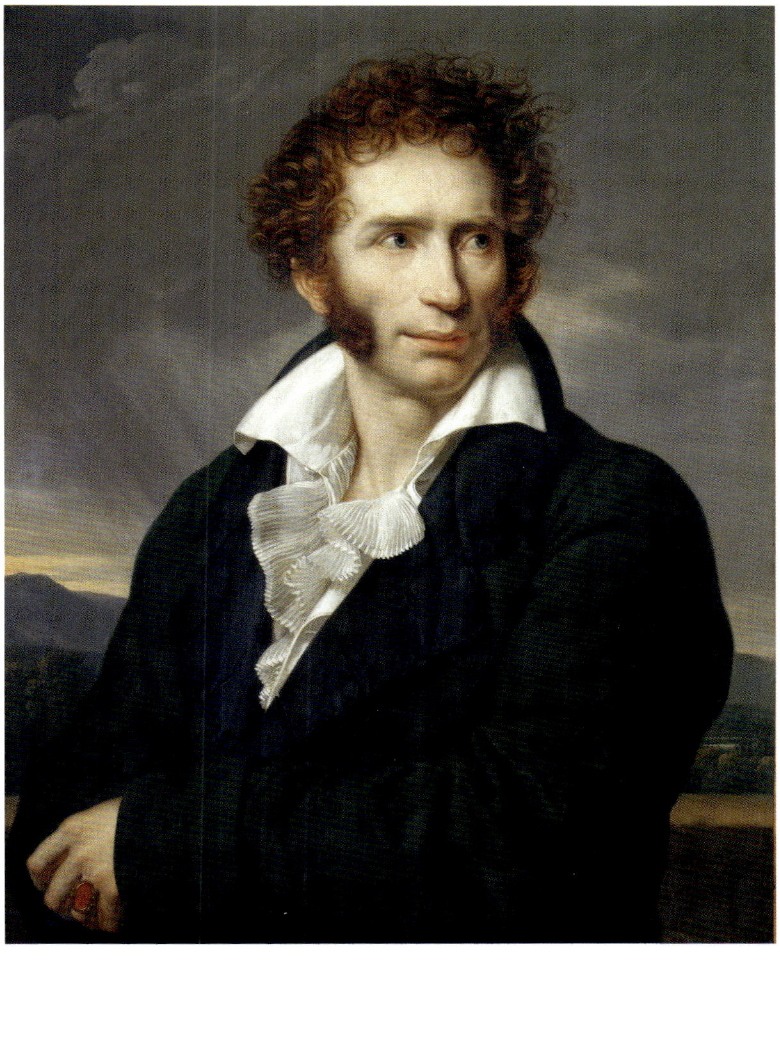

Fig. 23 François-Xavier Fabre
Portrait of Ugo Foscolo, 1813
Ritratto di Ugo Foscolo
Firenze, Biblioteca Nazionale Centrale

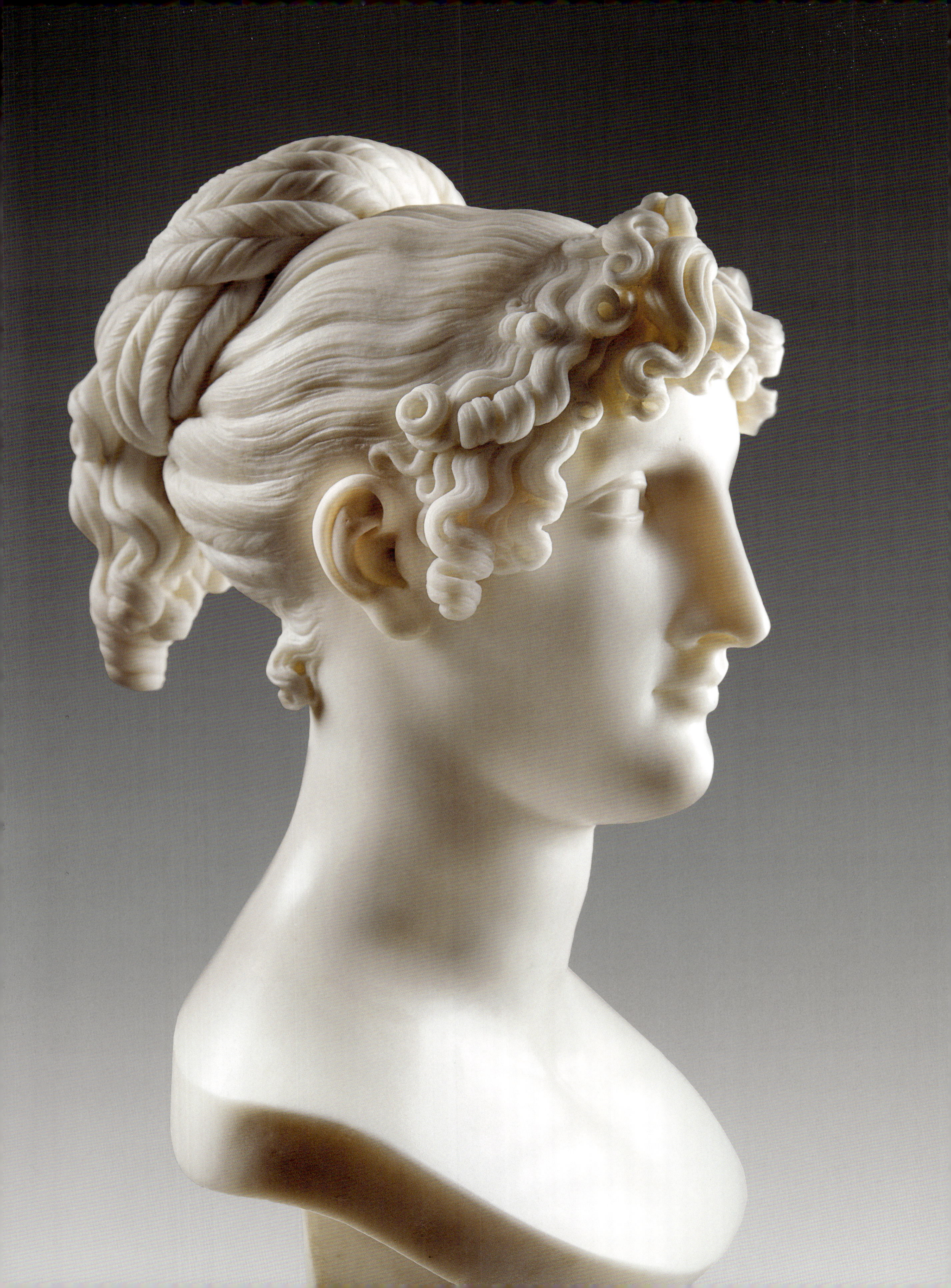

La Riconoscenza

A new Muse for Quatremère de Quincy, his old but distant friend

After the *Calliope* intended for Rosini, Canova did not begin experimenting with Ideal Heads again until 1816, when he returned to the theme of the muses. After that, he did not abandon them again, proceeding with increasing intensity and tackling new iconographic and formal challenges.
What were the reasons for this interruption? They were four extremely busy years, not least due to the upheaval brought about by the fall of the Napoleonic Empire. We must not forget his tiring but successful stay in Paris in 1815 to recover artworks requisitioned by the French armies and returned, thanks to his diplomatic skills, "to the bosom of our dear Italy", as he declared with satisfaction. This was immediately followed by a trip to London, where he had been summoned to examine the Phidias marbles that had arrived from Greece and express his opinion on the proposed monument in honour of the victorious British army.
But it was also a period of great creative momentum, which saw Canova immersed in producing new masterpieces, such as the *Peace* (fig. 32), the *Muse Polymnia* (fig. 33), the two versions of the *Three Graces* (figs. 34, 35), and the grandiose and unfinished project for the imposing *Catholic Religion*. He was also occupied with the conclusion of a work that had been in progress for many years, *Hercules and Lichas*, and the seemingly never-ending continuation of another colossal group, *Theseus and the Centaur*.
Once again it seems that friendship – in which even more was at stake this time given the personalities involved – provided the decisive momentum behind his return to the motif of the Ideal Heads, returning to Helen and inventing a new head of a muse.

La Riconoscenza

Una nuova Musa per Quatremère de Quincy, il vecchio amico lontano

Dopo la *Calliope* destinata a Rosini, bisogna aspettare il 1816 perché Canova, ripartendo proprio dal tema delle Muse, riprenda la sperimentazione delle Teste Ideali che non abbandonerà più, portandola avanti con sempre più intensità e affrontando nuove sfide, iconografiche e formali.
Quali sono le ragioni di questa interruzione? Furono quattro anni di grande impegno anche per i rivolgimenti determinati dalla caduta dell'Impero napoleonico. Pensiamo al faticoso ma fortunato soggiorno a Parigi nel 1815 per il recupero delle opere d'arte requisite dalle armate francesi e grazie alla sua abilità diplomatica restituite, come dichiarò soddisfatto, "in seno alla nostra cara Italia". Era seguito, subito dopo, il viaggio a Londra dove lo avevano chiamato per esaminare i marmi di Fidia arrivati dalla Grecia ed esprimere il suo parere sul monumento che si pensava di erigere in onore dell'esercito inglese vittorioso. Ma è anche un periodo di grande slancio creativo che lo vede immerso nella realizzazione di nuovi capolavori come la *Pace* (fig. 32), la *Musa Polimnia* (fig. 33), le due versioni delle *Grazie* (figg. 34, 35), il grandioso e irrealizzato progetto della imponente *Religione Cattolica*, ma pure nella conclusione di un'opera in lavorazione da tanti anni come l'*Ercole e Lica* o la prosecuzione, che sembrava non aver mai fine, di un altro gruppo colossale come il *Teseo in lotta con il centauro*.
Sembra ancora l'amicizia, e questa volta il coinvolgimento sarà ancora più forte visti i personaggi in gioco, la spinta decisiva per ritornare sul motivo delle Teste Ideali, ripartendo dalla ripresa da una parte proprio dell'Elena e dall'invenzione di una nuova testa di Musa.

Antonio Canova
La Riconoscenza, 1816–1817
Height: 44 cm, with original base 56.5 cm, private collection / Altezza 44 cm, con base originale 56,5 cm collezione privata

The following images of *La Riconoscenza* are without captions / Le immagini seguenti riferite a *La Riconoscenza* non recano didascalie

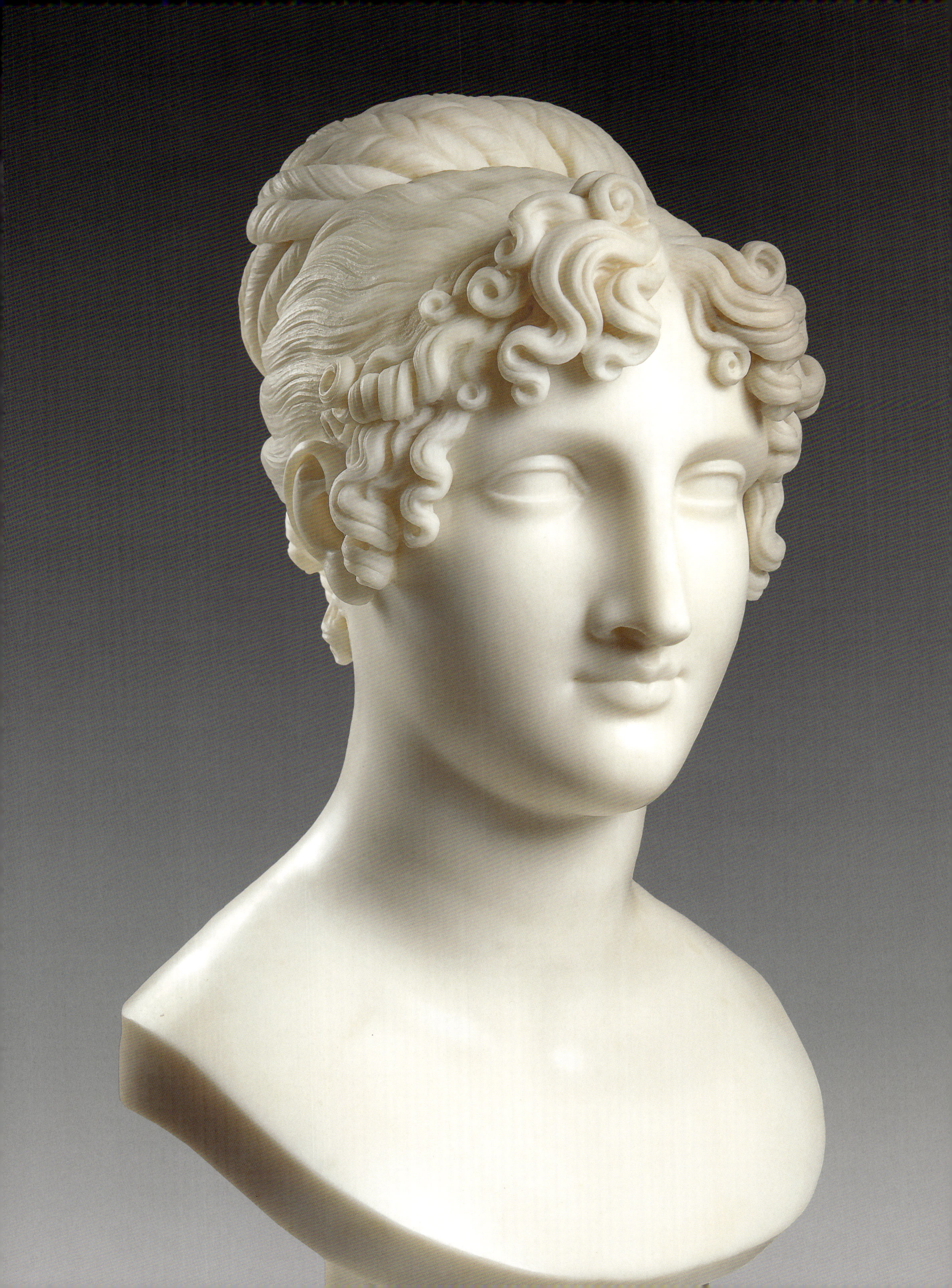

com.

celebre et excellent canova marquis dischia, écoutez ma prière
c'est le malheur qui vous invoque. La france a perdu dans la personne
de Mr le bailly de crussol, decédé il y a dix mois le plus estimable
des hommes et moi le meilleur des amis ! il a couronné la plus
digne vie par la plus belle mort. il laisse une grande réputation
et cependant il a caché plus de vertus encore qu'il n'en a montré
inconsolable dans ma profonde douleur le seul service qu'on me
puisse rendre désormais est d'honorer son souvenir. le savant
quatremère votre ami me rend le précieux service. sans ~~avoir~~ me
connaître et par la seule inspiration de rendre un hommage
a la vertu et une consolation au malheur il s'est chargé de
dessiner, de modeler de faire exécuter sous ses yeux un petit
monument sur la tombe de Mr le bailly de crussol. je suis
pénétrée comme je le dois de reconnaissance pour le savant
quatremère ~~mais~~ qui m'aidera a la lui exprimer ce sera vous
célèbre et excellent canova marquis dischia. je voudrais une tête
en marbre blanc, dentier, de nature exprimant la reconnaissance
et nous mettrons au bas la reconnaissance remercie le génie
je ne prétends pas monsieur que vous soyez l'immortel
créateur de cette tête. mais veuillez bien la faire faire a
un de vos élèves et seulement comme phidias fit a la tête de
jupiter donnez un coup de ciseaux a la bouche en lui
disant parle et la reconnaissance parlera a notre savant
quatremère que j'ai surnommé le bienfaisant. je ne vous
cacherai pas qu'éprouvant en ce moment de grands revers de
fortune je me trouve condamnée a borner le prix de cette
tête qui ~~est~~ sans prix a mes yeux puisqu'elle sera faite
sous votre inspection. pensez vous que deux mil quatre

cents francs ou trois mil francs de france suffisent ; Mais quoiqu'il en soit je vous conjure avec la plus vive instance de donner l'avis sur le champ a cette tête j'ai besoin d'offrir de mon vivant cet hommage au bienfaisant quatremère ; Mon âge mon malheur, et peut être mon désir me conduisent rapidement a la mort. pour dieu ne me refusez pas célèbre et excellent marquis d'ischia ; vous avez été indulgent pour les oeuvres de ma main soyez le pour le sau de mon coeur.

J'ai l'honneur d'être pour ma vie avec admiration et attachement Monsieur votre très humble et très obéissante servante

Fatigny Dames, Mtre De Grollier

Rue de Beaune N° 2 le 16 juin 1816 —

Roma 12 Agosto 1816 13[illegible]

[illegible marginal note]

Amico Carissimo

Ho ricevuto in questi giorni li cinque esemplari del vostro Giove Olimpico; e vi ho fatto omaggio al S. P. di quello ch'eragli destinato, e che fu da S.S. molto gradito, dicendomi che risponderà alla vostra Lettera. Diedigli pure gli altri libri direttimi a tal effetto dal vostro Amico M.r Lebreton; e ritenni gli altri pacchetti, per rimetterli a chi erano dispensati.

Io mi adoprerò volentieri all'esito delle quattro Copie, che mi rimangono, e delle quali probabilmente questa mattina ne darò una al Principe Poniatowsky.

Mi congratulo con voi del nuovo titolo, onde siete onorato, ma nel tempo stesso mi sconforto nel vedere accresciute le difficoltà di condurvi un'altra volta in Italia; almeno per lo spazio di qualche anno voi dovrete rimanere attaccato al vostro uffizio. Ecco sparita la bella lusinga di riabbracciarvi in queste nostre tanto da voi amate contrade.

Il secondo convoglio de' monumenti, come già l'avrete letto ne' pubblici fogli, arrivò già felicemente da Anversa a bordo d'un bastimento Inglese: e già tutti questi gli oggetti furono ricollocati nel loro primo sito.

Madama de Grollier mi ha scritto per domandarmi un busto in marmo d'una testa ideale, onde farne regalo a voi, per segno di sua riconoscenza all'amicizia che le usate, di eseguire quel monumento all'egregio suo amico. Io mi ritrovo d'aver già terminata la testa dell'Elena, e penserei di mandarle questa a Madama, perchè fosse poi donata a voi, che bramate di accompagnarla col Paride. Se il mio progetto non vi dispiace, lo eseguirò

Risposi alla Signora che trattandosi di far cosa grata a Lei, ed un piacere
anche a voi, avrei accettata la sua Commissione, la quale però era sì
diversa, che non voleva direttamente il busto da me, ma eseguito sotto la
direzione mia —
La mia salute è ottima: i lavori che ho per le mani, sono diversi;
ho quasi finito il Gruppo delle Grazie per il Principe Eugenio Beauhar-
nais, e la Musa Polinnia sedente per un signore di Bologna; e in questo
momento sono con un'altra Ebe, diversa da tutte le altre in molte sue parti,
e con speranza di miglior effetto, e leggiadria. Intanto mi faccio prepa-
rare il modello in creta del Gruppo di Marte e Venere per il Principe
Reggente —
Seguite ad amarmi, gradite i rispetti del fratello, e credetemi

Vostro aff.mo

Antonio Canova

Parigi 29 8bre 1816 —

Carissimo Amico

Ho ricevuto nel suo dato tempo la vostra lettera del 1.° Ottobre e pochi giorni doppo m'è pervenuto, da non so qual signore, (giache io allora stavo fuor di casa) la lettera ed il pachetto annunziato da voi di Sua Santità. Insieme una bellissima Corona due Medaglie l'una d'oro l'altra d'argento e la preziosissima lettera del Santo padre la quale terro come un monumento rispettabile della benevolenza d'un tanto pontefice. Il tutto, Amico, sara anche per me testimonio carissimo della vostra amicizia, poiche senza la vostra raccommandazione non mi lusingo d'aver ottenuto si caro e si prezioso honore.

Ve ringrazio delle cure che prendete per far conoscere ed esitar l'opera mia in Italia. Io ne scrivero al S.r Stella di Milano, a cui mi promette di far la raccommandazione.
Spero anche del vostro amico Cicognara che qualche cosa fara a Venezia, per far mi conoscere. dovra per certo trovar il suo esemplar, il quale m'è assicurato che deve esser arrivato gran tempo fa.
Su un nuovo ed antico Giornale, chiamato Le journal

Le journal des Savants, il quale vien ristabilito dal Re, sotto la direzione del Cancelliere, e del quale sono stato fatto Collaboratore, ho fatto già due articoli e ne farò due altri, per render conto della opera insigne del nostro Cicognara la quale, se si mette a parte un poco di prolissità, è la più notabile anzi direi la sola Storia d'arte che sia. fuor di questa critica che io mi permetto, giache si deve un poco criticare in un giornale, ~~credo~~ spererei che il nostro amico sarà contento di me e della mia recenzione. finita che sarà, gli manderò li diversi fogli che contengono gli articoli da me scritti sull'opera sua.

Non ho ricevuto il deposito di Rezzonico, e procurerò di far ne domanda. –

Del busto di Elena non ho fatto parola alla Marchesa di Grollié. Io coll'ajuto di Lange vo terminando il deposito di M. de Crussol. Non ridete voi di me? ridete amico – e pur v'assicuro che non vi sarà ~~tanto~~ troppo da ridere.

Io sto bene di casa. mi sono fatto una bella libraria ornata di vasi etruschi, del vostro Paride aspettando la bella compagna.

Sempre se fa discorso di voi colla cognata la quale credo che se non fosse stata così vecchia, se sarebbe inamorata di voi e v'avrebbe sposato.

E de nostri sposalizi non si parla più – e

gia non serve più per voi, che avete una bella posterità.
Io mi sento vecchio, divento pigro, ed ho troppo da far,
poiche voglio dar seguito e termine a diversi lavori.
Ma se posso liberarmi sempre mi resta la voglia
d'andar a goder il bel far niente.

Addio mio caro state sempre giovine sempre
in punta di piè. date mi nuove di voi e di quello
che andate facendo siate pur abbracciato da me
col caro fratello. Quatremere de Quincy

139

Roma 30 ottobre 1816

Amico Carissimo

Al Cav. Le Thiers, già Direttore della R. Accademia di Francia, ho consegnato due stampe della Religione, e dei pugillatori, copia per voi, e per Mad.me Recamier, alla quale sarete cortese di ricapitarla. Sono impaziente di sapere come abbia finito la ricerca della stampa di Rezzonico, da me spedita a Madama per voi [illegible], onde io ve ne rimetta un'altra, se quella si fosse perduta.

Mi sarà a cuore che vogliate prendervi qualche pensiere amichevole a favore del Sig. Le Thiers, e propriamente all'occasione ch'egli viene proposto per membro della vostra Accademia. Conceda giovare il conseguimento di questo suo desiderio, e siategli propizio anche a riguardo di me, che vi sarò grato d'ogni buon ufficio usato da voi a tal effetto.

Sono presentemente alle mani col gruppo di Venere e Marte in modello di creta, grande come il vero, e qualche cosa di più. La commissione è del Principe Reggente.

Seguite a volermi bene, e credetemi affezionatamente, unito [illegible] che vi saluta.

[illegible]
Antonio Canova

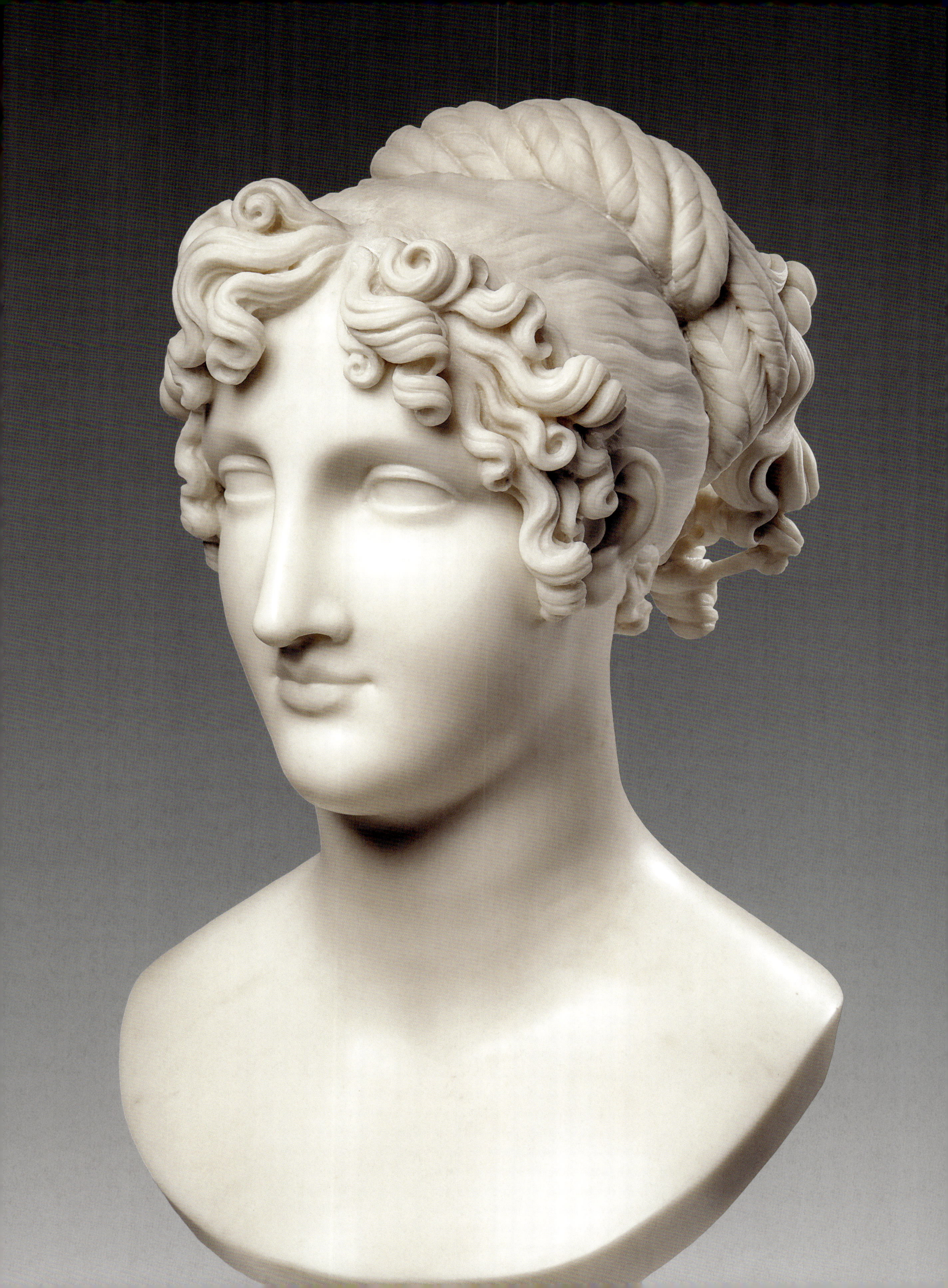

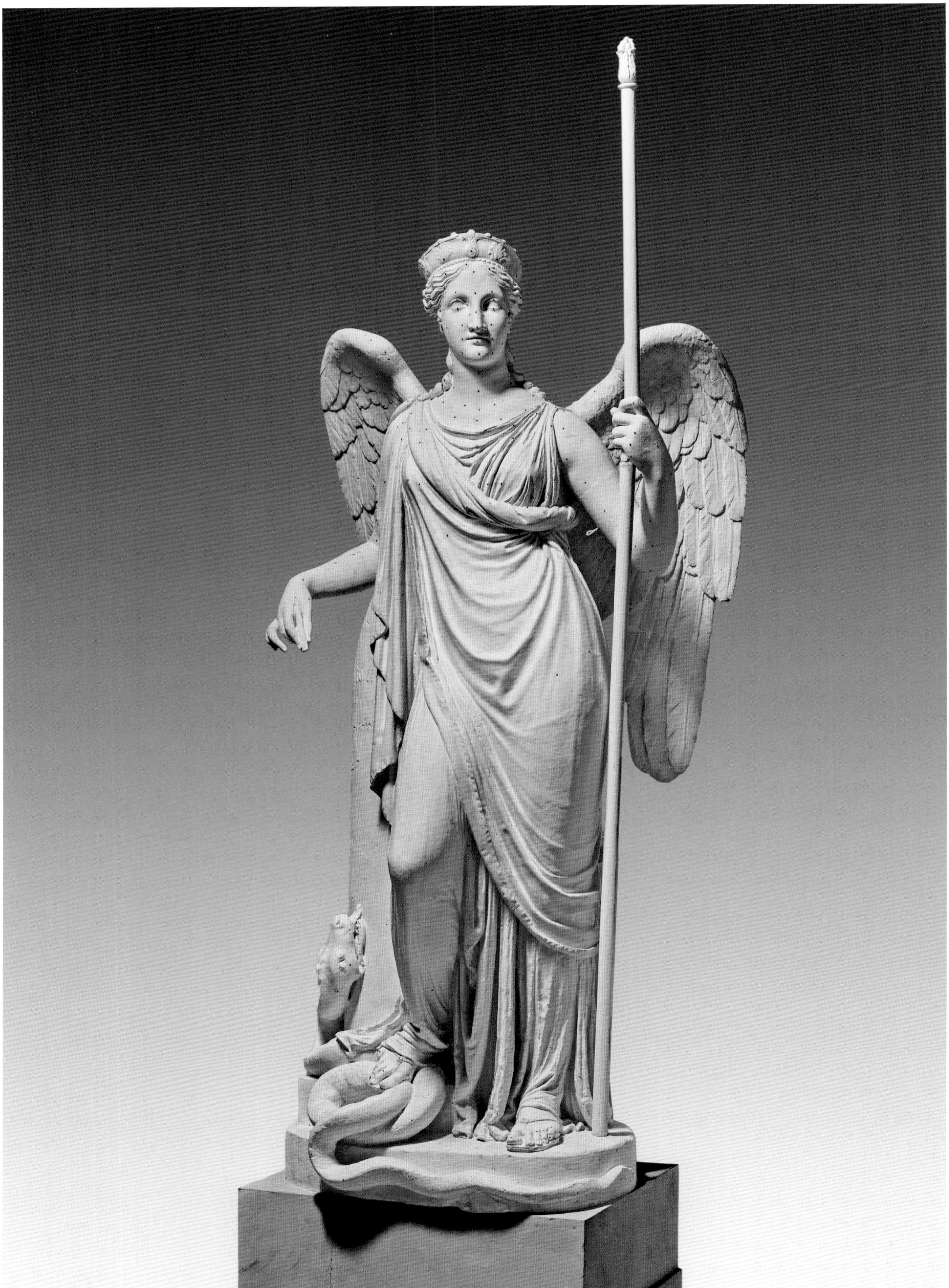

It all started with a letter sent to Canova from Paris, rue de Beaune n. 2, on 16 June 1816, signed by Fuligny-Damas, Marquise de Grollier.[27] The tone of the missive makes it clear that the sculptor must have had a somewhat close relationship with this now elderly woman, who has passed into myth thanks to her adventurous life, spirit and relationships. A portrait, extraordinary for its psychological rendering and ability to capture her world, was painted as a tribute to her by her great colleague Élisabeth Louise Vigée Le Brun. It shows her in 1788, already over forty but captivating for her informal attire and lively expression, with her palette in hand in front of a painting of flowers, the genre in which she had gained recognition, so much so that Canova appears to have described her as "the Raphael of flowers" (fig. 69).[28]
Born Charlotte Eustache Sophie de Fuligny-Damas in 1841, after ten years spent as a secular canoness of the Benedictine order in the noble abbey of Remiremont in Lorraine, she married Pierre Louis Marquis de Grollier et de Treffort and Governor of Pont-d'Ain (Lyon, 1730–1793), a union that saw the birth of three children. She was one of the closest friends of Vigée Le Brun, who would remember her fondly in her *Souvenirs* and endorse her artistic ambitions. The Marquise de Grollier combined a passion for gardening, inherited from her mother who had redesigned and extended the gardens at the Château d'Agey, with one for painting. After initially training with Greuze, her real master had been Gérard van Spaendonck (1746–1822), famous for his sumptuous still lifes of flowers and fruit in the manner of the Dutch painter Jan van Huysum.
Her talent was recognised by Hubert Robert, who, in a curious painting of *A Fire at a House in the Countryside*, depicted a still life by the marquise being saved from the flames. After separating from her husband, who preferred living in Lyon and his château in Pont d'Ain, she began a relationship with Alexandre Charles Emmanuel de Crussol Florensac, *Bailli* of Crussol, of whom we also have a fine portrait in his court attire, painted in 1787, again by Vigée

Tutto inizia da una lettera a lui indirizzata datata da Parigi, rue de Beaune n. 2, il 16 giugno 1816, a firma di Fuligny-Damas, marchesa de Grollier.[27] Visto il tono della missiva si capisce che lo scultore doveva avere una certa confidenza con questa donna in età ormai avanzata, entrata nella leggenda per la sua vita avventurosa, il suo spirito e le sue relazioni. In un ritratto straordinario per la resa psicologica e la capacità di restituire il suo mondo, le aveva reso omaggio la grande collega Élisabeth Louise Vigée Le Brun. Vi è rappresentata nel 1788, già oltrepassati i quarant'anni, ma incantevole nel suo abbigliamento informale e nella vivace espressione, con la tavolozza in mano davanti a un quadro di fiori che era il genere in cui si era fatta apprezzare, tanto che pare che Canova l'abbia definita "le Raphaël des fleurs" (fig. 69).[28]
Nata nel 1841, Charlotte Eustache Sophie de Fuligny-Damas, dopo dieci anni trascorsi come canonichessa secolare dell'ordine dei Benedettini nell'abbazia nobile di Remiremont in Lorena, si era sposata con un lionese, Pierre Louis marchese de Grollier e de Treffort, signore di Pont-d'Ain (1730-1793), unione da cui erano nati tre figli. Fu una delle migliori amiche della Le Brun, che la ricorderà con affetto nei suoi *Souvenirs*, assecondandone le ambizioni artistiche. Alla passione per il giardinaggio, ereditata dalla madre che aveva ridisegnato e ingrandito il giardino del castello di Agey, unì quella per la pittura. Dopo una prima formazione presso Greuze, il suo vero maestro era stato Gérard van Spaendonck (1746-1822), famoso per le sue sontuose nature morte di fiori e frutta alla maniera dell'olandese Jan van Huysum.
Il suo talento ebbe il riconoscimento di Hubert Robert che in un curioso dipinto rappresentante *L'incendio di una casa di campagna* raffigurò una natura morta della marchesa salvata dalle fiamme. Separatasi dal marito, che preferiva vivere a Lione e nel suo castello di Pont-d'Ain, si unì a Alexandre Charles Emmanuel de Crussol Florensac, *Bailli* di Crussol. Anche di lui abbiamo un bel ritratto nel suo costume di corte, eseguito nel 1787 sempre dalla Le Brun (fig. 71, New York, The Metropolitan Museum of Art).

Fig. 32 Antonio Canova
The Peace of Kiev, 1812,
gesso model / *La Pace di Kiev*, modello in gesso
Possagno, Gipsoteca canoviana

previous pp. / pp. precendenti

Correspondence between Marquise de Grollier, Canova and Quatremère de Quincy on the genesis of *La Riconoscenza* / Corrispondenza tra la marchesa de Grollier, Canova e Quatremère de Quincy sulla genesi de *La Riconoscenza*

Figs. 24, 25, Letter from Marquise de Grollier to Canova 16.06.1816
Lettera della marchesa di Grollier a Canova, see p. 63

Figs. 26, 27 Letter from Canova to Quatremère de Quincy, 12.08.1816
Lettera di Canova a Quatremère de Quincy, see p. 70

Figs. 28–30 Letter from Quatremère de Quincy to Canova 29.10.1816
Lettera di Quatremère de Quincy a Canova, see p. 74

Fig. 31 Letter from Canova to Quatremère de Quincy 30.10.1816
Lettera di Canova a Quatremère de Quincy

Le Brun (fig. 71, New York, The Metropolitan Museum of Art). With this influential man, who was part of the tight and exclusive circle of the Count of Artois, she occupied part of the apartment of Queen Marie Antoinette at the Tuileries from 1779 until the outbreak of the French Revolution.

With the Revolution, the couple emigrated, criss-crossing Europe before settling in Florence. The Marquis de Grollier, on the other hand, was to meet a tragic fate. A victim of the Reign of Terror, he died under the guillotine in 1793. The two lovers' return to France was facilitated by one of the protagonists of the Revolution, Joseph Fouché, who had become the diabolical head of the Police and Secret Service during the Consulate and Empire. They still had time to spend happy days at the château bought by the marquise in Épinay, an enchanting spot on the banks of the Seine in the Montmorency valley near Saint-Denis. There she had created a stunning botanical garden, with lakes and small islands whose charm is described in several accounts, such as by Félicité de Genlis.[29] The *Bailli* of Crussol died in Paris in late 1815, comforted by the affection of his companion. Until her own death – after becoming blind, she died at an advanced age in 1828 – she continued to honour his memory, thanks in part to an extraordinary funerary monument she had erected to him in the famous Paris cemetery Père-Lachaise.

If we look at how these facts are intertwined with her relationship with Canova, the marquise must have got to know the sculptor when he went to Paris in 1810 to meet Napoleon and sculpt the portraits of the new empress Marie Louise, and again when he returned on his famous mission in 1815. Their meeting must undoubtedly have been encouraged by their great mutual friend, Antoine Chrysostôme Quatremère de Quincy (fig. 39), whom Canova met shortly after his arrival in Rome and with whom he would remain in contact throughout his life, as confirmed by their long and extraordinary correspondence.[30]

Con questo uomo influente, che faceva parte della stretta ed esclusiva cerchia del conte di Artois, occupò dal 1779 sino allo scoppio della Rivoluzione parte dell'appartamento della regina Maria Antonietta alle Tuileries.

Con la Rivoluzione la coppia emigrò, percorrendo l'Europa da un Paese all'altro sino a trasferirsi a Firenze. Invece il marchese de Grollier ebbe una sorte tragica. Tra le vittime del Terrore, finì sotto la ghigliottina nel 1793. Il ritorno in Francia dei due amanti venne favorito da uno dei protagonisti della Rivoluzione, Joseph Fouché, divenuto il diabolico capo della Polizia e dei Servizi Segreti sotto il Consolato e l'Impero. Fecero ancora in tempo a trascorrere giorni felici nel castello che la marchesa aveva acquistato in un posto incantevole sulle rive della Senna a Épinay, nella valle di Montmorency e nei pressi di Saint-Denis. In quel luogo aveva creato un bellissimo giardino botanico con specchi d'acqua e isolette del cui fascino abbiamo diverse testimonianze, come quella di Félicité de Genlis.[29] Il *Bailli* di Crussol morì a Parigi alla fine del 1815, circondato dall'affetto della compagna che continuerà sino alla fine – quando se ne andrà ormai cieca e vecchissima nel 1828 – ad onorarne la memoria, anche grazie a uno straordinario monumento funerario da lei fatto erigere nel celebre cimitero parigino di Père-Lachaise.

Vediamo come questi fatti si siano intrecciati nel rapporto con Canova, che la marchesa doveva avere frequentato quando lo scultore si era recato a Parigi nel 1810 per incontrare Napoleone e ritrarre la nuova imperatrice Maria Luisa e quando vi era ritornato nel 1815 per la celebre missione. Il loro incontro fu certamente favorito da un grande amico comune, Antoine Chrysostôme Quatremère de Quincy (fig. 39), che, conosciuto dallo scultore appena dopo il suo arrivo a Roma, rimarrà in relazione con lui per la vita, come conferma la lunga e straordinaria corrispondenza.[30]

Fig. 33 Antonio Canova
The Muse Polymnia, 1812–1817
La musa Polimnia
Wien, Hofburg, Kaiserappartements

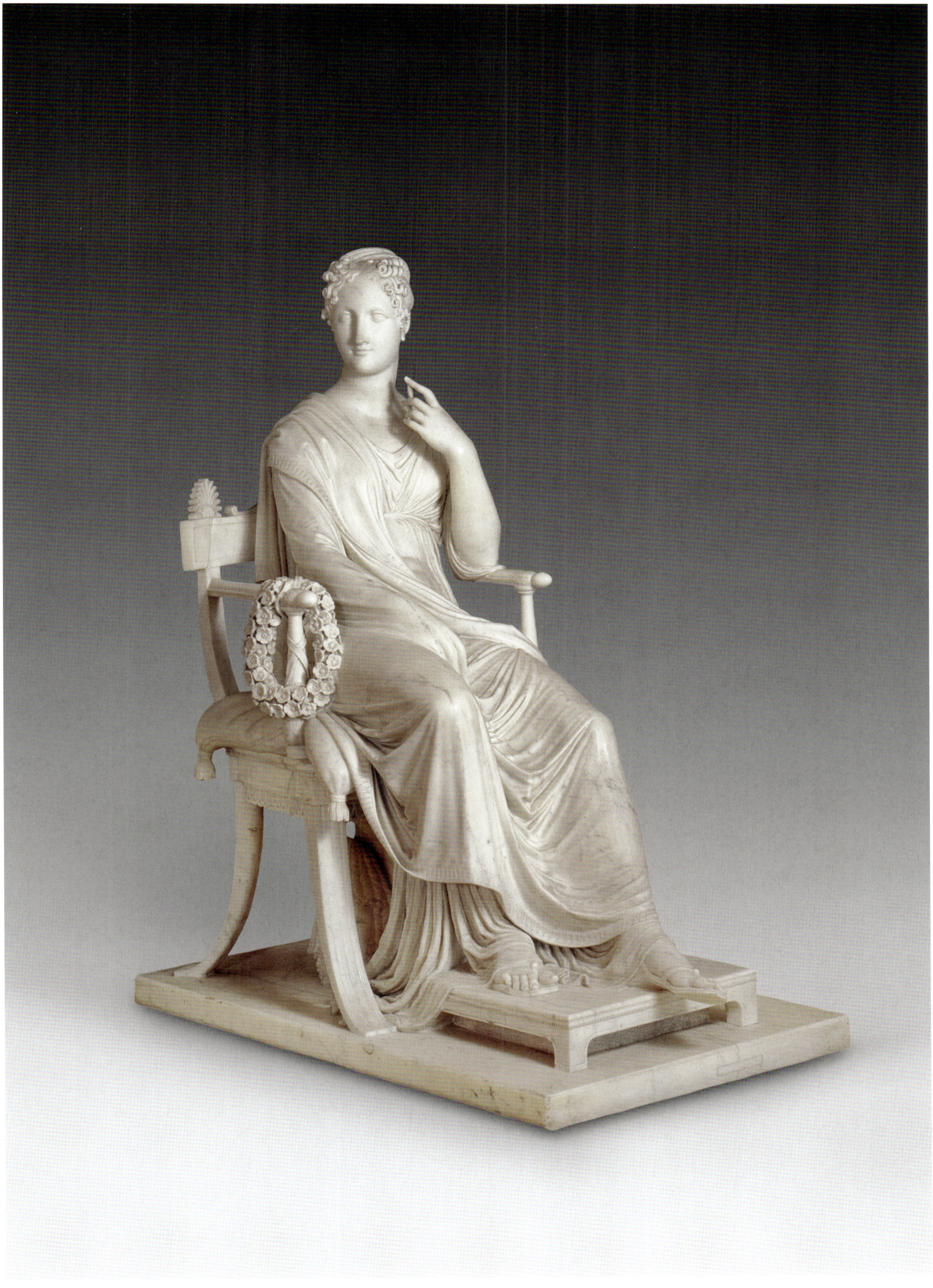

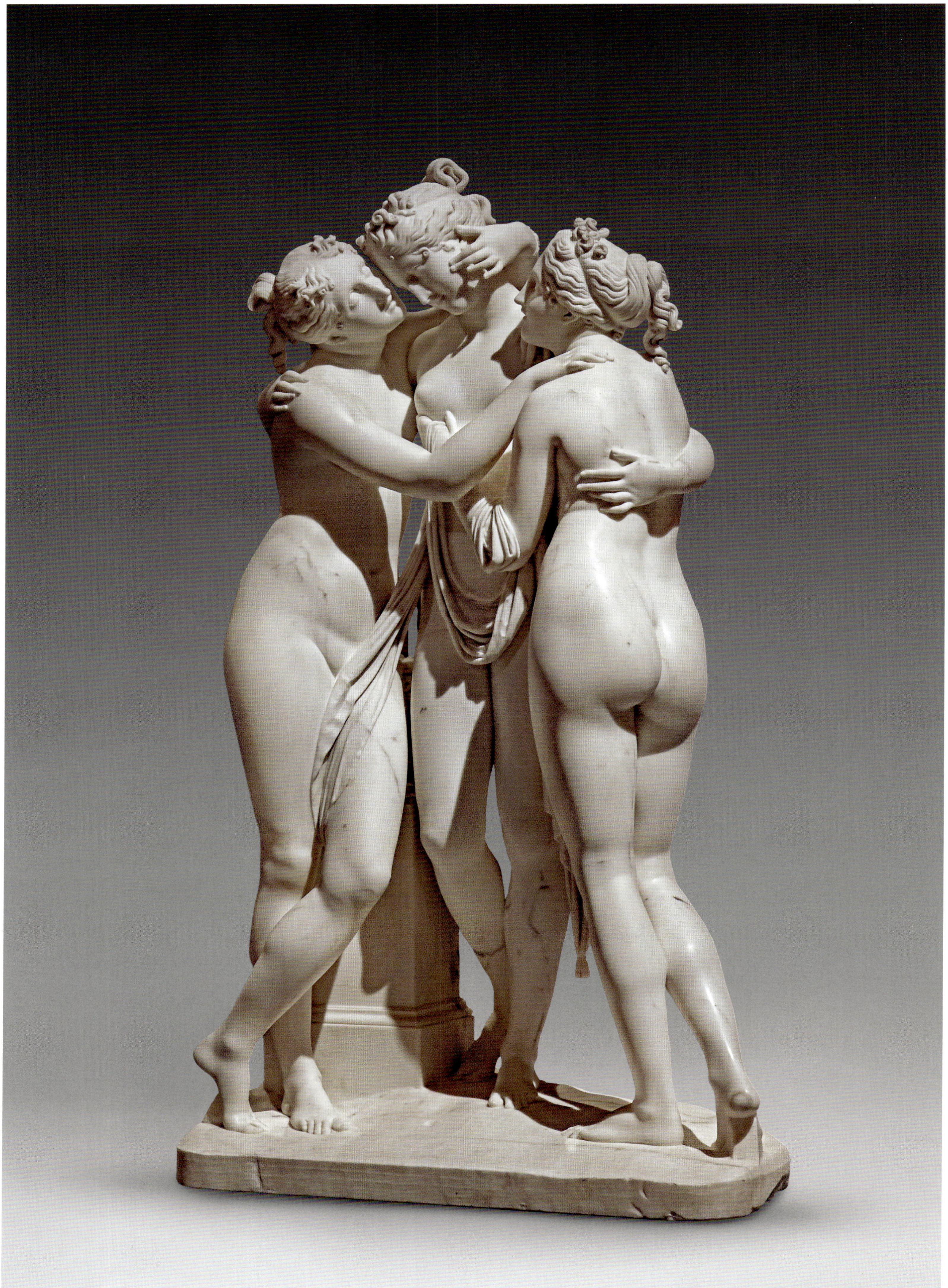

But we will return to our letter in which the marquise, addressing the *"célèbre et excellent Canova Marquis d'Ischia"*, asks him to listen to her request, using her depth of feeling to draw the sculptor into her mourning:

France has lost in the figure of Monsieur le Bailly de Crussol [...] the most estimable of men as I have lost the best of friends! He crowned the most dignified life with the most beautiful death: he leaves a great reputation despite having hidden even more virtue than he displayed. Inconsolable in my profound sorrow, the only service that can be rendered to me now is to perpetuate his memory.

Knowing the sculptor, she was well aware of his sensitivity in this regard. A sensitivity that had made him, in his most ambitious funerary monuments and stele of a more private nature, one of the greatest interpreters of that entirely modern feeling of remembrance – in both a familial and civic setting – that binds those who remain to those who have passed. She had entrusted herself to the sensitivity of their great mutual friend Quatremère to worthily honour her great late companion and had found in him a willingness to help worthy of eternal gratitude. This was the point at which Canova became involved, showing his sensitivity and willingness in this friendly exchange of affectionate bonds and shared affinities. Weighing each word carefully, she informed him that

the learned Quatremère, your friend, does me the most precious service; barely knowing me and solely inspired by paying homage to virtue and consoling misfortune, he has taken charge of drawing, modelling and having made under his watchful eye a small monument on the tomb of Monsieur le Bailly de Crussol. I am filled, as I must be, with gratitude for the erudite

Ma torniamo alla nostra lettera dove la marchesa, rivolgendosi al "célèbre et excellent Canova marquis d'Ischia", lo prega di ascoltare questa sua preghiera, coinvolgendo, con tutto il suo sentimento, lo scultore nel proprio lutto:

La France a perdu dans la personne de monsieur le bailly de Crussol [...] le plus estimable des hommes et moi le meilleur des amis! Il a couronné la plus digne vie par la plus belle mort: il laisse une grande réputation et cependant il a caché plus de vertu encore qu'il n'en a montré. Inconsolable dans ma profonde douleur le seul service qu'on me puisse rendre désormais est d'éterniser son souvenir.

Sapeva bene, conoscendo lo scultore, la sua sensibilità a questo riguardo. Quella sensibilità che ne aveva fatto, tra i suoi monumenti funerari più ambiziosi e le stele con un carattere più privato, uno dei grandi interpreti di quel sentimento tutto moderno della memoria, sia familiare che civile, che lega chi rimane alle persone scomparse. Si era affidata alla sensibilità del grande amico comune Quatremère per onorare degnamente il grande compagno scomparso e aveva trovato in lui una disponibilità degna di eterna riconoscenza. E a questo punto veniva coinvolto Canova che così entrava, mostrando la sua sensibilità e la disponibilità, in questo giro amicale di amorosi sensi e di affinità elettive. Pesando bene ogni parola, lo informava che

le savant Quatremère votre ami me rend le précieux service; sans à peine me connaître et par la seule inspiration de rendre un hommage à la vertu et une consolation au malheur il s'est chargé de dessiner, de modeler, de faire exécuter sous ses yeux un petit monument sur la tombe de monsieur le bailly de Crussol. Je suis pénétrée comme je le dois de reconnoissance pour le savant Quatremère. Mais qui m'aidera à lui exprimer ce cera vous célèbre et excellent Canova marquis d'Ischia.

Fig. 34 Antonio Canova
The Three Graces, 1812–1817
Le tre Grazie
Saint Petersburg, The State Hermitage Museum

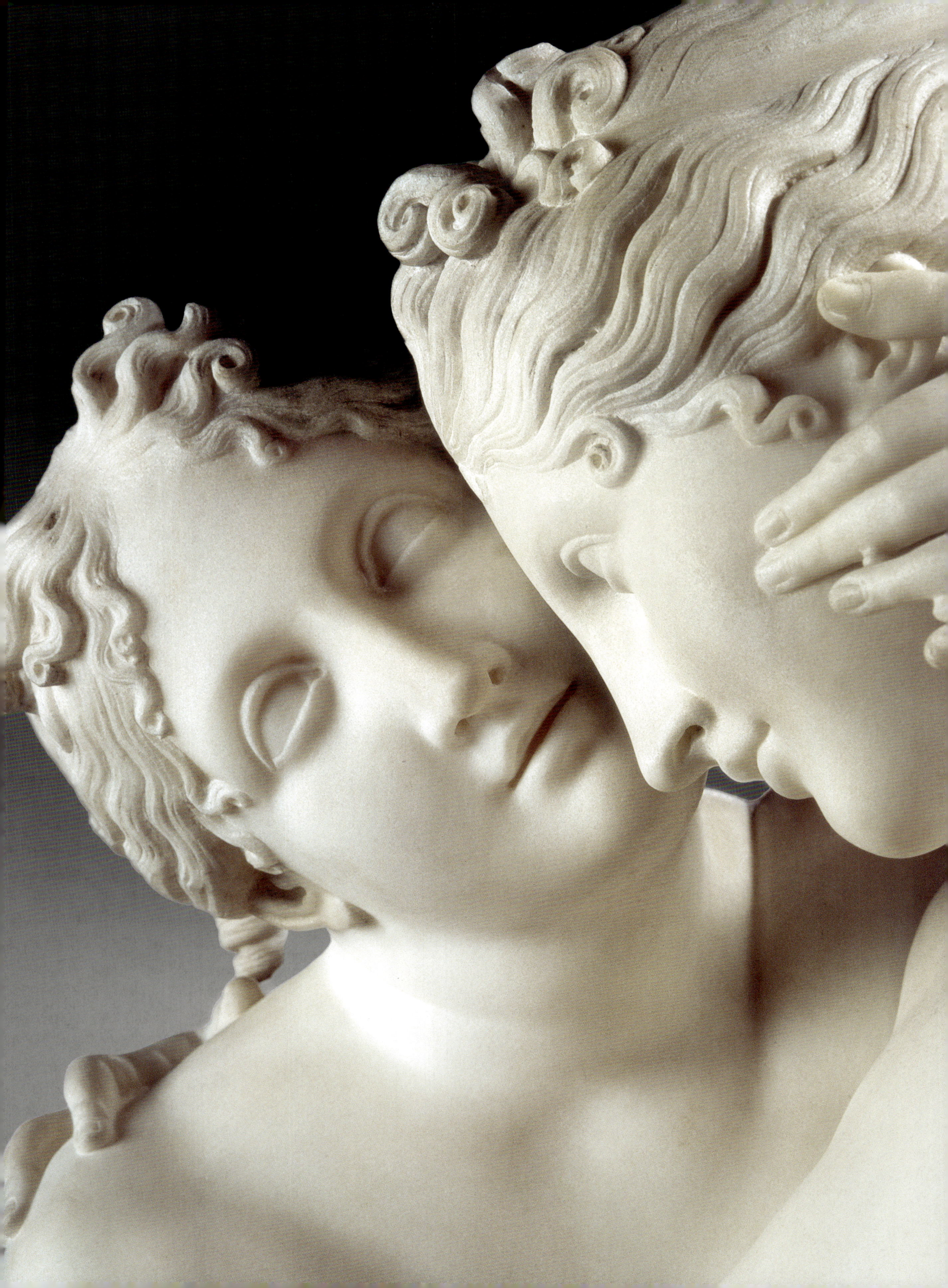

Quatremère. But it will be you, célèbre et excellent Canova Marquis d'Ischia, who will help me express it to him.

The only solution was to obtain a work by Canova to worthily convey her infinite gratitude to the "savant" (erudite) Quatremère, who had successfully expressed the consolatory power of art so well in the funerary monument to De Crussol. The marquise shows a certain familiarity with the sculptor and lingers over the details of the proposal that she was quite convinced would not only be accepted but also shared. Moreover, she seems to have understood the function and character of the Ideal Head, given that she specifies:

I would like a white marble head in two-thirds, in a pose that expresses gratitude, and we will put beneath it 'gratitude thanks the genius'. I do not pretend, Monsieur, that you will be the immortal creator of this head, but please have one of your students do it and only, as Phidias did to the head of Jupiter, take a chisel to the mouth, telling it to talk, and gratitude will speak to our learned Quatremère, whom I have nicknamed the benefactor.[31]

By appearing to belittle it and claiming that she would be content with a sculpture made by a collaborator with final touches from Canova, the marquise demonstrates all her shrewdness as a well-informed woman of the world. By comparing this practice to that of Phidias on the one hand she flatters the sculptor, who was by now equated with his legendary predecessor, and on the other shows that she is aware, given her close relationship with Canova and Quatremère, of their discussions about the "marbles from Greece", the Parthenon bas-reliefs that Canova had gone to London to examine. We should remember the closing words of Canova's famous letter of 9 November 1815 to Quatremère:

Non c'era altra soluzione che ottenere un'opera di Canova per poter esprimere degnamente la sua infinita riconoscenza al "savant" Quatremère che aveva saputo così ben esprimere nel suo monumento funerario al de Crussol la forza consolatoria dell'arte. La marchesa dimostra una certa familiarità con il suo interlocutore e si spinge nei dettagli di una proposta che sembra piuttosto convinta possa essere non solo accettata, ma anche condivisa. Risulta del resto aver capito la funzione e il carattere delle Teste Ideali, dal momento che precisa:

Je voudrais une tête en marm blanc deux tiers, de nature exprimant la reconnoisance et nous mettrons, au bas la reconnoisance rémercie le genie. Je ne prétends pas Monsieur que vous soyez l'immortel créateur de cette tête mais veuillez bien la faire faire à un de vos élèves et seulement comme Phidias fit à la tête de Jupiter donnez un coupe de ciseux à la bouche en lui disant parle et la recconnaisance parlera à notre savant Quatremère que j'ai surnommé le bienfaisant.[31]

In questo apparente giocare al ribasso, per cui si accontenterebbe di un'opera realizzata da un collaboratore con l'intervento finale di Canova, la de Grollier mostra tutta la sua sagacia di donna di mondo ben informata. Paragonando questa pratica a quella di Fidia da un lato lusinga il suo interlocutore, che ormai veniva equiparato a quel mitico predecessore, e dall'altro mostra di conoscere, dato il buon rapporto con entrambi, le loro discussioni sui "marmi venuti di Grecia", quei bassorilievi del Partenone che Canova era andato ad esaminare a Londra. Ricordiamo la celebre lettera del 9 novembre 1815 a Quatremère dove lo scultore aveva così concluso:

Fig. 35 Antonio Canova
The Three Graces, 1814–1817
Le tre Grazie
London, Victoria and Albert Museum

Se è vero che queste sieno opere di Fidia, o dirette da lui, o che egli vi abbia posto la mano per ultimarle, queste insomma mostrano chiaramente che i grandi maestri erano veri imitatori

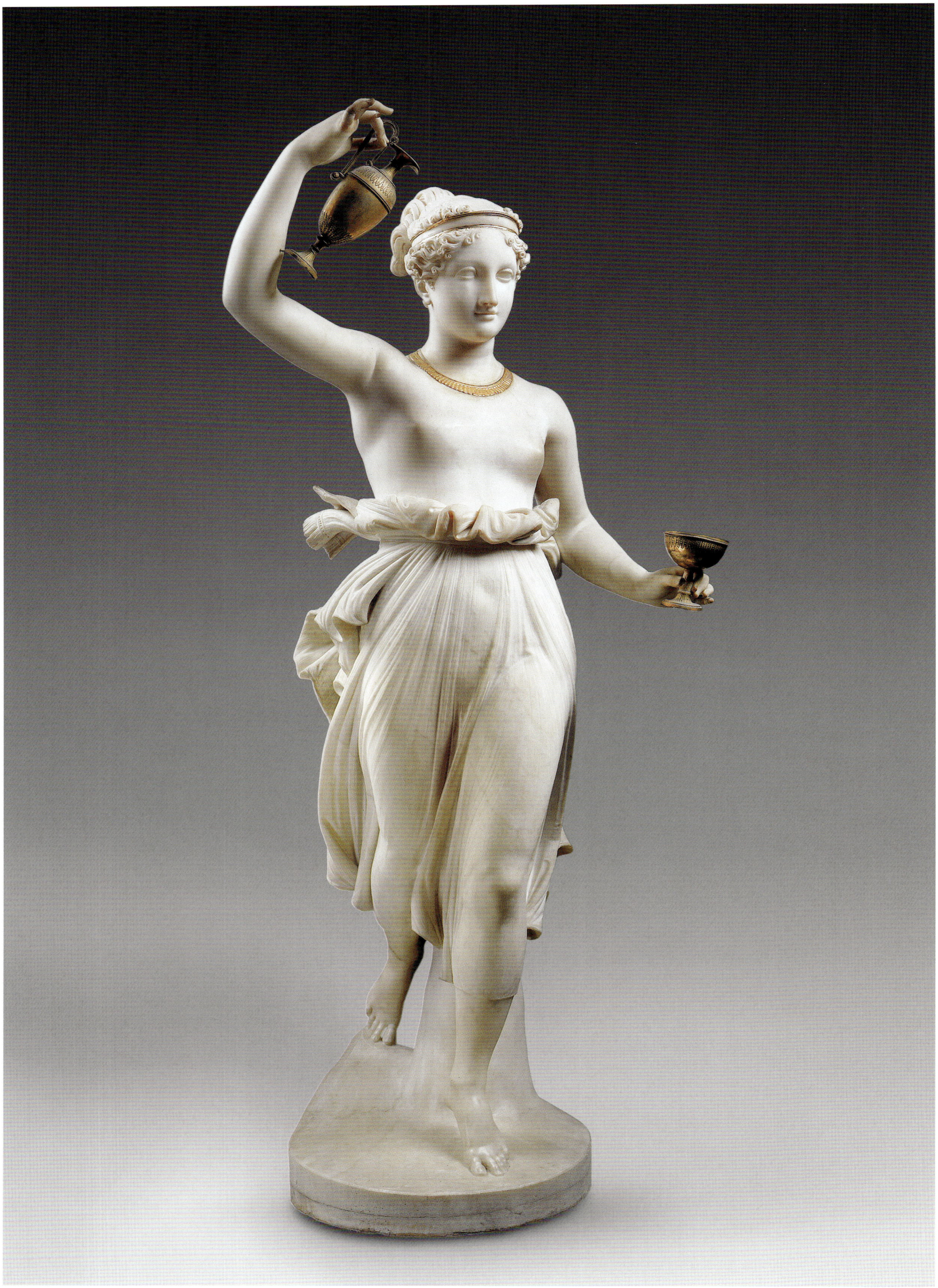

If it is true that these are works by Phidias, either directed by him or on which he placed his hands to finish them, in short, they show clearly that the great masters were true imitators of the beauty of nature. Nothing is affected, nothing exaggerated, nor hard about those parts that could be called conventional or geometric. I conclude therefore that many, many statues that we have with those parts exaggerated as per convention must be copies made by the many sculptors who copied the finest Greek works to send to Rome.
Phidias' works are real flesh, in other words, beautiful nature. The Belvedere Mercury without arms is flesh; the Torso is flesh; the Fighting Gladiator is flesh; the many copies of Praxiteles' Satyr are flesh; Cupid, fragments of which can be found everywhere, is flesh; Venus is flesh; and a Venus at this Royal Museum is real flesh, completely real, as are the two Satyrs smaller than nature, etc.[32]

The reference to the head of *Jupiter* by Phidias reveals knowledge of Quatremère's successful essay *Le Jupiter olimpien*, published in 1814.[33] An interpreter, like the ancient Greek sculptor, of the beauty of nature, Canova's admirers expected a talking statue from him.
With equal skill and without offending the artist's sensitivity, the marquise tackles the question she would prefer to avoid, that of price. But she is forced to do so at what, for her, is a delicate moment financially. Entrusting herself to the sculptor's proverbial sensitivity and big heart, and given the generosity already demonstrated by the "kindly" Quatremère, she seems sure that this will not be a difficulty:

I will not hide from you that I am experiencing a great reversal of fortune at this time and I find myself condemned to limit the price of this head, which is priceless in my eyes because it will be made under your inspection. Do you think that two thousand four hundred francs or

della bella natura. Niente di affettato, niente di esagerato, né di duro, cioè di quelle parti che si chiamerebbero di convenzione o geometriche. Concludo dunque che tante e tante statue che noi abbiamo con quelle parti esagerate di convenzione, devono essere copie fatte da que' tanti scultori che copiavano le belle opere greche per ispedirle a Roma. Le opere dunque di Fidia sono vera carne, cioè la bella natura. Carne è il Mercurio senza braccia del Belvedere, carne è il Torso, carne il Gladiatore combattente, carne le tante copie del Satiro di Prassitele, carne il Cupido, di cui se ne trovano frammenti da per tutto, carne la Venere; ed una Venere poi di questo Real Museo è carne vera, vera del tutto: così sono i due Satiri minori del naturale, ecc.[32]

Mentre il riferimento alla testa del *Giove* di Fidia rivela la conoscenza del fortunato saggio di Quatremère sullo *Jupiter olimpien*, pubblicato proprio nel 1814.[33] Da Canova, interprete come l'antico scultore greco della bella natura, i suoi ammiratori si aspettano una statua parlante.
Con altrettanta abilità la dama affronta, evitando di urtare la sensibilità dell'artista, la questione, che non vorrebbe mai affrontare, del prezzo. Ma vi è costretta in un momento per lei delicato sotto il profilo finanziario. Confidando nella proverbiale sensibilità dello scultore e nel suo gran cuore, e data la generosità già dimostrata dal "bienfaisant" Quatremère, sembra sicura che tutto ciò non costituirà una difficoltà:

Je ne vous cacherai pas qu'éprouvant en ce moment de grands revers de fortune je me trouve condamnée à borner le prix de cette tête qui est sans prix à mes yeux puisqu'elle sera faites sous votre inspection. Pensez vous que deux mil quatre cents francs ou trois mil francs de France suffisent? Mais quoiqu' il en soit je vous conjure avec la plus vive instance de donner l'avis sur le champ à cette tête. J'ai besoin d'offrir de mon vivant cet hommage au bienfaisant Quatremère; mon âge mon malheur, et peut être mon désir me conduisent rapidament à la mort. Pour rien ne

Fig. 36 Antonio Canova
Hebe, 1816–1817 / *Ebe*
Forlì, Pinacoteca Civica

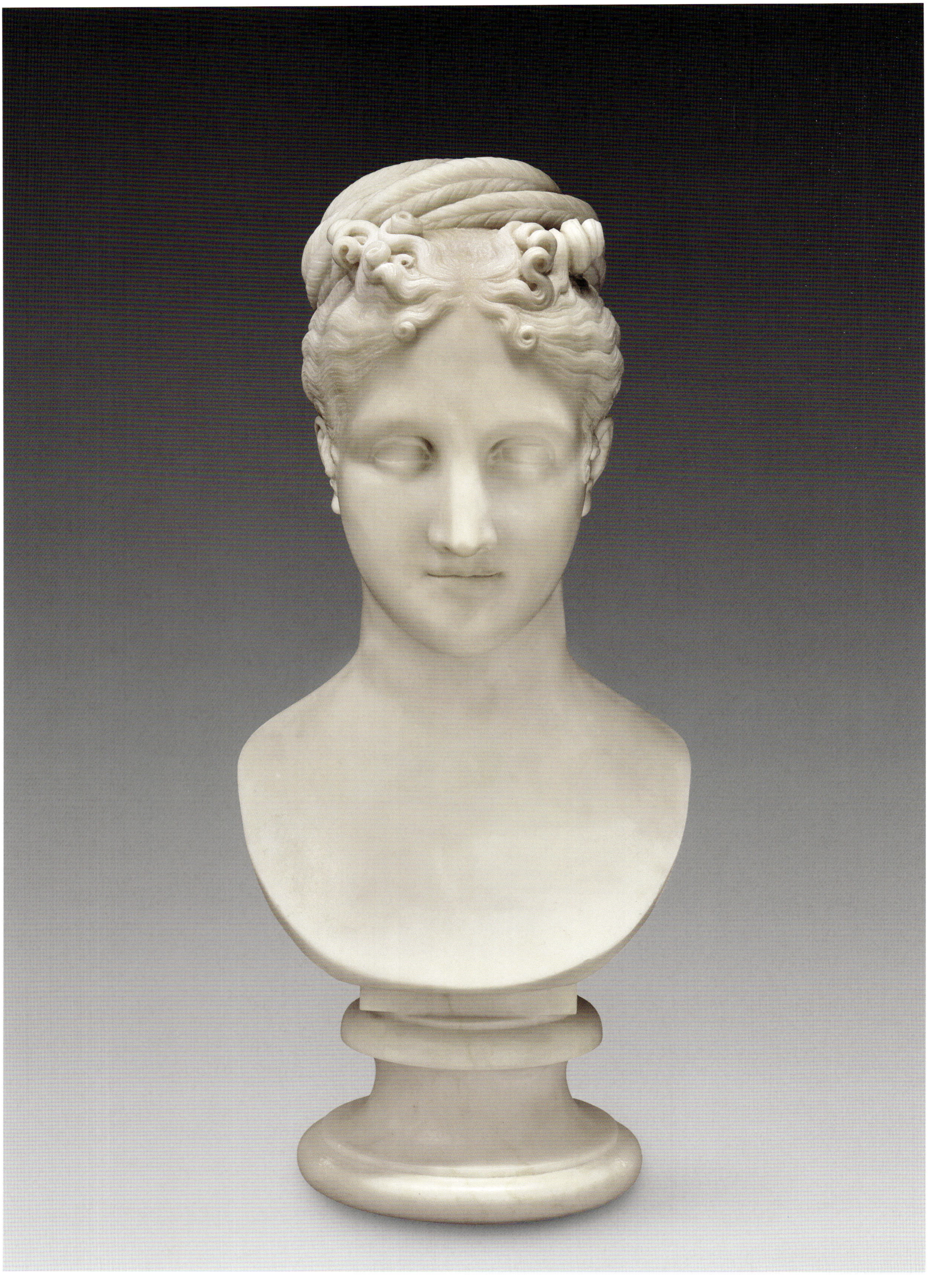

three thousand French francs will be sufficient? But in any case, I implore you with the strongest urgency to give your opinion on this head immediately. I need to give this tribute to the beneficent Quatremère during my lifetime; my age, my misfortune and perhaps my wishes are leading me quickly to death. Célèbre et excellent Marquis d'Ischia, do not refuse me for nothing; you have been indulgent for the work of my hand, be so for the wishes of my heart.[34]

We do not know how flattered Canova was by being repeatedly addressed with a certain satisfaction by the former exile as the Marquis of Ischia, a title recently bestowed on him by Pope Pius VII in recognition of the success of his artwork recovery mission. However, it took a month and a half before the long-awaited response arrived in Paris in the form of a short letter, dated 31 July 1816 from Rome. Although overwhelmed by commitments, Canova could not refuse. The debt of friendship to Quatremère offered him no escape, so he reassured her immediately, with the sincerest enthusiasm:

I cannot resist your request, and, although my duties and the many commitments for large works almost overcome my wish for new commissions, I do not have the courage to refuse to fulfil your honest desire, and, while I welcome it for my own reasons, it is even more welcome to me and of inexplicable value and strength, since it is a question of indulging the pleasure of my precious friend.

Faced with the marquise's willingness to be satisfied with a work made by his atelier, he claims with a certain amount of pride that, due to the importance of the recipient, he will undertake it personally. It was to be, therefore, an autograph sculpture, lovingly carved and larger than requested:

me refusez pas célèbre et excellent marquis d'Ischia; vous avez été indulgent pour les œuvres de ma main soyez le pour le vœu de mon cœur.[34]

Non sappiamo quanto Canova sia rimasto lusingato dall'essere ripetutamente interpellato con un certo compiacimento dall'ex-emigrata con il titolo di marchese d'Ischia, appena ottenuto da Papa Pio VII in riconoscimento del successo della sua missione di recupero delle opere d'arte. Doveva comunque passare un mese e mezzo perché con una breve lettera, datata da Roma il 31 luglio 1816, arrivasse a Parigi la risposta agognata. Nonostante sia sempre più oberato dagli impegni non può rifiutare. Il debito di amicizia nei confronti di Quatremère non gli offre scampo. Per cui la rassicura subito, con lo slancio più sincero:

Io non posso resistere alla sua domanda, e quantunque le mie occupazioni, e i molti obblighi di opere grandi mi tolgano quasi la volontà di nuove commissioni, non ho coraggio di rifiutarmi all'adempimento dell'onesto di Lei desiderio, il quale, grato a me per me stesso, mi diviene gratissimo e d'un prezzo e forza inesplicabile, trattandosi di assecondare per esso ancora al piacere del mio prezioso amico.

Di fronte alla disponibilità dell'amica, che si sarebbe accontentata di un'opera fatta eseguire dall'atelier, rivendica con un certo orgoglio che, sicuramente per l'importanza del destinatario, si impegnerà in prima persona. Sarà dunque una scultura autografa, amorosamente eseguita e in una dimensione maggiore rispetto a quella richiesta:

Fig. 37 Antonio Canova
Ideal Head, 1816 / *Testa Ideale*
Fort Worth, Kimbell Art Museum

Io farò dunque il busto in marmo, del quale mi vien parlato nella gentile sua lettera, e non solo avrò la compiacenza di eseguirlo io stesso, ma lo terrò di grandezza più forte del vero.

I will therefore make the marble bust, which you talked about in your kind letter, and not only will I be happy to make it myself, but I will keep it larger than life-size.

This was the confirmation of a pre-announced masterpiece into which Canova made it clear that he wanted to pour not just his creative flair but also his heart, in the name of one of the highest values, friendship. The letter then continues and concludes with this affectionate declaration:

It will make my heart sweet to be able to pay homage to your friendship and gratitude in this way; and to show you that the senses of true esteem that I profess for you still live within me, and that I sincerely wish for opportunities to prove them to you. Keep me constantly as such and please accept the official testimony of my consideration and respect, making me honoured to be your most obliged and affectionate servant / Antonio Canova.[35]

This solemn commitment seemed destined for a rapid resolution, one that was ready to hand, when the sculptor, in a letter from Rome on 12 August 1816, this time informed Quatremère directly that:

Madame de Grollier has written to ask me for a marble bust of an ideal head which she will gift to you as a sign of gratitude for the friendship you have shown to her by making that monument to her esteemed friend. I find myself having already finished a head of Helen and I am thinking about sending [it] to Madame, so that it can be given to you to pair it with the Paris. If my plan does not displease you, I will do so. I have replied to the lady that since it is a matter of doing

Si tratta dunque della conferma di un capolavoro annunciato, in cui Canova dichiara di voler coinvolgere non solo tutto il suo estro creativo ma anche tutto il suo cuore, in nome di uno dei valori più alti, quello dell'amicizia. La lettera, quindi, prosegue e si conclude con questa dichiarazione colma di affetto:

Dolce è al mio cuore il poter per tal mezzo rendere omaggio alla di Lei amicizia e riconoscenza; e farle vedere, che vivono sempre in me i sensi di quella verace stima, che Le professo, e che sinceramente desidero occasioni di contestargliela colle prove. Mi tenga quindi costantemente per tale; e gradisca l'uffiziosa testimonianza della mia considerazione, e rispetto, onde mi onoro essere di Lei obbligatissimo affezionatissimo servitore / Antonio Canova.[35]

Questo solenne impegno sembra avviato ad una rapida risoluzione, a portata di mano, per cui lo scultore, in una lettera da Roma del 12 agosto 1816, informa questa volta direttamente Quatremère che:

Madama de Grollier mi ha scritto per domandarmi un busto in marmo d'una testa ideale, onde farne regalo a voi, per segno di Sua riconoscenza all'amicizia che le usate, di eseguire quel monumento all'egregio Suo amico.
Io mi trovo d'aver già terminata la testa dell'Elena, e penserei di mandar [la] questa a madama, perchè fosse poi donata a voi, che bramate di accompagnarla col Paride. Se il mio progetto non vi dispiace, lo eseguirò.
Risposi alla signora che, trattandosi di far cosa grata a Lei, ed un piacere anche a voi, avrei accettata la sua commissione, la quale però era sì discreta, che non voleva dirittamente il busto da me, ma eseguito sotto la direzione mia.[36]

Fig. 38 Antonio Canova
Bust of Paris, 1809
Busto di Paride
Chicago, The Art Institute

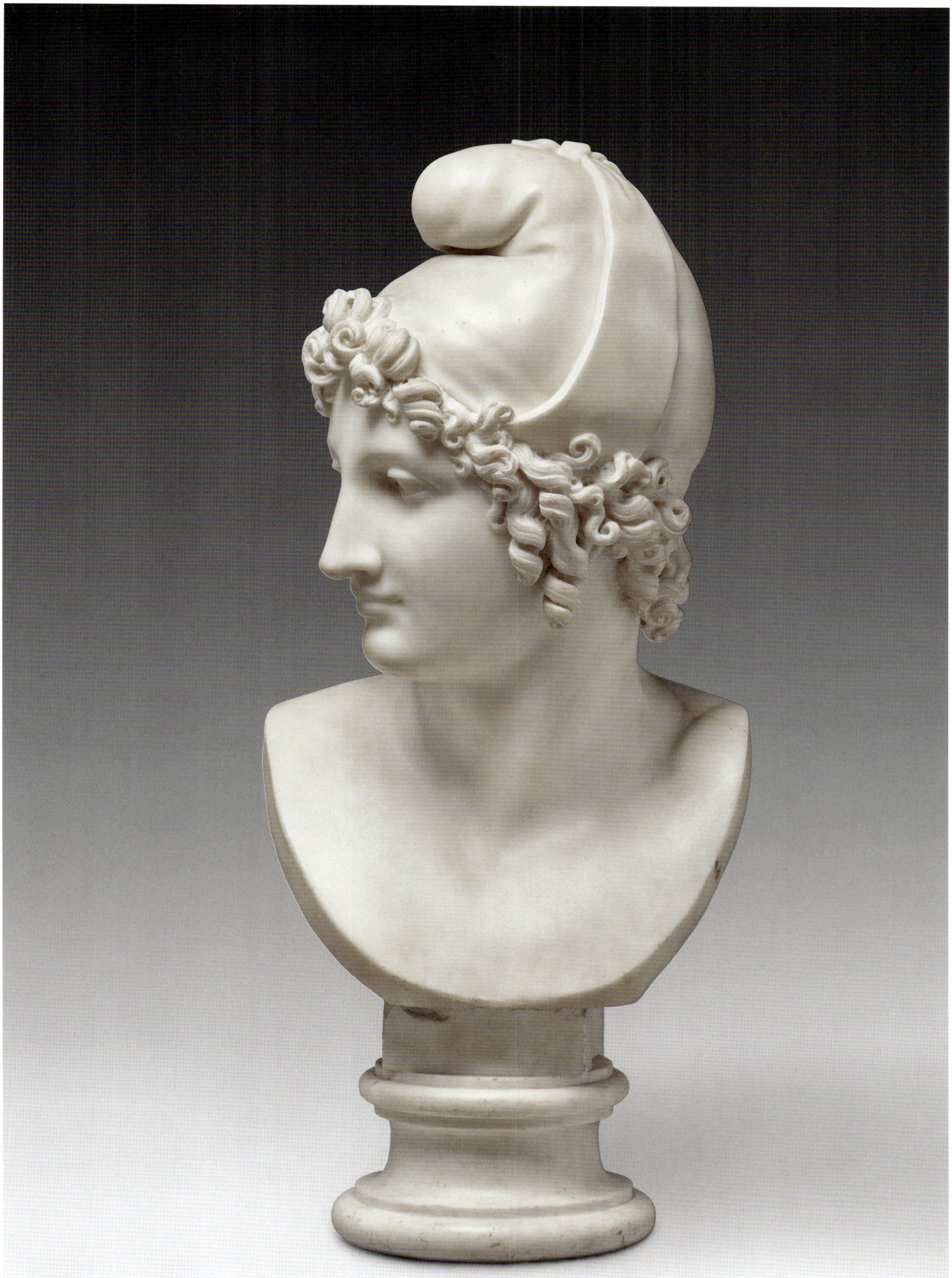

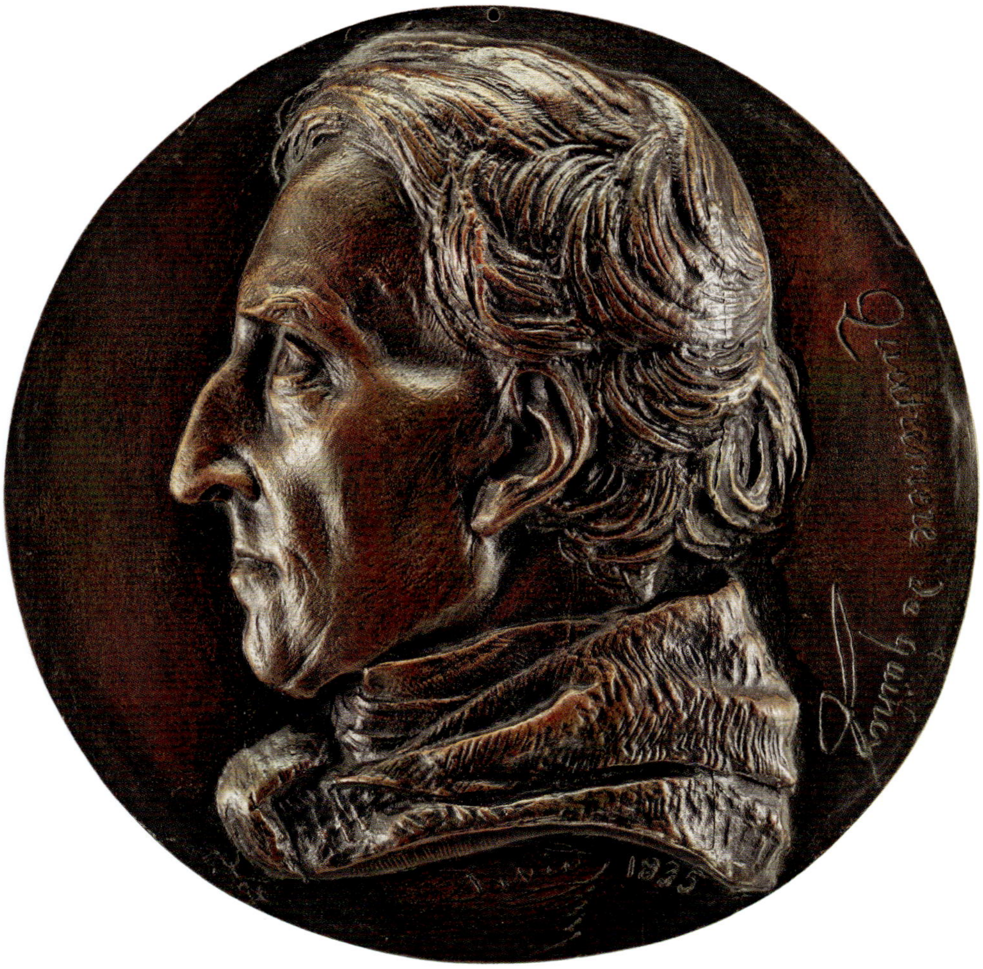

Come lo scultore ricorda subito dopo, questo nuovo impegno si inseriva in un momento magico della sua attività. Infatti:

La mia salute è ottima, i lavori che ho per le mani sono diversi; ho quasi finito il gruppo delle Grazie per il principe Eugenio Beauharnais, e la musa Polimnia sedente per un signore di Bologna; e in questo momento sono con un'altra Ebe, diversa da tutte le altre in molte sue parti, e con isperanza di miglior effetto, e leggiadria. Intanto mi faccio preparare i modelli in creta del gruppo Marte e Venere per il Principe reggente.[37]

Quindi la realizzazione della Testa Ideale destinata a Quatremère si inseriva in un periodo di eccezionale fervore creativo scandito da capolavori assoluti come la prima versione, commissionatagli da Giuseppina de Beauharnais e destinata dopo la sua morte al figlio Eugenio, del gruppo delle *Grazie*[38] ora all'Ermitage (fig. 34), la statua sedente della musa *Polimnia* (fig. 33) concepita inizialmente come ritratto divinizzato di Elisa Baciocchi e poi idealizzata per un nuovo acquirente, il conte Cesare Bianchetti di Bologna subentrato alla sorella di Napoleone che, a causa dei rivolgimenti politici, non poteva più tener fede al suo impegno. Sappiamo che questa scultura straordinaria finirà a Vienna (dove è oggi esposta alla Hofburg) essendo stata inserita nel 1817, dopo la rinuncia del Bianchetti, tra le opere d'arte offerte in omaggio, grazie alla sapiente regia di Leopoldo Cicognara, all'imperatore Francesco I in occasione delle nuove nozze con Carolina Augusta di Baviera.[39]

Si inseriva poi in questa strepitosa serie di capolavori la quarta ed ultima versione di un tema particolarmente caro a Canova come quello dell'*Ebe* (fig. 36). Lo scultore si mostrava convinto di poter realizzare in questa occasione – la statua era destinata alla contessa Veronica

Fig. 39 Pierre-Jean David d'Angers *Medal with Portrait of Antoine Chrysostôme Quatremère de Quincy*, 1835 / *Medaglia con ritratto di Antoine Chrysostôme Quatremère de Quincy* Washington D.C., National Gallery of Art

something pleasant for her, and for you, I would accept the commission, as, for discretion, she did not ask that the bust be carved by me but rather executed under my direction.[36]

As the sculptor recalled immediately afterwards, this new commission came at a magical time in his work. In fact:

I am in excellent health, I have various works in hand; I have almost finished the group of the Graces for Prince Eugenio Beauharnais, and the seated muse Polymnia for a signore (gentleman) in Bologna. At this moment, I am also working with another Hebe, different from all the others in many of its parts, and with the hope of a better effect and grace. In the meantime, I am having the clay models of the Mars and Venus group for the Prince Regent prepared.[37]

The realisation of the Ideal Head intended for Quatremère was part of a period of exceptional creative fervour punctuated by absolute masterpieces such as the first version of the group of the *Three Graces*[38] now at the Hermitage (fig. 34), commissioned by Joséphine de Beauharnais and destined, after her death, for her son Eugène; and the seated statue of the muse *Polymnia* (fig. 33), initially conceived as a divinised portrait of Elisa Baciocchi and later idealised for a new buyer, Count Cesare Bianchetti of Bologna. He took over the commission in place of Napoleon's sister, who, due to the political upheaval, could no longer maintain her commitment. We know that this extraordinary sculpture would end up in Vienna (where it is now on display at the Hofburg); after being given up by Bianchetti, it was included among the artworks offered as a tribute in 1817, under the skilful guidance of Leopoldo Cicognara, to Emperor Francis I on the occasion of his wedding to Karoline Auguste of Bavaria.[39]

Guarini di Forlì e si trova oggi nei Musei Civici di quella città – qualcosa di piuttosto diverso e sorprendente rispetto agli esemplari precedenti.[40] Si tratta di opere in cui la sperimentazione di sembianze ideali costituì per lo scultore un termine di ispirazione e di confronto per l'opera che ora si era impegnato a fare in nome dell'amicizia che lo legava all'anziana marchesa e a Quatremère.

Una successiva lettera di quest'ultimo, spedita da Parigi in data 10 settembre 1816, esprimeva tutta la sua soddisfazione per la scelta di Canova:

Io non dirò nulla della revelazione che m'avete fatto del projetto di madame di Grollier ma in tanto preparo un sito alla ventura Elena, che verrà nel nostro novo [sito] ben collocata col bel Paride. Oh che gusto che avrò.[41]

Quindi questa nuova versione della Testa Ideale di *Elena* era destinata a fare da pendant a quella di *Paride* che aveva ricevuto in dono dall'amico nel 1811 (fig. 38, Chicago, Art Institute). Era derivata dalla statua intera in via di esecuzione a partire dal 1807 per l'imperatrice Giuseppina e che sarà terminata nel 1812, suscitando un vero delirio tra gli estimatori di Canova, come confermano i giudizi entusiastici sulla sua "divina bellezza" di Cicognara e dello stesso Quatremère (fig. 40). Intanto, come conferma una lettera del 16 marzo 1811 a Canova, tutto l'interesse era concentrato sul "beau Paris":

Mon cher Canova, c'est trop beau, et j'ai peur que ce présent ne soit trop magnifique pour être un présent de l'amitié. Mais ce n'est pas votre faute. Pouviez-vous me donner un ouvrage de vous qui ne fût un chef d'œuvre? Savez-vous que tous ceux que le voyent en parlent avec enthousiasme, et q'on en est fou?

Also included in this incredible series of masterpieces was the fourth and final version of a subject of which Canova was particularly fond, *Hebe* (fig. 36). The sculptor was convinced that on this occasion – the statue was destined for Countess Veronica Guarini of Forlì and is now kept in the town's Musei Civici – he could create something rather different and surprising compared to previous examples.[40] These are sculptures in which experimentation with ideal features became a benchmark of inspiration and comparison for Canova with regard to the work he was now undertaking in the name of the friendship that bound him to the elderly marquise and Quatremère.
A later letter from the Frenchman, sent from Paris and dated 10 September 1816, expressed the extent of his satisfaction with Canova's choice:

I will say nothing of your revelation about Madame de Grollier's plan but in the meantime, I will prepare a site for the future Helen, who will come to our new apartment [site], well placed with the beautiful Paris. Oh, what a pleasure I will have.[41]

Therefore, this new version of the Ideal Head of *Helen* was destined to be matched with that of *Paris*, which he had received as a gift from his friend in 1811 (fig. 38, The Art Institute, Chicago). It was derived from the full-size statue begun in 1807 for the Empress Josephine, which would be finished in 1812, causing a frenzy among admirers of Canova, as confirmed by the enthusiastic judgements of its "divine beauty" by both Cicognara and Quatremère (fig. 40). Meanwhile, as confirmed in a letter of 16 March 1811 to Canova, all his interest was focused on the "*beau Paris*":

E in un crescendo di entusiasmo, offriva al suo autore una lettura straordinaria di questo capolavoro:

Mon cher Canova, en voyant votre Paris j'ai sur le champ pensé à celui d'Eufranor, dont Pline dit qu'on voyot tout ensemble le juge des déesses, l'amant d'Hélène, et cependant le meurtrier d'Achille. J'y trouve un mélange d'heroique et de voluptueux, de noble et d'amoureux. Je ne crois pas que vous ayez jamais donné plus de vie, de mollesse, et en même temps de correction et de pureté à aucun ouvrage. Le col est d'une beauté sans égale. Il y a un charme d'expression tout à fait nouveaux. Le travail n'y paroit au dessus de tout ce q'on peut dire. Enfin, je vous le répête, je suis en suspens. Cette tête vous doit faire tant d'honneur, que je veux que le public la voye, mais après le premier effet de votre statue pour ne pas faire diversion; et toute fois je tremble de la fair voir, car je la refuserois à l'Empereur même. Oui, mon cher Canova, ce me sera ma plus chère possession, et quand à tant de beautés se joi(e)nt l' idée que ce monument de votre talent est encore un monument de votre amitié, jugez si je peux posséder quelque chose dont je sois plus fier et plus jaloux.[42]

Ritornando sull'argomento, in una lettera a Canova del 29 ottobre sempre del 1816 Quatremère ribadirà:

Del busto di Elena non ho fatto parola alla Marchesa di Grolliér. Io coll'ajuto di Lange vo terminando il Deposito di M. de Crussol. Non ridete voi di me? Ridete amico e pur v'assicuro che non vi sarà troppo da ridere.
Io sto bene di casa. Mi sono fatto una bella libraria ornata di vasi etruschi, del vostro Paride aspettando la bella compagna.[43]

Fig. 40 Antonio Canova
Paris, later version, 1816
Paride, versione successiva
München, Neue Pinakothek

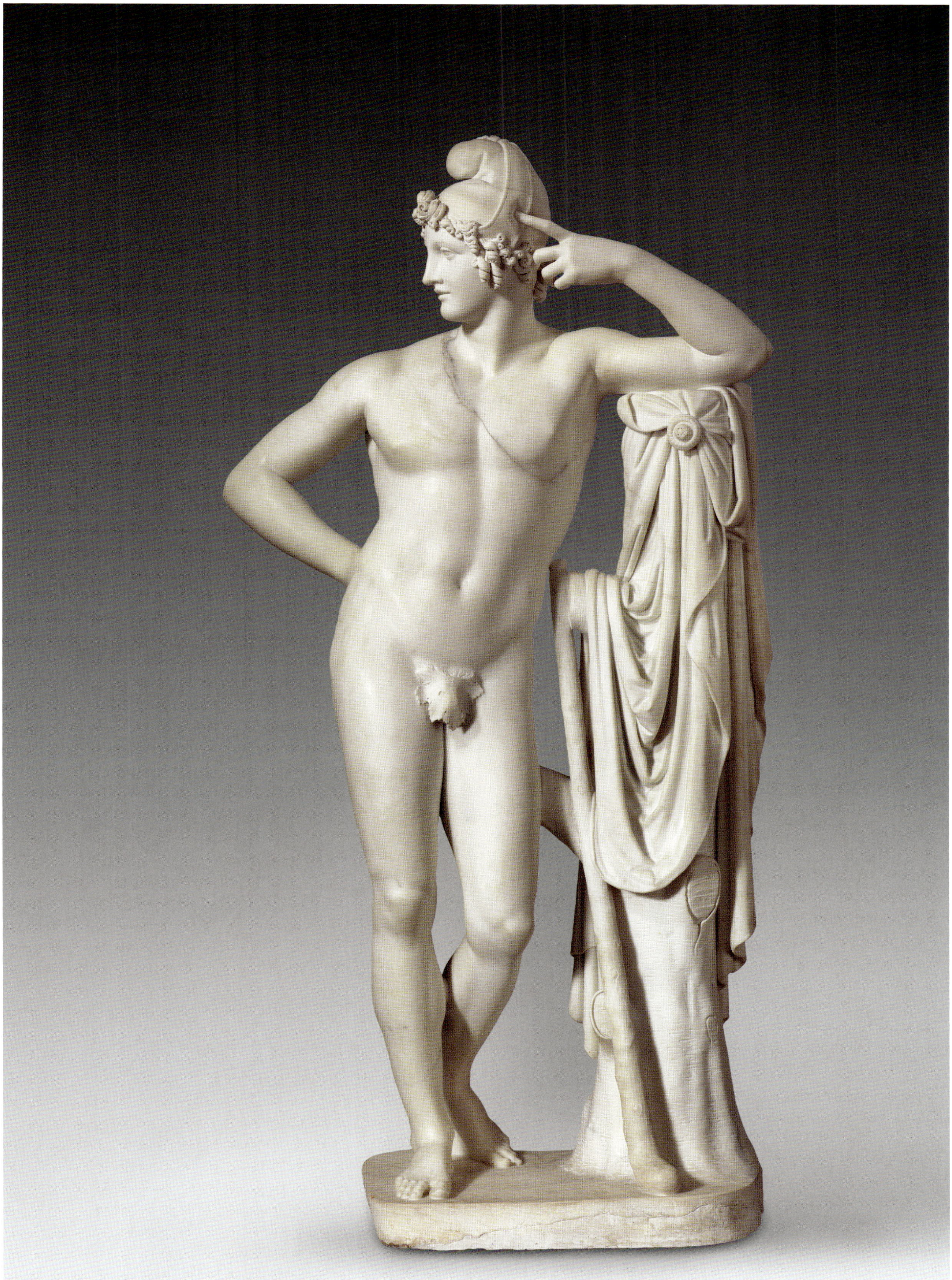

My dear Canova, it is too beautiful and I fear that this present will be too magnificent to be a present of friendship. But it is not your fault. Could you give me one of your works that is not a masterpiece? Did you know that all who see it speak of it with enthusiasm and that everyone is crazy about it?

And in a crescendo of enthusiasm, he offered its artist an extraordinary reading of the masterpiece:

My dear Canova, seeing your Paris I immediately thought of the one by Euphranor, of whom Pliny says that it conveyed all at once the judge of the goddesses, the lover of Helen and the slayer of Achilles. I find in it a blend of the heroic and voluptuous, noble and loving. I do not think that you have ever given more life, more softness, and at the same time correction and purity to any work. The neck is of unequalled beauty. It has an entirely new charm of expression. The work appears above anything that can be said. Finally, I repeat, I am in suspense. This head must honour you greatly and I wish the public could see it, but after the first effect of your statue so as not to cause a diversion; and every time I tremble to show it, as I would refuse even the emperor himself. Yes, my dear Canova, it will be my dearest possession, and when so much beauty is joined by the idea that this monument to your talent is also a monument to your friendship, you may judge whether I possess anything of which I am prouder and more jealous.[42]

Returning to the matter at hand, in a letter to Canova on 29 October 1816, Quatremère went on to reiterate:

Segue, in data 16 dicembre 1816, una lettera interlocutoria a Canova della de Grollier per informarlo che il giorno successivo, ricorrendo giusto un anno dalla scomparsa del de Crussol, "sera posée le cyppe que j'élève à sa mémoire", grazie alla disponibilità di Quatremère che "y a mis tout son zèle et son talent il a dirigé le monument il a sculté lui même le buste de mon respectable ami".
Fa dunque appello all'amicizia e alla sensibilità dello scultore che chiama divino, sicura che saprà dare vita ad un'opera piena di sentimento e degna dell'illustre destinatario:

C'est à vous à present divin Canova qu' il appartient de satisfaire et d'apaiser le besoin si poignant pour mon cœur d'offrir un hommage digne de vous et de lui à monsieur Quatremère, a‹h› de grâce Monsieur donnez au plustôt la vie à cette tête de la reconnoissance elle l'exprimera divinement puisque vous y mettrrez votre âme et votre génie. Consollez moi en me mandant le temps à peu prés où je pourer le recevoir et la proportion de la colonne qui doit la porter pour que je puisse faire faire cette colonne d'avance.[44]

Anche se Canova non sembra così sollecito rispetto all'ansia della dama, il loro dialogo riprende verso la metà dell'anno successivo. Una lettera della de Grollier, spedita da Parigi il 30 giugno 1817, facendo riferimento ad una missiva dello scultore del 25 maggio che non è stata ancora rintracciata, esprime tutta la sua soddisfazione e la sua gratitudine per una novità inaspettata. Questa volta gli scrive in italiano, offrendoci una ennesima testimonianza della fama di cui era circondato Canova ormai entrato nella leggenda non solo per il suo genio artistico, ma anche per le sue qualità umane:

Fig. 41 Giovanni Paolo Lasinio *Paris* / *Paride*, in Isabella Teotochi Albrizzi, *Opere di scultura e di plastica di Antonio Canova*

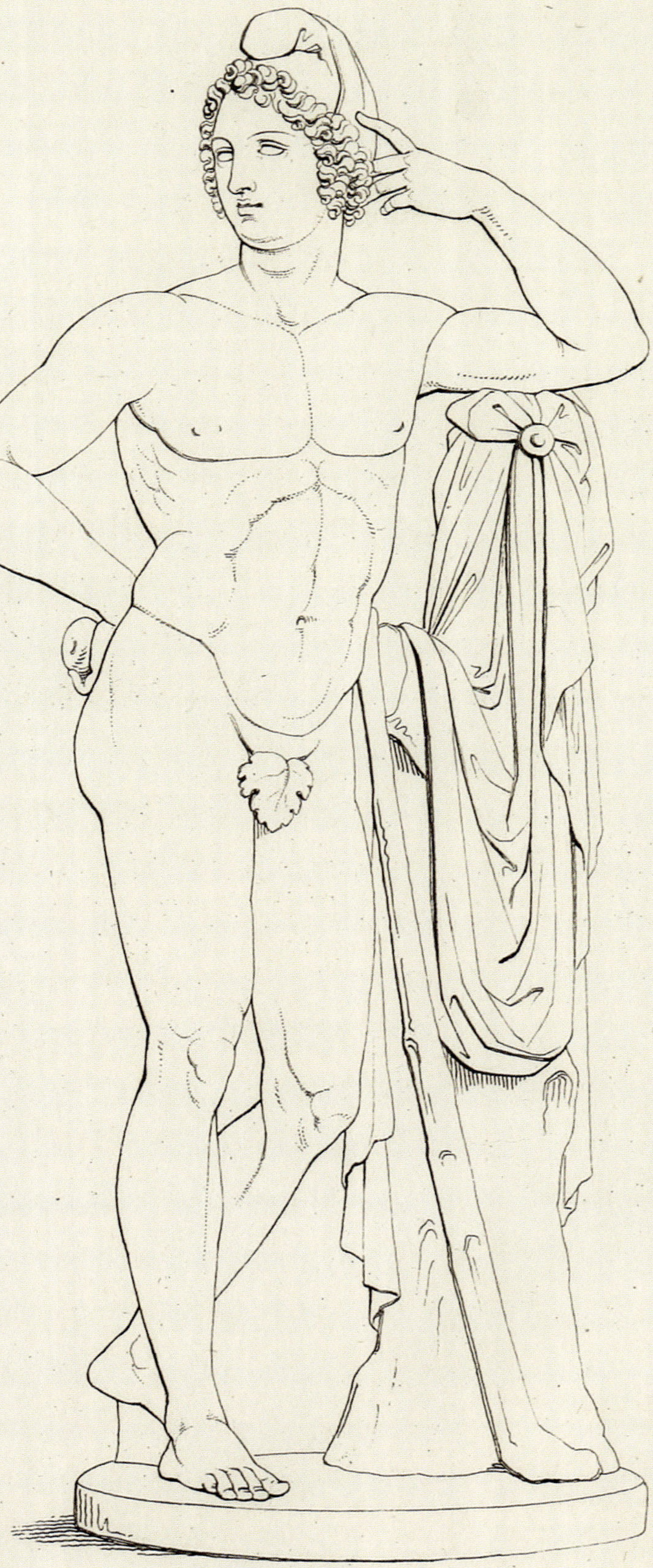

38.

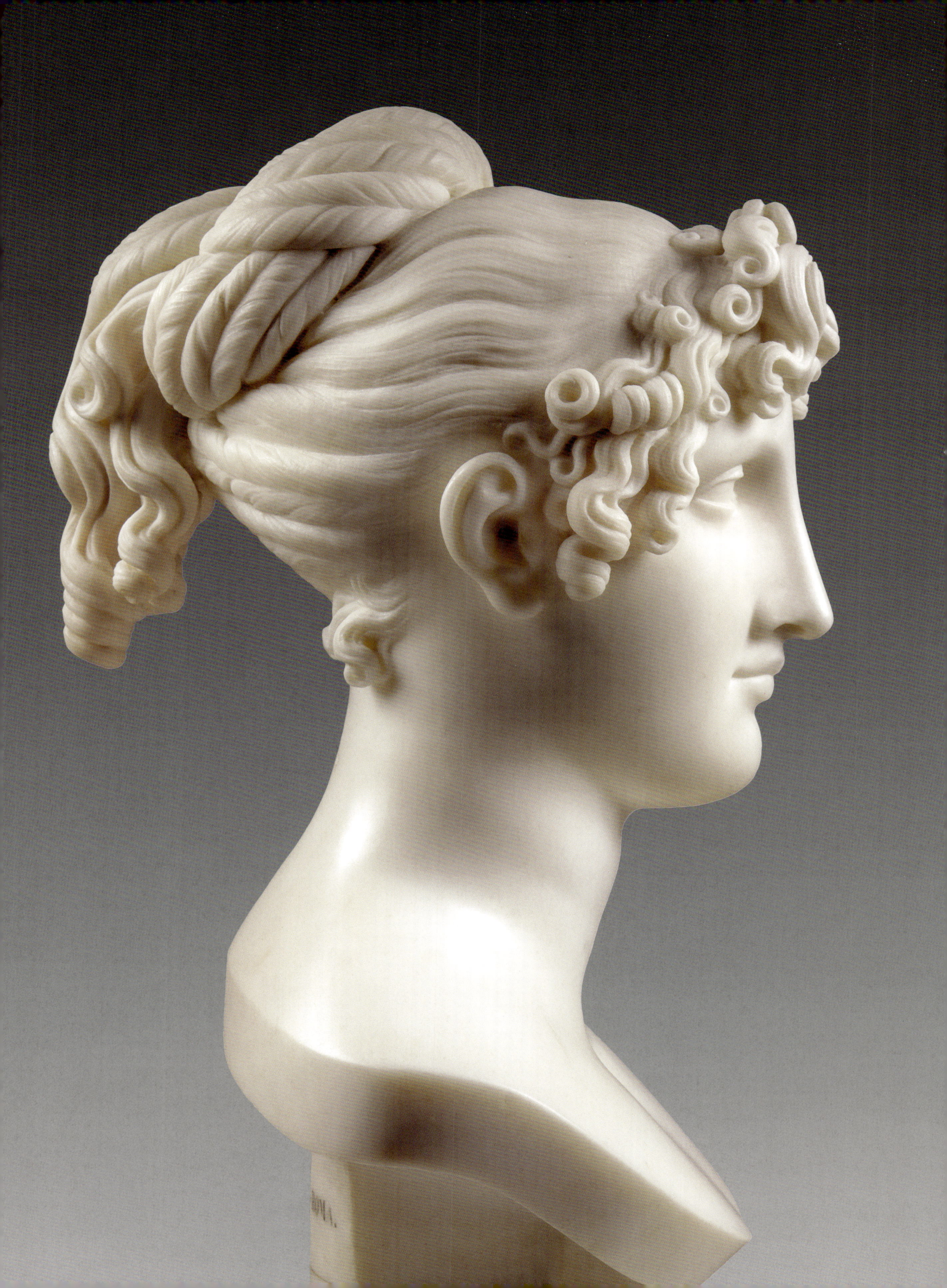

I have not spoken a word of the bust of Helen to the Marquise de Grollier. With Lange's help, I am finishing the Deposit of M. de Crussol. Are you laughing at me? Laugh, friend and I assure you that there will not be much to laugh at. I am happy at home. I have made myself a beautiful bookcase decorated with Etruscan vases and your Paris is waiting for his beautiful companion.[43]

This would be followed, on 16 December 1816, by an open-ended letter to Canova from the Marquise de Grollier telling him that the following day, no more than a year after the death of De Crussol, "the cippus I am erecting in his memory will be installed", thanks to the help of Quatremère who, "with all his zeal and talent, has directed the monument and sculpted the bust of my respectable friend".
She calls upon the friendship and sensitivity of the sculptor, whom she calls divine, convinced that he will give life to an artwork full of sentiment and worthy of its illustrious recipient:

It is up to you now, divine Canova, to satisfy and appease such a poignant need to offer a tribute worthy of both you and him to Monsieur Quatremère. Please Sir, give life as soon as possible to this head of gratitude and she will express it divinely since you will put your soul and genius into it. Comfort me by telling me roughly when I will be able to receive it and the proportion of the column that will need to support it so that I can have this column made in advance.[44]

Although Canova does not seem to have been that prompt in responding to the noblewoman's concerns, their dialogue resumed halfway through the following year. In a letter from the marquise, sent from Paris on 30 June 1817, referring to a missive from the sculptor on 25 May that has not yet been traced, she expresses her satisfaction and gratitude for an unexpected piece of news.

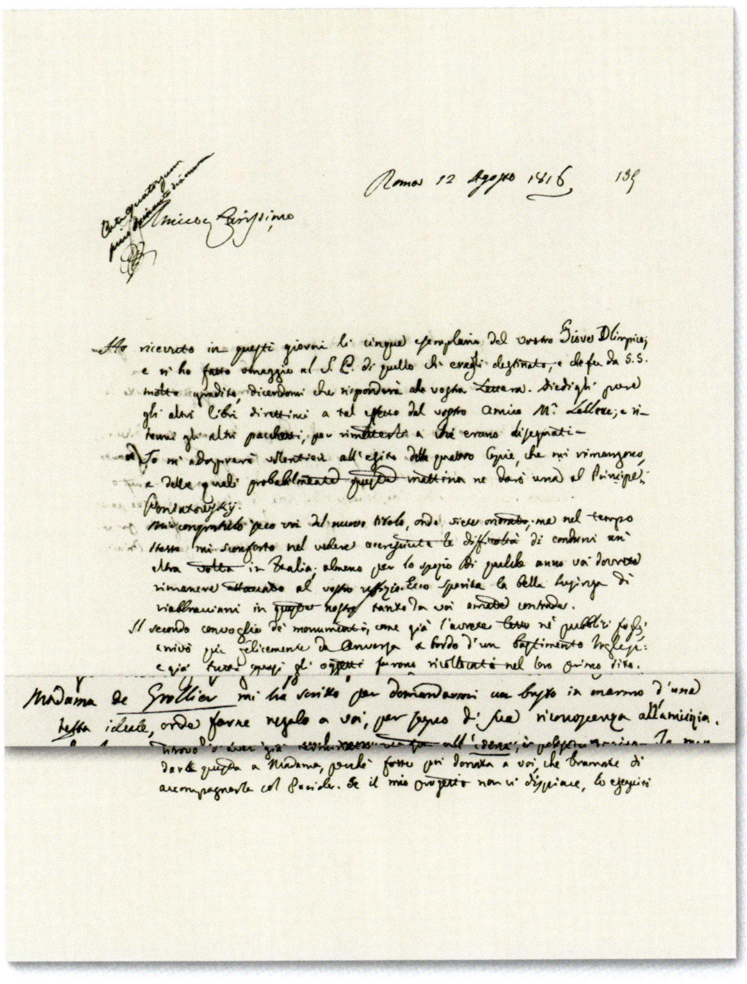

Roma 12 Agosto 1816

Amico Carissimo

Madama de Grollier mi ha scritto per domandarmi un busto in marmo d'una testa ideale, onde farne regalo a voi, per segno di Sua riconoscenza all'amicizia.

Fig. 42
Madame de Grollier has written to me asking for a marble bust of an Ideal Head, as a gift to you – a token of her gratitude for your friendship. / Madama de Grollier mi ha scritto per domandarmi un busto in marmo d'una Testa Ideale, onde farne regalo a voi, per segno di Sua riconoscenza all'amicizia.
Letter from Canova to Quatremère de Quincy, 12.08.1816 / Lettera di Canova a Quatremère de Quincy, see p. 70

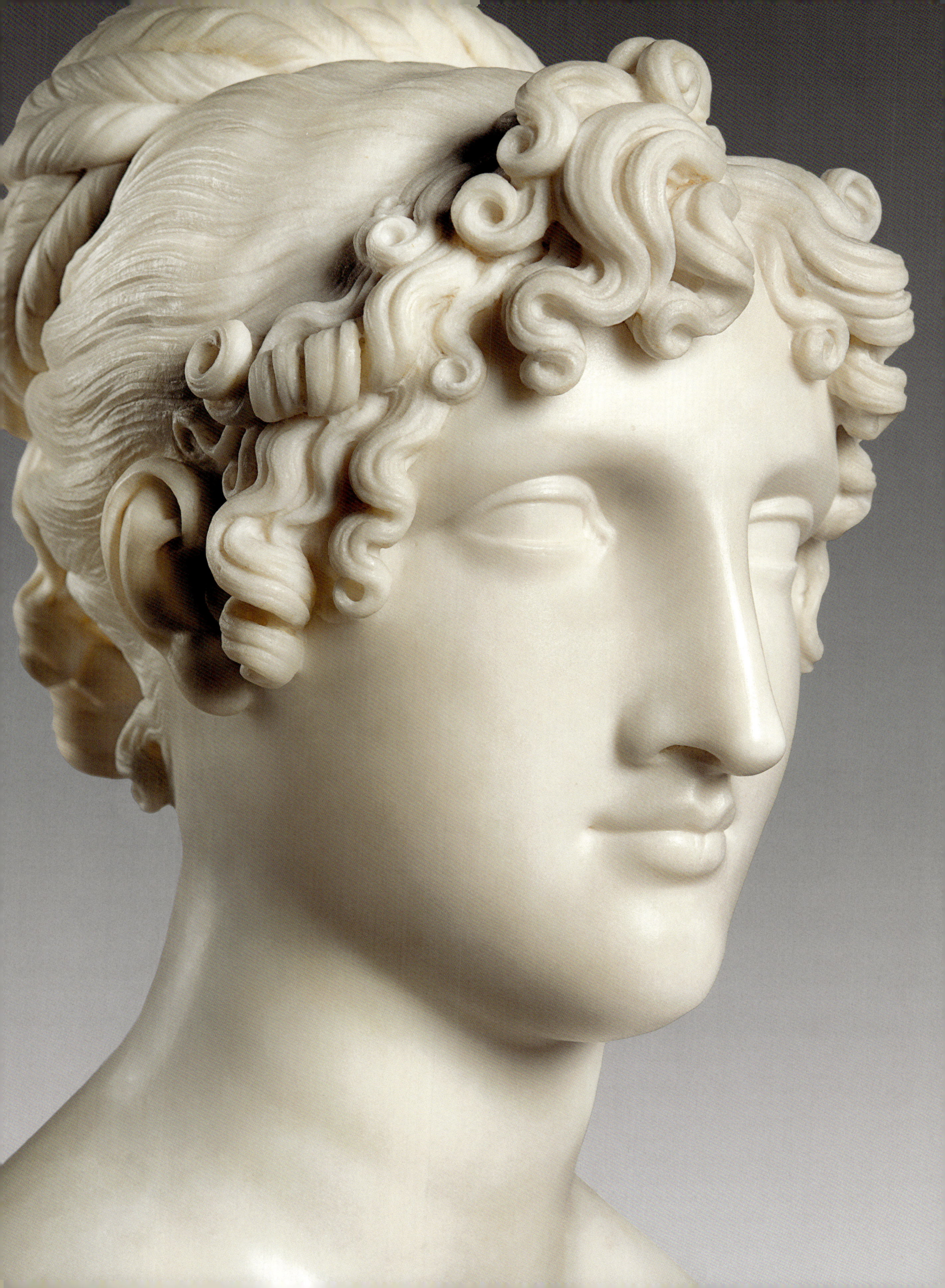

Preg.mo Sig.r March.e ed Am.co Amab.mo

La gentile di Lei Lettera 25. scorso Mag.o mi colma di giubilo, e mi penetra della più viva riconoscenza.

M'è impossibile di esprimerle l'uno, e di farle sentire, come vorrei, l'altra.

Non mi aspettavo una sorpresa così delicata, e così grata al mio Cuore. Niente al mondo poteva arrivarmi di più soddisfacente.

Anch'io dunque possederò un Opera del più grande de' Scultori, del migliore degli Uomini.

Tacitamente già invidiavo la sorte del nostro rispettabile Amico, che tutto merita, ed a cui destinavo il Busto, ch'Ella mi graziava; ma non avrei osato aspirare a tanto favore per me.

L'assicuro mio preg.mo Amico, che questo Tratto di sua bontà mi resterà profondamente scolpito nel fondo dell'Anima

L'impazienza di ricevere siffatti Ogetti preziosi è quindi compatibile. Conto già

i giorni, per non dire i momenti, che devono
ancora decorrere avanti di possederli;
mi lusinga, che al giungerle di questa mia essi
saranno già in viaggio. Non posso nullostante
difendermi dall'inquietudine, e pregarla quanto
io, e posso di accellerarne la spedizione, e di
assicurar questa ne' modi i più solidi possibili.
Cod.to nro degno Ambasciatore S.r C.te di Blacas,
la di cui onorevole amicizia per me lo rende
si premuroso in quest'affare, non si lascierà certo
desiderare a tutto quanto Ella lo crederà utile.

Agradisca S.r M.se ed am.co Pregm.o i più vivi e
più sinceri sentimenti della Persona, che è la
più penetrata di suoi favori, e la più costante Ammi
:ratrice dell'incomparabile di Lei merito

Parigi li 30. Giugno 1817

Taligny Damas,

86.

sc.

Parigi 15° 9bre 1817

Caro Amico

Parte in questo momento la nostra annuale Colonia per Roma Tutti bramano di esser vi presentati e raccomandati. Io incarico di mia generale per voi raccommendazione il giovane Michalon figlio del mortuo Scultor Michalon. Questo bravo e garbato giovane a ottenuto questo anno il premio di Paesista, premio fundato nuovamente dal Re. Egli a delle grandi disposizioni e da gran speranza.

Al fin s'è sciolto l'enigma della Marchesa di Grollier. un di questi passati giorni, tornando a casa, ho trovato situata sopra una bella colonna di marmo, in mezzo della mia bibliotheca, la cara vostra bella, bellina, e bellissima testa, a la quale Md.e de Grollier vuole che se dia il nome della Riconoscenza. Io piutosto la chiamerei Amicizia, e veramente questo gentil dono, del quale me professo indegno, mi sarà pretioso comme doppiamente monumento d'amicizia.

Se io ho saputo ben spiegar le poche righe del postscriptum di vostra ultima lettera, mi pare che questa graziosissima testa, sara quella sbozzata prima da voi per essere un ritratto. Ma non ci resta piu idea altra che del bello ideale e delle grazie. Mi sara sommamente

caro e prezioso quel testimonio di vostra amicizia e gli voglio dare il più bel sito che potrà trovarsi nelle stanze mie a pian terreno.
Voi mi parlate d'una Cassa spedita per Marsiglia e contenente delle teste in gesso. Ma non mi dite a chi viene indirizzata quella Cassa.

Amico ho veduto con stupore un gesso dei marmi d'Athene, non già l'Ilysso, ma bensì quello che chiamano il Theseo, che ha fatto venir da Londra il nostro Girault, con diversi assai preziosi frammenti del fregio, o delle metope del Parthenone. Questa Scultura è per i dotti, per gli antiquari e storici dell'arte, è d'un pregio infinito, ed è per li artisti il pezzo il più instruttivo che sia. Maniera così largha, grandiosa semplice, corretta, vera, non mi pare che si trovi nel resto dell'antichità a noi pervenuta.
Mi sembra che non trova il suo analogo altrove, che nel Torso di Belvedere, nel gruppo d'Ajace con Patroclo (cioè Pasquino) ed in certi frammenti che io conosco, ma chi non se possono indicare con un nome proprio.
Voi dite ben che pare formata sopra il bello vero. Ma dove esiste il typo di questo bello vero? Rispondo io. Nel genio de pochissimi. E per

questo abbiamo ora del bello senza vero, ora del vero senza bello. Da questi monumenti se può conchiudere che la Scola Phidiaca aveva forse più di tutte le altre seguenti, riunito in un punto più squisito, la verità naturale col bello ideale. È certo che quella Scultura a del grandioso, del scelto nelle forme, della severità di disegno, e pure del grazioso, della minutezza di detagli, e della morbidezza di carne. Sì che i Colossi di Montecavallo presso di questa scultura mi paiono stentati e rigidi. Nel Theseo v'è una scienza anatomica senza aridità, della purità di style senza sechezza. Tutto pare non fatto ma nato così, Il dorso è meraviglioso di grandezza e di verità, ed il tutto pare l'effetto d'una arte semplice e facilissima.

Jo v'assicuro che non sarebbe cosa indegna d'un gran Maestro il far una copia di questo Theseo. e se io fosse il principe ~~regente~~ vorrei mandar a Canova il marmo del Teseo per averne uno doppio ristorato, compito e copiato di sua mano.

Non ~~dibut~~ dubito che qualche profitto per l'arte debba nascere da questi frammenti. Che peccato che non siano posti a Roma in confronto dell'altri antichi.

Jo vi debbo confessar un certo paragone che è stato fatto qui, non da me solo, Cioè che nelle vostre opere si ritrova più che non se può dire di quello Style e di quella maniera. Io mi rallegro che vi venga la voglia di terminar il vostro Teseo col Centauro in presenza di quella Phidiaca Scultura.

Frammenti

Non finirei mai si ve volessi parlar d'altri frammenti. Nel numero ce un giovine morto e giacente a terra, avanzo di una Metopa, Capo d'opera, e non capisco come a questa altezza eseguisano sculture così finite delicate e graziose.

Parliamo della fundita del equestre Statua d'Henrico 4. a riuscito perfettamente ma ve devo dire che la materia colla quale se fa la forma (e che chiamano Potèe) a un gran difetto. ed e quello, che il bronzo quando s'introduce così caldo nella forma, va logrando e polverizzando la superficie di questa materia, non questa bastanza tosta e di resistenza, siche il bronzo, non trovando una superficie netta, diventa arenoso e scabioso, ed esigge gran lavori di cizzelatura. Badate a questo, nel fare la forma del vostro cavallo. Se vuol una materia dura che non se retiri nel asciugarci, e che resisti all'azione del metallo bollente. Se voi trovate da comporre questa materia ve sara molto obligata l'arte del fundito.

Ecco che mi manca non la materia ma la carta per scriver vi. - Addio Carissimo Amico vuolete mi sempre bene e non v'adirate contro di me se qualche volte manco di scrivervi, perche non manco mai di pensar a voi

Quatremère de Quincy

Cote quatorzieme
piece quatrevingt
cinquieme 84

147

Roma 27 Xbre 1817

Carissimo Amico

La vostra del 24 passato mi è stata carissima, per avermi consolato colla notizia dell' arrivo delli due busti, e degli elogi fatti ad essi da voi, e dalla vostra preziosa amica La S.ra Marchesa di Grollier. Io non ne sapeva nulla dal giorno che sono partiti di qui, e potete quindi figurarvi se il ragguaglio vostro mi sia riuscito caro, e gradito infinitamente. Da tale ritardo procede ancora il mio silenzio verso della Marchesa, la quale so che mi ha inviato una lettera, che non mi è pervenuta ancora. Vi prego di farmi sovvenire alla sua memoria, e di assicurarla del sentimento della mia rispettosa stima, e considerazione. Aspetto intanto l'altra lettera, che dessa aver sarà per me ad uno de' vostri giorni premiati, e che leggerò con sommo decoro.

Ma sopra ogni modo poi mi sarà piacevole la notizia della fusione della statua di Enrico Quarto. Gradirò volentieri che mi diciate con qualche dettaglio il processo del lavoro, e della combinaz.e de' metalli adoperati in tal operazione, che riuscì tanto felice e sollecita, con meraviglia di chiunque la vede. Così potessi io vedere e presto e bene eseguita la fusione del mio Cavallo in Napoli!

Non so di quale stampa intendiate parlarmi, da me promessa alla vostra vicina. Se potessi averne contezza, ve la manderei colla prima occasione.

Gradite i rispetti del fratello, e credetemi sempre

Vostro aff.mo

Antonio Canova

Sul proposito della fusione di Enrico Quarto, mi occorre pregarvi di voler favorirmi una notizia alquanto minuta e precisa, riguardante questi punti principalissimi; cioè, farmi conoscere di qual genere di luto siasi servito il fonditore, se di quello, denominato luto sapiente; o del luto composto semplicemente di mattoni, e di gesso, o di altre cose; che si desidera conoscere con distinzione; la composizione e combinazione de' metalli per la lega; e la dimensione di grossezza data a tutta la fusione; e la totale altezza della statua — Vedete di contentarmi nel modo desiderato ~~e~~ prontamente, perchè la notizia preme assai a me stesso

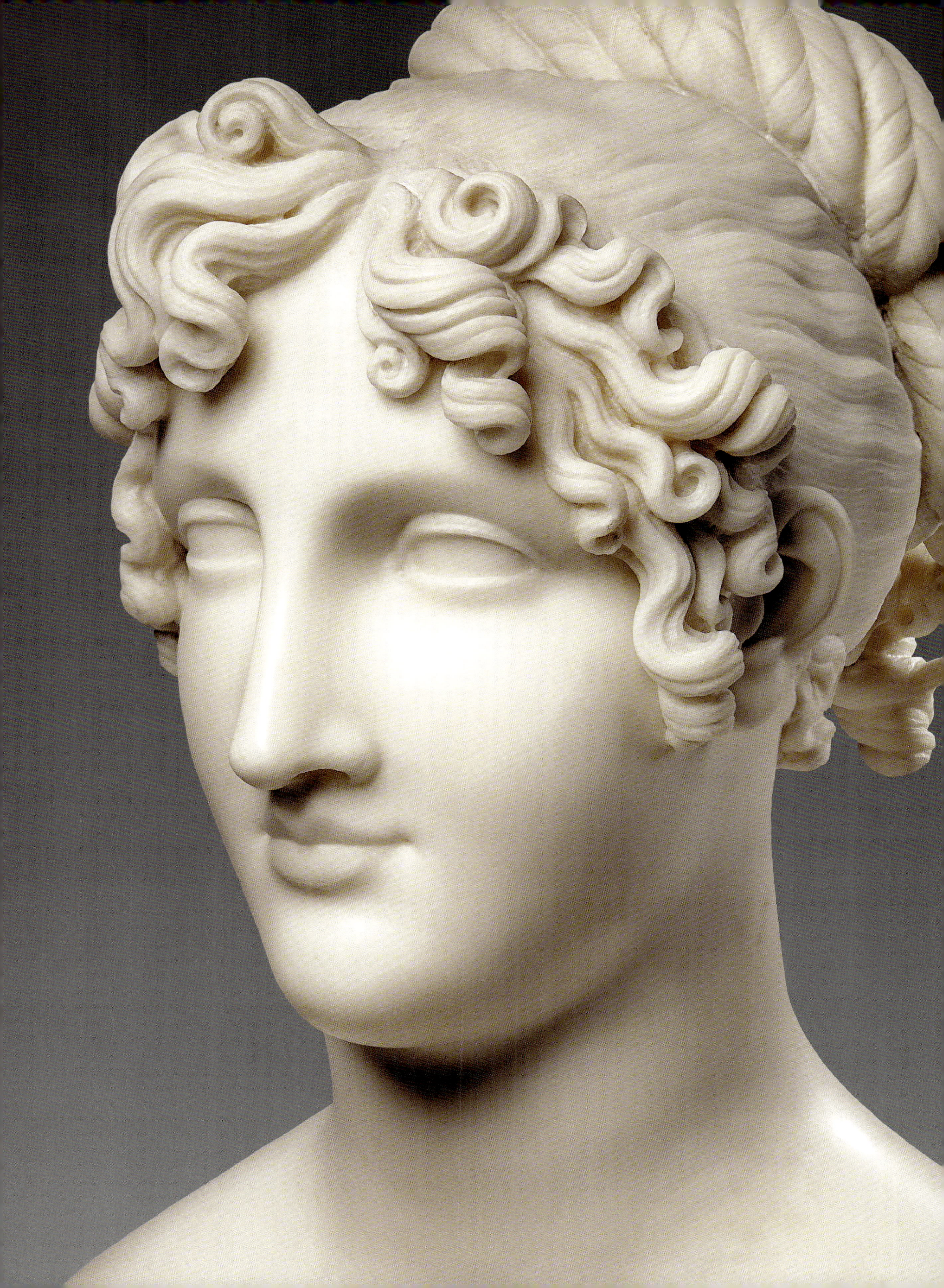

This time she writes to him in Italian, providing yet another account of the fame that surrounded Canova, who had by now become legendary not just for his artistic genius, but also for his human qualities:

I was not expecting such a delicate surprise, one so pleasing to my heart. Nothing in the world could have brought me such satisfaction.
Am I also to possess a work by the greatest of sculptors, the finest of men?
Tacitly, I was already envious of the fate of our respectable friend, entirely worthy, and to whom I intended to give the bust, with which you graced me, but I would not have dared to aspire to such a favour for myself.
I assure you, my most esteemed friend, that this evidence of your generosity will remain deeply carved into the depths of my soul.
My impatience at receiving such precious objects is compatible.[45]

The Marquise de Grollier refers to the fact that, as well as the head intended for Quatremère, Canova had decided to send a second head just for her, as a sign of profound friendship. An addition made in 1819 to the *Catalogo cronologico* of the sculptor's works drawn up in 1817 lists "Two other Ideal Heads of women carved for Her Excellency the Marquise of de Grollier and given by her, one to Count Giovanni Battista Sommariva, the other to Cavalier Quatremère de Quincy."[46]
She was convinced that they were now on their way, entrusted to a mutual friend, also an ex-emigré and proud Legitimist, Pierre-Louis-Jean-Casimir, Count and later Duke of Blacas d'Aulps, a right-hand man of the Bourbons, whom he followed into exile, later becoming a minister at the Restoration. He was a great collector of antiquities, as well as a patron of

Non mi aspettavo una sorpresa così delicata, e così grata al mio cuore. Niente al mondo poteva arrivarmi di più soddisfacente.
Anch'io, dunque, possederò un'opera del più grande de' scultori, del migliore degli uomini?
Tacitamente già invidiavo la sorte del nostro rispettabile amico, che tutto merita, ed a cui destinavo il busto, ch'Ella mi graziava; ma non avrei osato aspirare a tanto favore per me.
L'assicuro mio pregiatissimo amico, che questo tratto di sua bontà mi resterà profondamente scolpito nel fondo dell'anima.
L'impazienza di ricevere siffatti oggetti preziosi è quindi compatibile.[45]

La de Grollier si riferisce al fatto che Canova, oltre alla testa destinata a Quatremère, ha deciso di inviargliene una seconda solo per lei, in segno di profonda amicizia. Un'aggiunta fatta nel 1819 al *Catalogo cronologico* delle opere dello scultore datato 1817 elenca "Due altre Teste di donne ideali eseguite per commissione di Sua Eccellenza la signora Marchesa de Grollier e da essa donate, una al signor conte Giovanni Battista Sommariva, l'altra al cavaliere Quatremère de Quincy".[46]
È convinta che siano ormai in viaggio, affidate all'intermediazione di un amico comune, anche lui un ex-emigrato e fiero legittimista, Pierre-Louis-Jean-Casimir conte e poi duca di Blacas d'Aulps, uomo di fiducia dei Borboni, che aveva seguito nell'esilio diventandone con la Restaurazione ministro. Fu un grande collezionista di antichità, ma anche mecenate di Ingres. Di Canova acquistò il *San Giovannino* proprio nel 1817, quando era ambasciatore a Roma.
Dopo un periodo di silenzio, che Canova non doveva avere gradito, riprende anche il dialogo con Quatremère a cui lo scultore, in una lettera da Roma dell'11 agosto 1817, esprime le sue perplessità sull'opportunità di destinargli ancora la testa dell'Elena di cui era stato costretto a fare diverse repliche:

previous pp. / pp. precendenti

Correspondence between Marquise de Grollier, Canova and Quatremère de Quincy on the genesis of *La Riconoscenza* / Corrispondenza tra la marchesa de Grollier, Canova e Quatremère de Quincy sulla genesi de *La Riconoscenza*

Figs. 43, 44 Letter from Marquise de Grollier to Canova, 30.06.1817
Lettera della marchesa di Grollier a Canova, see p. 90

Figs. 45–48 Letter from Quatremère de Quincy to Canova, 15.11.1817
Lettera di Quatremère de Quincy a Canova, see p. 97

Figs. 49, 50 Letter from Canova to Quatremère de Quincy, 27.12.1817
Lettera di Canova a Quatremère de Quincy, see p. 100

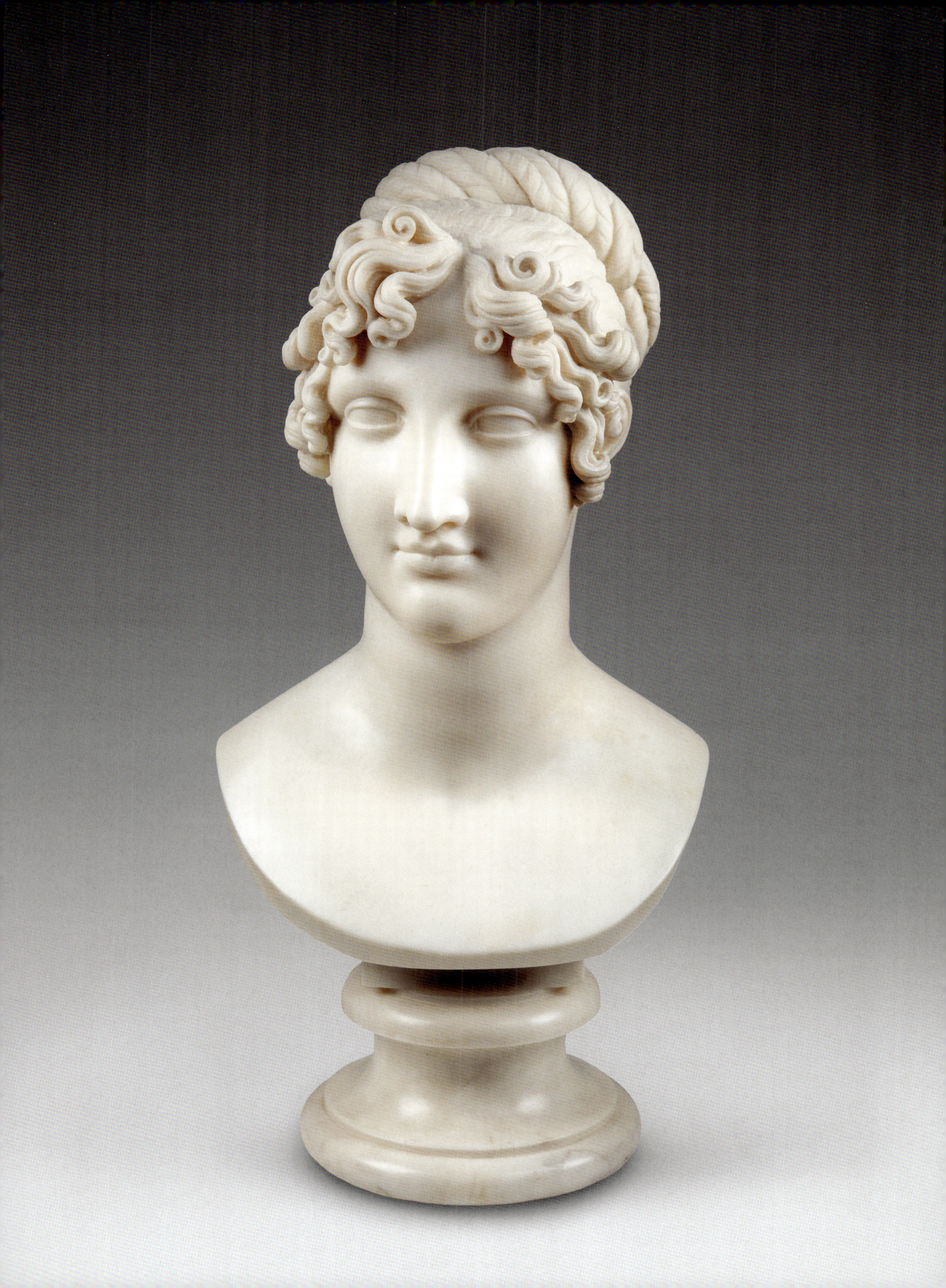

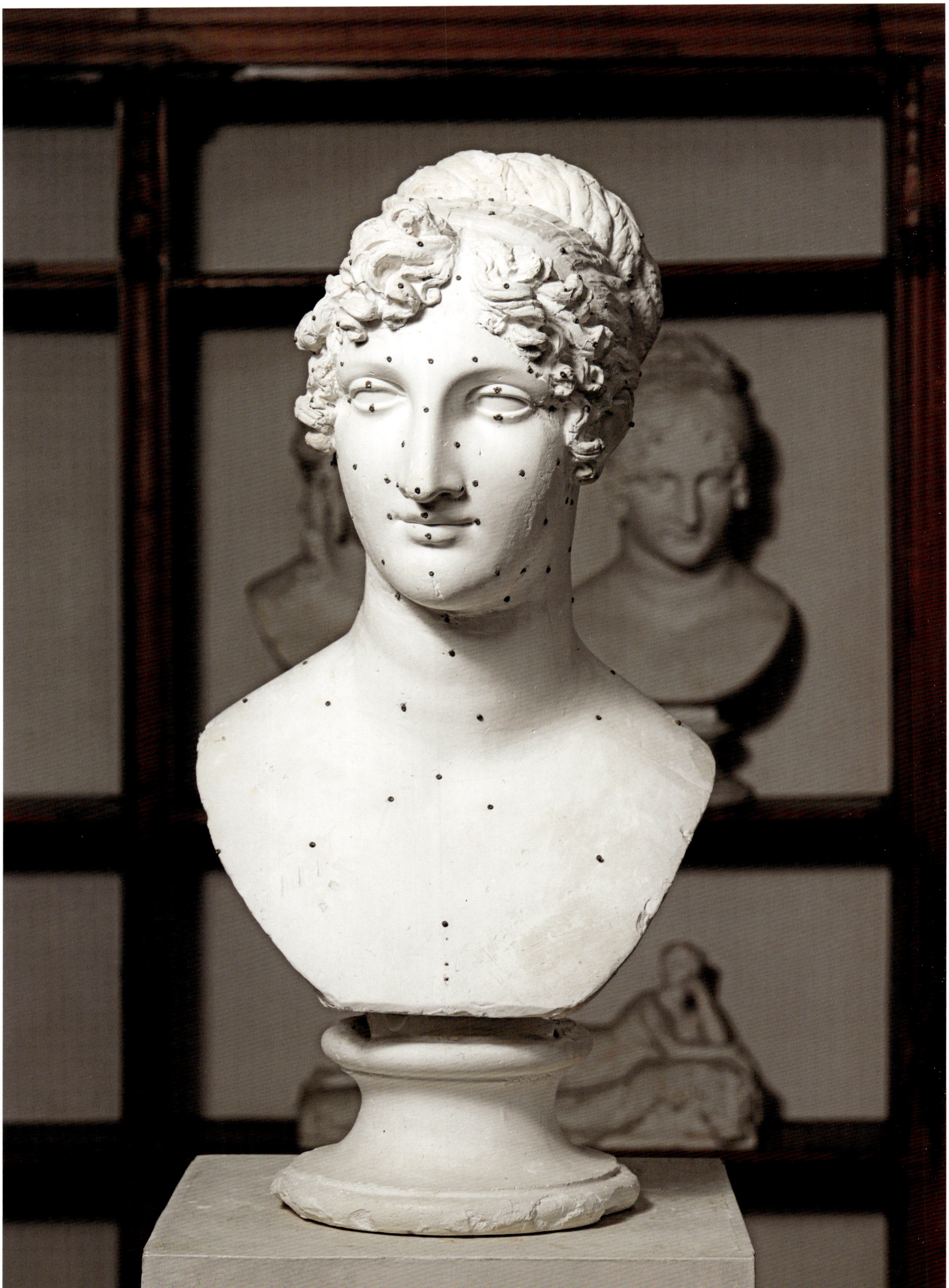

Ingres, and had purchased the *Infant St. John the Baptist* by Canova in 1817, when he was ambassador in Rome.

After a period of silence, which Canova must not have appreciated, the dialogue also continued with Quatremère, to whom the sculptor, in a letter from Rome on 11 August 1817, expressed his doubts about the suitability of still sending him the head of Helen, of which he had been forced to make several replicas:

Finally, you have given signs of life, after so many months of thankless silence and my unanswered letters. And to avenge myself, writing to your illustrious friend, the Marquise de Grollier, I asked her not even to greet you and to tell you that I was not sending your bust, with the two that were sent to her; because I have come to feel doubts and scruples as to whether it is suitable to send Helen to you, after having made others for people whom I could not refuse.[47]

A few more months would need to pass before a footnote to a letter from Canova to Quatremère, sent from Rome on 14 October 1817, asked his friend to give an opinion on the sculptures sent to Paris:

I know not how you will find Madame Grollier's two heads. As the marble of the first one, already finished, was not perfect, I wanted to add the second, which had been sketched out to portray Marie Louise, and which I then transformed into an ideal head. Give me your opinion once you have examined it.[48]

Finalmente avete dato segni di vita dopo tanti mesi d'ingrato silenzio e dopo tante mie lettere senza risposta. Ed io per vendicarmi di voi, scrivendo alla illustre vostra amica la marchesa di Grollier, la pregava a non farvi nemmeno un saluto, e dirvi che non mandava il busto vostro coi due, che si spedivano a lei; perché sono venuto in dubbio e scrupolo, se mi convenga destinare a voi quello d'Elena, dopo averne fatti degli altri per persone, alle quali non potei rifiutarmi.[47]

Dovrà trascorrere ancora qualche mese prima che una postilla ad una lettera di Canova a Quatremère, spedita da Roma il 14 ottobre 1817, chieda all'amico un giudizio sulle opere inviate a Parigi:

Non so come troverete le due teste di Madame Grollier: essendomi riuscito il marmo non perfetto di quella prima già terminata, ho voluto aggiungervi la seconda, che aveva fatto abbozzare per ritrarre Maria Luisa, e che poi ho trasformata in testa ideale. Ditemene il parer vostro, quando le avrete bene esaminate.[48]

Quindi non convinto dell'*Elena*, probabilmente per aver trovato durante la lavorazione delle imperfezioni nel marmo, aveva aggiunto una seconda testa, la nostra testa, ricavata da una che in un primo tempo aveva fatto abbozzare come ritratto dell'ex-imperatrice Maria Luisa d'Asburgo, della cui commissione non sappiamo nulla e che forse doveva essere una replica di quello eseguito nel 1810. Rimane comunque di grande interesse il passaggio dal ritratto alla Testa Ideale, nel miracoloso rapporto che ha sempre presieduto alla poetica di Canova tra l'ideale e la natura.

Fig. 51 Antonio Canova
La Riconoscenza, 1816–1817,
gesso model / modello in gesso
Possagno, Gipsoteca canoviana

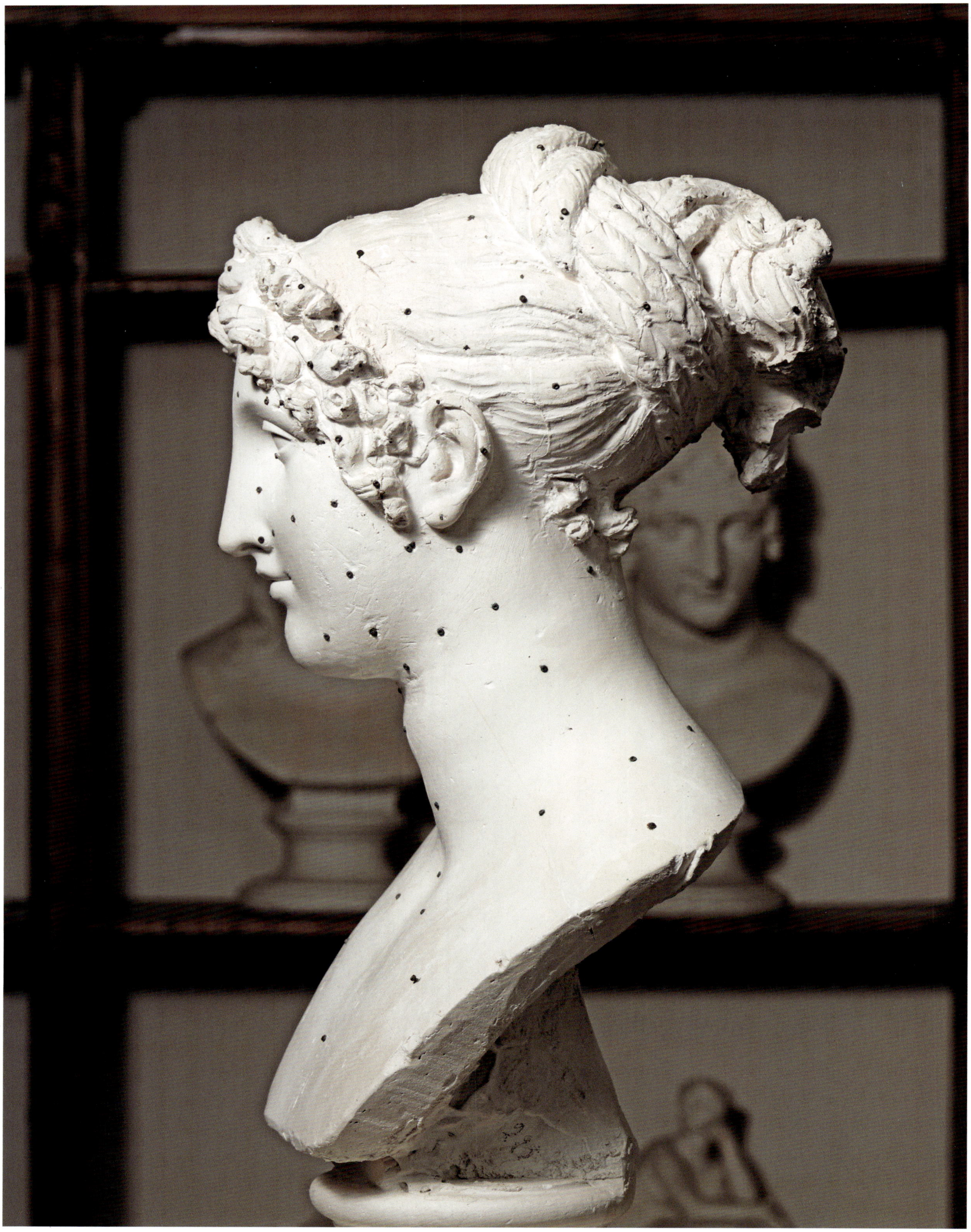

Fig. 52 Antonio Canova
La Riconoscenza, 1816–1817,
gesso model / modello in gesso
Possagno, Gipsoteca canoviana

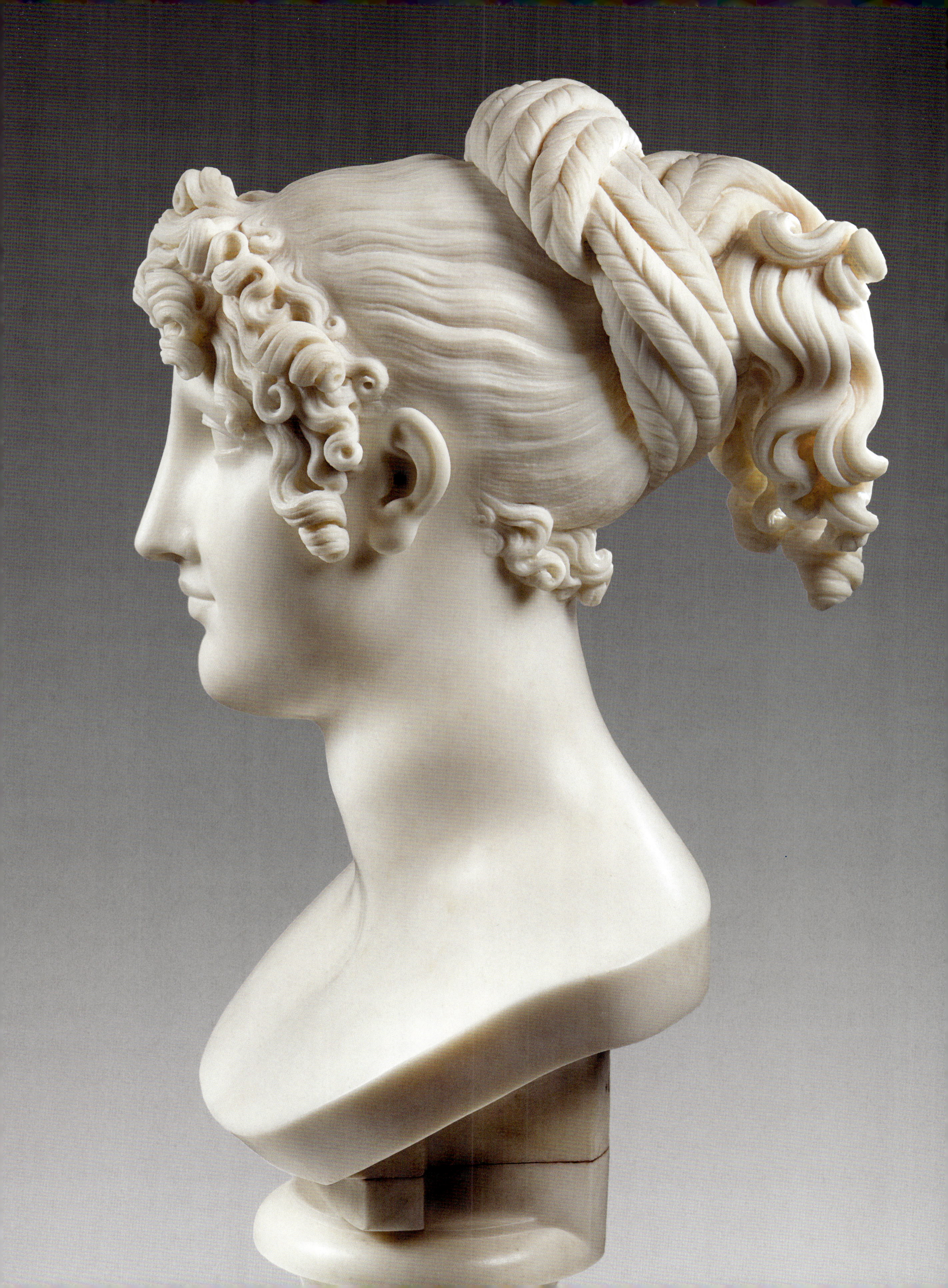

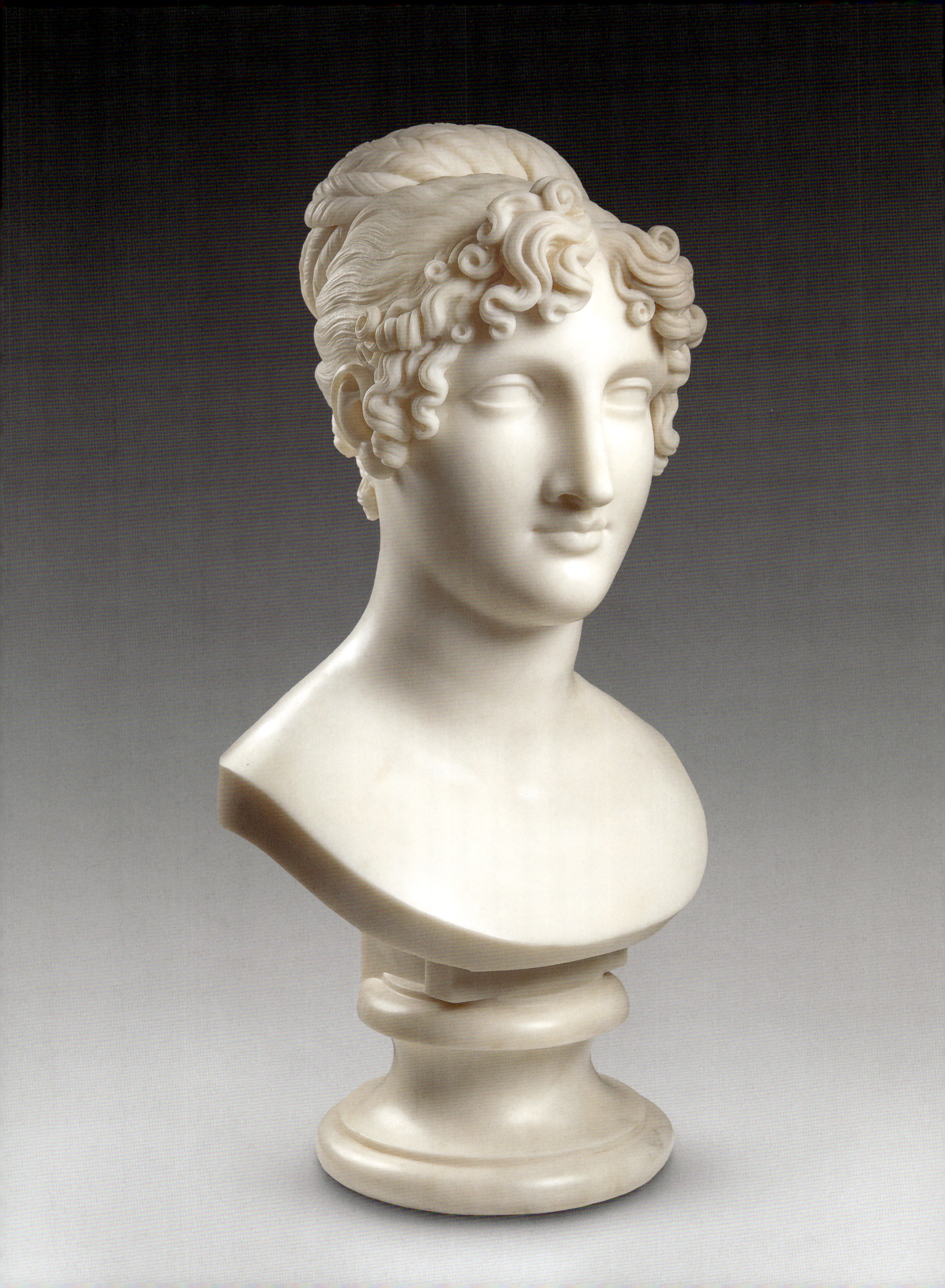

Unconvinced then by the *Helen*, probably because he had found imperfections in the marble while working on it, he had added a second head, our head, taken from one he had initially roughed out as a portrait of the former Empress Marie Louise of Habsburg, the commission for which we know nothing about and which perhaps must have been a replica of the one carved in 1810. However, the shift from portrait to Ideal Head remains of great interest in the miraculous relationship between the ideal and nature that always presided over Canova's poetics.
This time the response was prompter and, in a letter, dated Paris 10 November 1817, Quatremère tells Canova that the choice has been made and that he has received the new Ideal Head, that of the muse that has been called *Riconoscenza* [*Gratitude*] (pp. 46, 48, 57, 78–123):

But I did not want to miss the opportunity to write these few lines to you to tell you that your dear head has been given to me by Madame de Grollier, and she wishes it to be called la Riconoscenza. But rather the gratitude should come from me since I am not worthy of such a beautiful and precious gift.[49]

These brief lines were followed, some days later, by a very long letter, dated Paris 15 November 1817, in which Quatremère discusses Antiquity with Canova, tackling the issue of the developments introduced by the recent and shocking appearance of the "Athens marbles" transported to London – namely the rediscovered works by Phidias – compared to the conventions of the previous tradition. But he takes the opportunity, at the start of the letter, to express the extent of his enthusiasm for the extraordinary and unexpected gift. A real surprise:

Questa volta la risposta è più sollecita e in una lettera, datata Parigi 10 novembre 1817, Quatremère informa Canova che la scelta è stata fatta e di aver ricevuto la nuova Testa Ideale, quella della Musa che è stata chiamata *Riconoscenza* (pp. 46, 48, 57, 78-123):

Ma non ho voluto lasciar l'occasione di scrivervi queste poche righe per dirvi che al fin m'è stata rimessa da madama di Grollier la vostra cara testa, che lei vuole che si chiami la Riconoscenza. Ma la riconoscenza dovrebbe piutosto venire da parte mia, poiché non merito sì bello e precioso dono.[49]

A queste brevi righe segue, a distanza di qualche giorno, una lunghissima lettera, datata Parigi 15 novembre 1817, in cui Quatremère dialoga con Canova sull'antico, affrontando la questione delle novità introdotte dalla recente e sconvolgente comparsa dei "marmi d'Athene" trasportati a Londra – cioè le riscoperte opere di Fidia – rispetto alle convenzioni della tradizione precedente. Ma coglieva l'opportunità, in apertura della missiva, di esprimere tutto il suo entusiasmo per lo straordinario e inatteso dono. Una vera sorpresa:

Al fin s'è sciolto l'enigma della Marchesa di Grollier. Un di questi passati giorni, tornando a casa, ho trovato situata sopra una bella colonna di marmo, in mezzo della mia bibliotheca, la cara vostra bella, bellina, e bellissima testa, a la quale madama de Grollier vuole che si dia il nome della Riconoscenza. Io piutosto la chiamerei Amicizia; e veramente questo gentil dono, del quale me professo indegno, mi sarà pretioso comme doppiamente monumento d'amicizia.
Se io ho saputo ben spiegar le poche righe del postscriptum di vostra ultima lettera, mi pare che questa graziosissima testa, sarà quella sbozzata prima da voi per essere un ritratto. Ma non ci resta più idea altra che del bello ideale e della grazia. Mi sarà sommamente caro e prezioso quel

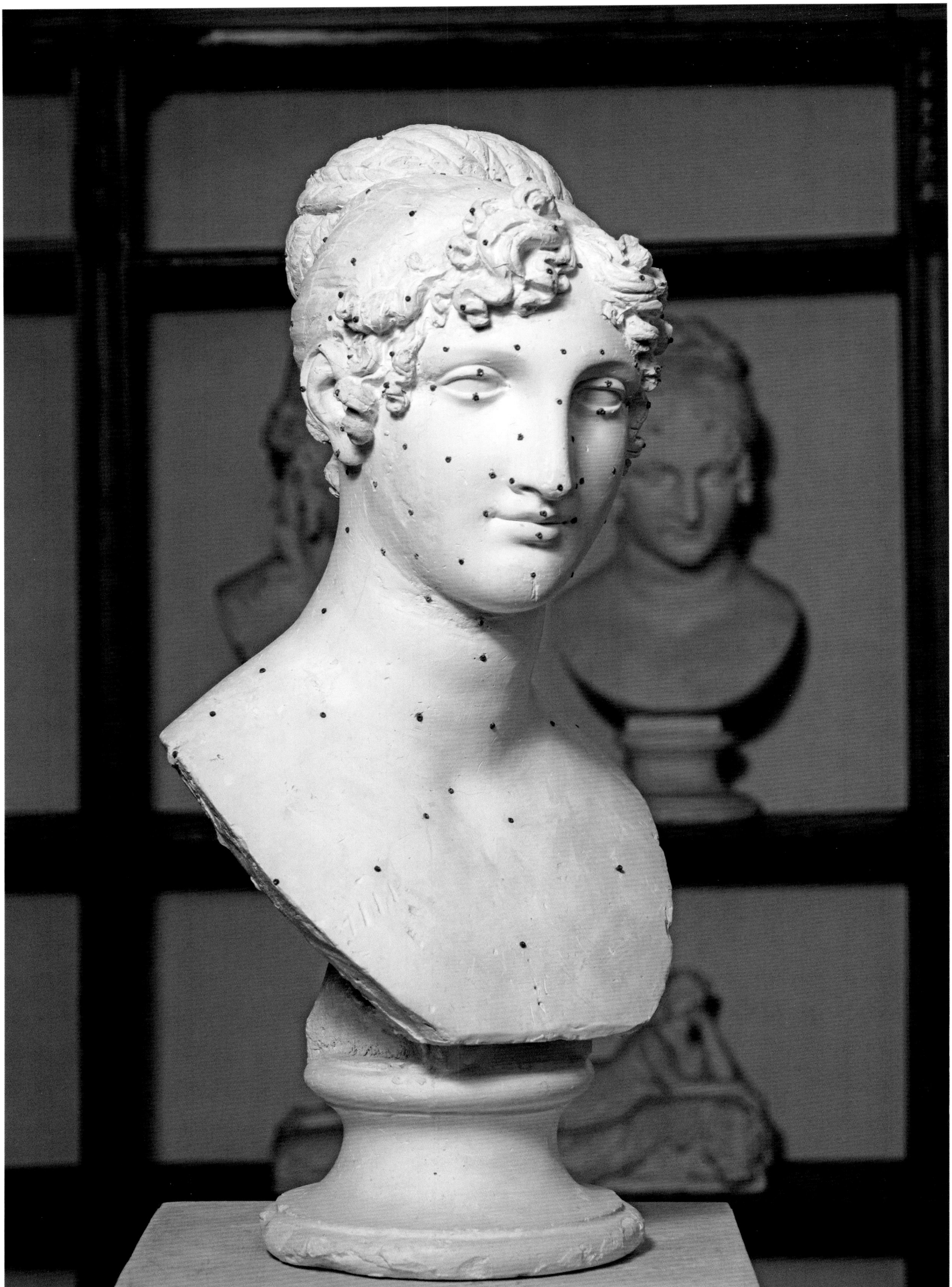

The Marquise de Grollier's enigma has finally been solved. One of these past days, on returning home, I found placed on a beautiful marble column in the middle of my library, your dear, beautiful, most beautiful head, which madame de Grollier wishes to be known as 'La Riconoscenza'. I would prefer to call it Amicizia, and truly this kind gift, of which I profess to be unworthy, will be precious to me as a dual monument to friendship.
If I was able to explain the few lines of the postscript to your last letter correctly, it seems to me that this very pretty head must be that firstly sketched out by you as a portrait. But we are left with no idea other than ideal beauty and grace. This testimony of your friendship will be extremely dear and precious to me and I want to give it the finest site in my rooms on the ground floor.[50]

Therefore this new Ideal Head (pp. 46, 48, 57, 78–123), very different from previous versions, was exemplary in that it came during a phase in which Canova's creative research appeared to be centred on the theme of grace, which must have found its finest expression in the famous group of Graces (fig. 34) requested by the late Empress Josephine, perhaps the greatest of his collectors.[51] The abstraction of ideal beauty was mitigated in comparison with nature, identified as an expression of feeling, as Quatremère himself would clarify in his 1834 monograph *Canova et ses ouvrages*:

It is clear to us that Canova had two secrets, one in bringing marble to life through the work of a feeling that communicates itself to the material, the other in imprinting on his figures (in a way that could neither be taught nor learnt) the charm of this grace that cannot be defined but is revealed in the imitations of art, through the effect of the same secret virtue that inspired the artist.[52]

testimonio di vostra amicizia, e gli voglio dare il più bel sito che potrà trovarsi nelle stanze mie a pian terreno.[50]

Quindi questa nuova Testa Ideale (pp. 44, 64-108), assai diversa da quelle precedenti, risultava esemplare in quanto si inseriva in una fase in cui la ricerca creativa di Canova appariva appunto incentrata sul tema della grazia, che doveva trovare nel celebre gruppo delle Grazie (fig. 34) voluto dalla defunta imperatrice Giuseppina, forse la più grande tra i suoi collezionisti,[51] la sua espressione più alta. L'astrazione della bellezza ideale si andava mitigando nel confronto con la natura, individuata quale espressione del sentimento, come chiarirà lo stesso Quatremère nella sua monografia del 1834 *Canova et ses ouvrages*:

On comprit que Canova avoit deux secrets, l'un de faire vivre le marbre par le travail d'un sentiment qui se communique à la matière, l'autre d'imprimer à ses figures (ce qui ne sauroit ni s'enseigner ni s'apprendre) le charme de cette grâce qu'on ne définit point, mais qui se révèle elle-même dans les imitations de l'art, par l'effet de la même vertu secrète qui l'a inspirée à l'artiste.[52]

Non passano molti giorni che Quatremère non avverta l'esigenza di ringraziare nuovamente l'amico scultore, con una nuova lettera da Parigi del 24 novembre 1817, in cui insiste sulla eccezionalità del dono e sul valore anche affettivo dell'opera:

Mi fu forza dunque di non render così tardiva l'espressione di mia gratitudine ed ammirazione per il troppo bel dono della gentilissima testa che madama di Grollier vuol chiamare Riconoscenza e che io chiamerei più volentieri Amicizia come symbolo espressivo della grata affezione [della] dei

Fig. 53 Antonio Canova
La Riconoscenza, 1816–1817,
gesso model / modello in gesso
Possagno, Gipsoteca canoviana

Barely a few days later, Quatremère felt the need to thank his friend again, in another letter from Paris on 24 November 1817, in which he emphasises the exceptional nature of the gift as well as the sentimental value of the sculpture:

It took strength not to express my belated gratitude and admiration for the all too beautiful gift of the very fine head that madame di Grollier wants to call Riconoscenza [Gratitude], and which I would prefer to call Amicizia [Friendship] as an expressive symbol of my grateful affection for the two donors. To make the gift more courteous in the manner of giving, the marquise chose a day that I was not at home, and on returning I found the dear head placed on a beautiful column in the middle of my library. I will explain to you in the letter you will soon receive just how much esteem I have for this graceful monument to your chisel. But today I wish only to tell you about my gratitude and the infinite pleasure all will take in marvelling at this new miracle of your art.[53]

Whether we call it *Riconoscenza or Amicizia*, depending on whom we wish to follow, the Marquise de Grollier or Quatremère, the head remains a masterpiece, determined not least by the sculptor's wish to express these two noble sentiments (pp. 46, 48, 57, 78–123). As documented here, it was both enthusiastically appreciated by the recipient and enjoyed success in the Parisian milieu, which discovered in it a previously unknown and by no means secondary side to Canova's creativity.

However, the final word in this unusual exchange of letters between friends that would last for a year and a half, goes to the sculptor, who expresses himself with his usual modesty, giving no weight to the praise. Demonstrating yet again his grandeur and humanity, as confirmed by this letter from Rome on 27 December 1817, it seems once again that it is only the bonds of friendship and gratitude that count:

due donatori. Per render il dono più compito con la maniera di donare, fu scelto dalla Marchesa un giorno che io non stava in casa, e trovai nel tornar, la cara testa situata su una bella colonna nel mezzo della mia bibliotheca. Io vi do da intendere nella lettera che fra poco riceverete, quanto stimo questo grazioso monumento del vostro scarpello. Per oggi non voglio parlarvi che della mia gratitudine e del piacer infinito che prendono tutti a mirar quel nuovo miracolo dell'arte vostra.[53]

Quindi quella che possiamo chiamare *Riconoscenza o Amicizia*, a seconda di chi si voglia seguire, la de Grollier o Quatremère, rimane un capolavoro, determinato anche dalla volontà da parte dello scultore di esprimere questi due nobili sentimenti (pp. 46, 48, 57, 78-123). Resta anche il fatto, qui documentato, del suo entusiastico apprezzamento da parte del destinatario e del suo successo nell'ambiente parigino che vi scopriva un versante finora non noto e niente affatto secondario della creatività canoviana.

Comunque l'ultima parola, in questo singolare scambio epistolare tra amici durato un anno e mezzo, spetta allo scultore, che esprimendosi con la consueta modestia, senza dare alcun peso alle lodi, dimostra ancora una volta la sua grandezza e umanità. Come conferma questa lettera da Roma del 27 dicembre 1817, sembra ancora una volta che siano i soli legami dell'amicizia e della gratitudine a contare:

La vostra del 24 passato mi è stata carissima, per avermi consolato colla notizia dell'arrivo delli due busti e degli elogj fatti ad essi da voi e dalla vostra preziosa amica la signora Marquise de Grollier. Io non ne sapeva nulla del giorno che sono partiti di qui, e potete quindi figurarvi se il ragguaglio vostro mi sia riuscito caro e gradito infinitamente. Da tale ritardo procede ancora il mio silenzio verso della Marchesa, la quale so che mi ha inviato una scatoletta, che

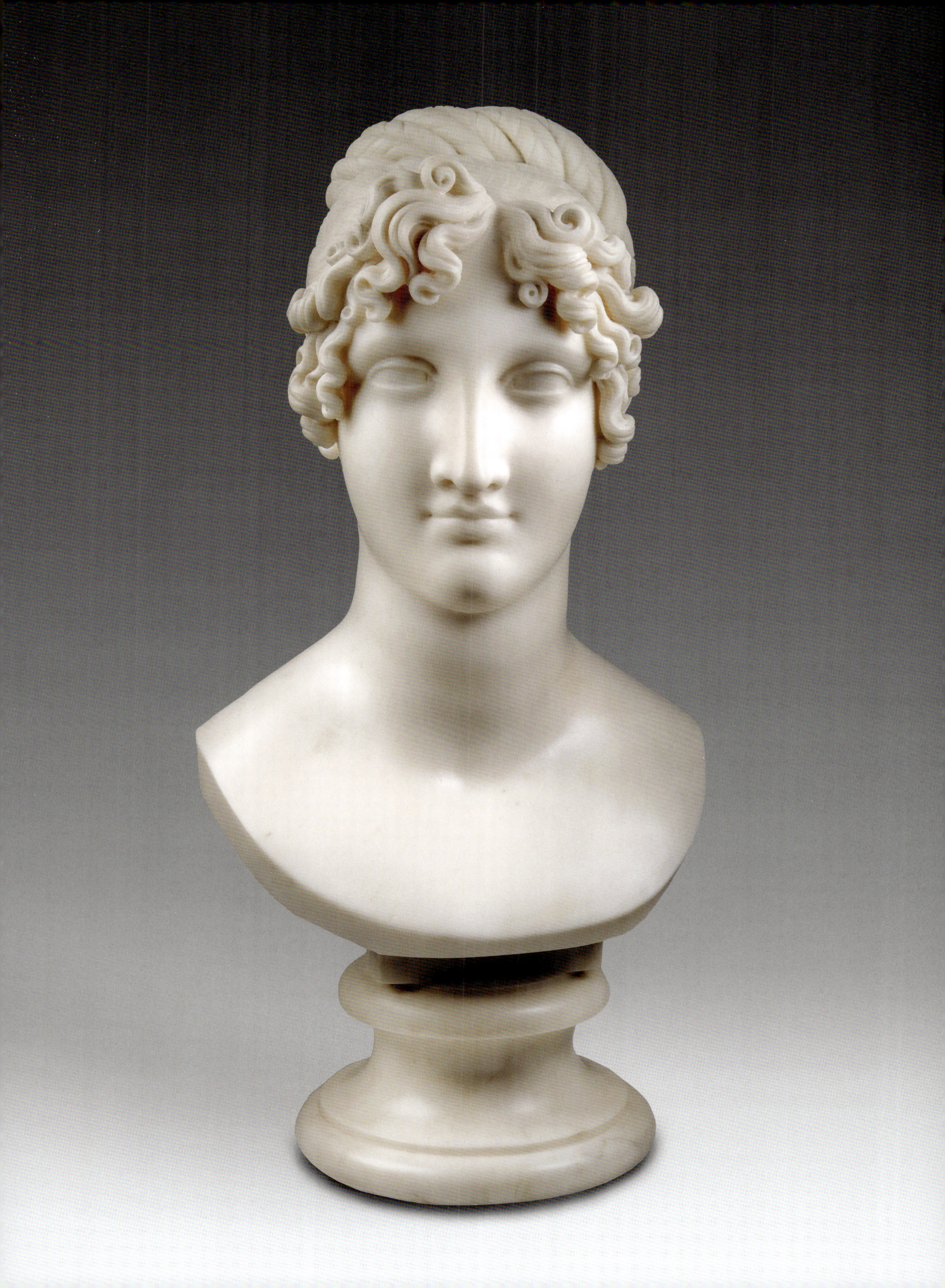

Your letter of the 24th was very dear to me and consoled me with the news of the arrival of the two busts and the praise given to them by yourself and your precious friend the marchesa di Grollier. I had heard nothing since the day they left here, so you can imagine how dear your information was to me and how infinitely appreciated. Because of this delay, my silence towards the Marquise still proceeds. I know that she has sent me a box, which has not yet reached me. I ask you to remember me to her and to assure her of my feelings of respectful esteem and consideration.[54]

Canova must actually have been well aware that he had created something special, one of the most beautiful of his Ideal Heads, given he wanted to have it engraved by Bernardino Consorti as soon as he had finished it and before it reached its destination. It was something he had not done for the others. This is documented by a receipt signed by Consorti, dated Rome 24 September, and kept among his papers in Possagno. It reads:

I, the undersigned, have received from the Marquis Canova sixteen scudi, the first instalment of the agreed eighty scudi, for the burin engraving of two ideal heads, after drawings of the works by the aforementioned Marquis; obliging me to abide by all the corrections that the aforementioned Marquis will ask of me, and to do as much as I can to please him.[55]

This double engraving[56] combines, on a single sheet, a frontal view with one in profile that highlights the extraordinary richness of the hair (fig. 55).[57] The caption reads: "Ideal head made on commission, for / Marquise de Grollier, and situated in Paris." As was the custom, alongside the name of the engraver, the name of the draughtsman, Giovanni Tognoli, is also given; an artist originally from the Valsugana, Canova often used him to make drawings of his sculptures to be provided to engravers as a basis for their work.

non m' è pervenuta ancora. Vi prego di farmi sovvenire alla sua memoria, e di assicurarla del sentimento della mia rispettosa stima, e considerazione.[54]

In realtà Canova doveva essere ben consapevole di aver realizzato qualcosa di speciale, una delle più belle delle sue Teste Ideali, se, contrariamente a quanto è avvenuto per le altre, volle farla incidere appena finita e prima che arrivasse a destinazione da Bernardino Consorti. Lo documenta una ricevuta da lui firmata, datata Roma 24 settembre e conservata tra le carte rimaste a Possagno, dove dichiara:

Io sottoscritto ho ricevuto dal marchese Canova scudi sedici, e questi per la prima rata delli scudi ottanta convenuti, per la incisione a bulino di due teste ideali, d'appresso a' disegni delle opere del suddetto signor Marchese; obbligandomi di stare a tutte le correzioni che sarà per farmi il suddetto signor Marchese, e d'impiegare quanto posso per contentarlo.[55]

Conosciamo questa doppia incisione[56] dove sono riunite in unico foglio una veduta di fronte e un'altra di profilo che mette in evidenza la straordinaria ricchezza della capigliatura (fig. 55).[57] La didascalia recita: "Testa Ideale eseguita per commissione, della / Marchesa di Grollier, ed esistente a Parigi". Mentre insieme al nome dell'incisore è indicato, come da prassi, quello del disegnatore Giovanni Tognoli, un artista originario della Valsugana che venne usato molto spesso da Canova per eseguire i disegni delle sue opere da fornire agli incisori come base per il loro lavoro.
Il fatto è davvero significativo per diverse ragioni. Sono poche le incisioni che Canova ha fatto realizzare delle sue Teste Ideali. Questa risulterebbe la prima, cui seguiranno nel 1819 la *Testa di Beatrice* dal marmo donato a Leopoldo Cicognara e non ancora rintracciato, con

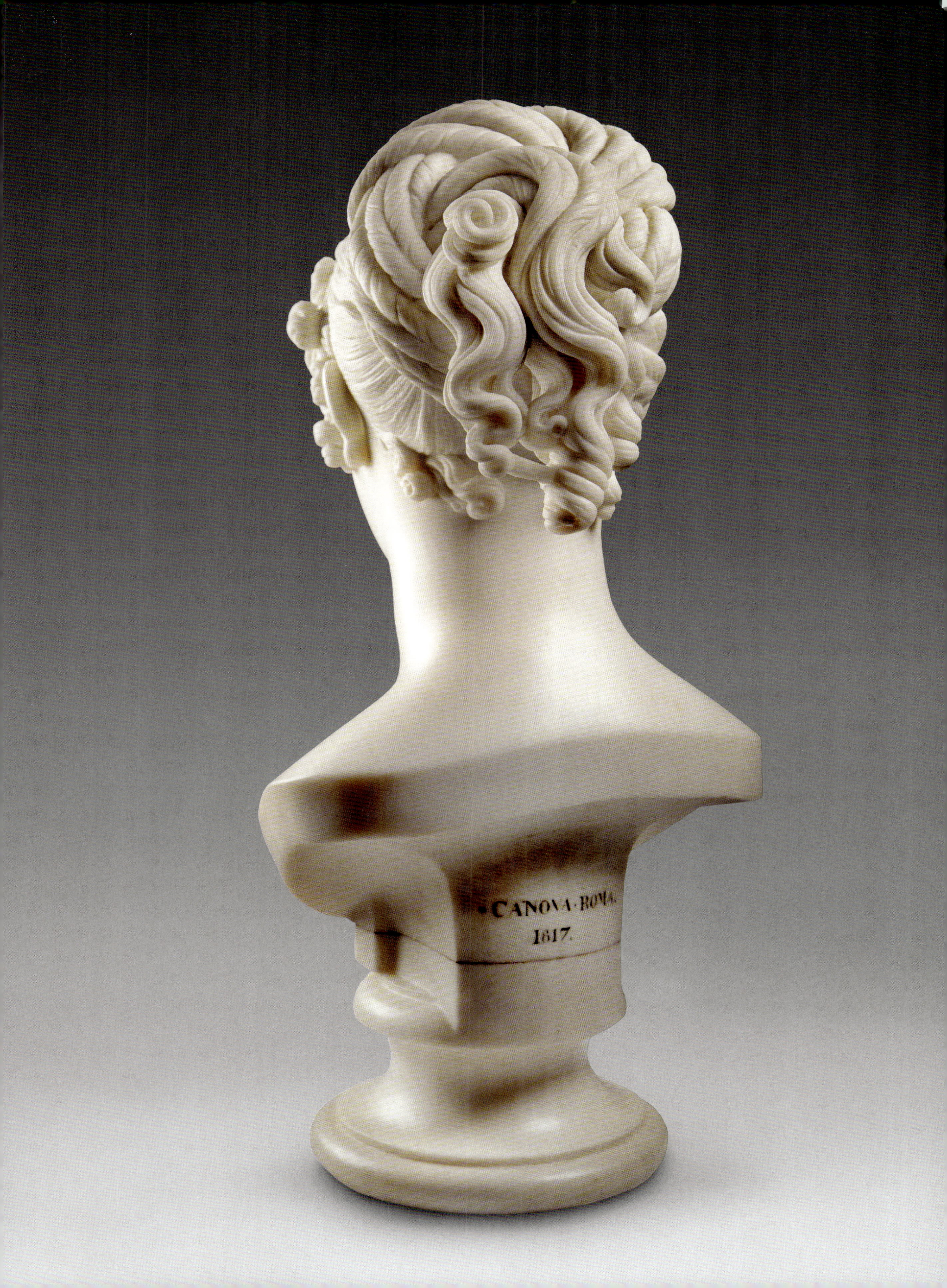
CANOVA·ROMA.
1817.

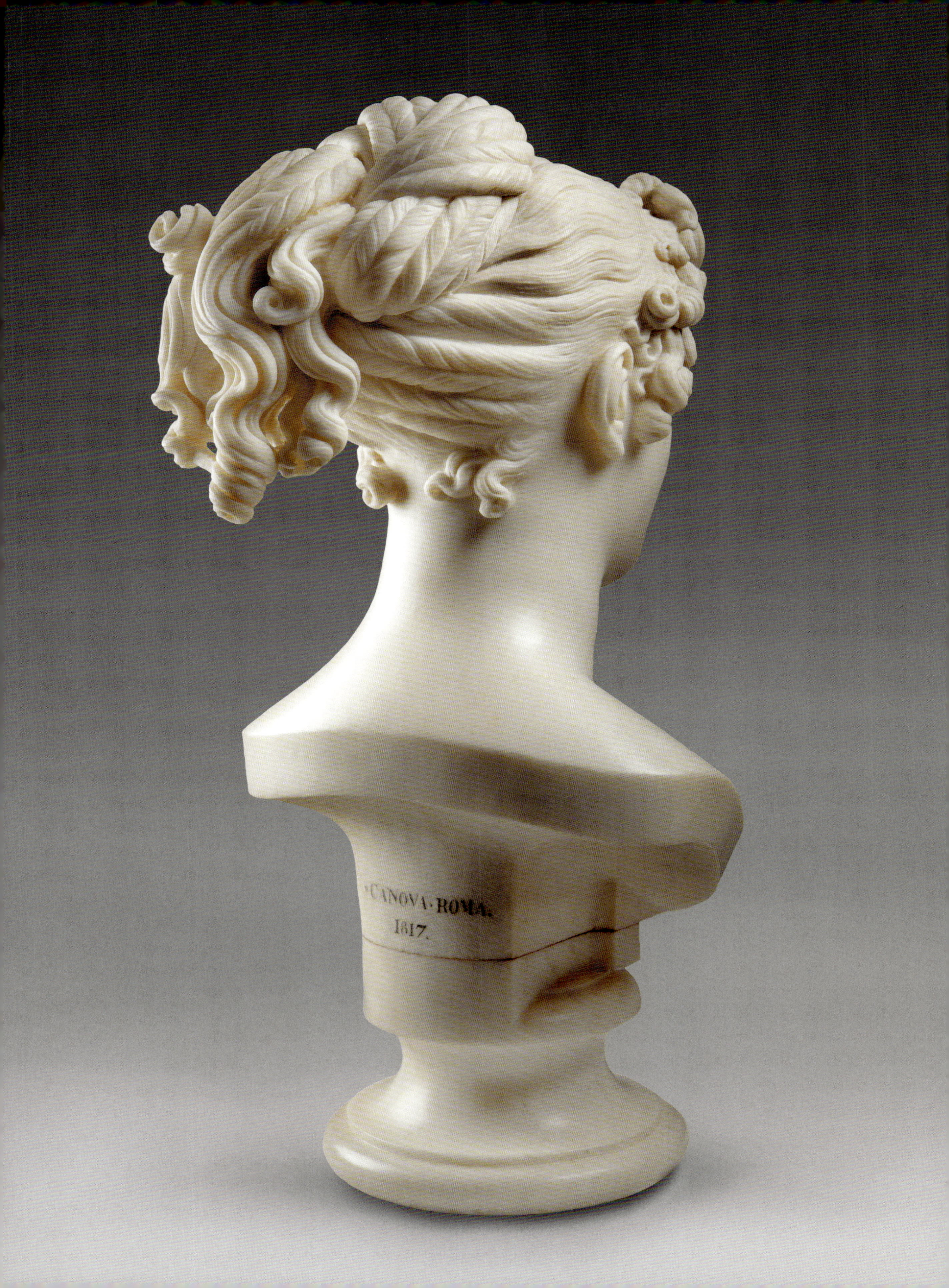
·CANOVA·ROMA.
1817.

This fact is particularly significant for several reasons. Canova had few engravings made of his Ideal Heads. This would be the first, followed in 1819 by the Head of Beatrice after the marble given to Leopoldo Cicognara and not yet traced, with Dante's lines beneath: "O lady of such virtue that by it alone / the human race surpasses all … /" Dante, Inferno, Canto II; also in 1819, by the Head of Laura from the example purchased by William Cavendish 6th Duke of Devonshire (fig. 60, Chatsworth, Devonshire Collection), with the lines "For I am she who gave you so much war / and closed my day before the eventide … /" Petrarch; in 1820, by the *Herm of Sappho* from the marble carved for the Marquis Tancredi Falletti di Barolo of Turin (Turin, Civica Galleria d'Arte Moderna) with the lines: "Leaving the needle and spool for love. I entered Phoebus' learned school. /" Fragment of Sappho; and in 1822, by a *Herm of Beatrice* after an as yet untraced sculpture made for Alexander Baring, the London banker, with the lines: "Seen through a veil, pure white, and olive-crowned / a lady now appeared to me. Her robe was green … /" Dante, *Purgatory*.[58]

However, our sculpture remains not only the first to have been engraved – confirming the importance placed on it by Canova – but, and most significantly, the only Ideal Head reproduced in a double engraving. It appears again, almost certainly derived from Consorti's print, in the illustration included by Albrizzi in the third volume of her *Opere di scultura e di plastica di Antonio Canova* in 1823 (fig. 56). Here too the title is generically *Ideal Head*, and not *Riconoscenza or Amicizia*.

If this engraving and the previous one are already decisive proof for the identification of our head, the prominence given to it by Albrizzi, when she illustrates it, is extremely significant, not least because, as she admits, she was tied by a "dear bond of friendship" to the Marquise de Grollier, whom she describes as that

sotto il titolo i versi danteschi: "O donna di virtù, sola, per cui / L'umana specie eccede ogni contento…. /" Dante, Inferno, Canto II; sempre nel 1819 la *Testa di Laura* dall'esemplare acquistato da William Cavendish VI duca di Devonshire (fig. 60, Chatsworth, Devonshire Collection), con i versi "I' son colei che ti diè tanta guerra, / E compie' mia giornata innanzi sera…/" Petrarca; nel 1820 l'*Erma di Saffo* dal marmo scolpito per il marchese Tancredi Falletti di Barolo di Torino (Torino, Civica Galleria d'Arte Moderna) con i versi: "Lasciando per amor l'ago e la spola. Entrai di Febo nella dotta scuola. /" Frammento di Saffo; nel 1822 un'*Erma di Beatrice* da una scultura, non ancora rintracciata, realizzata per il banchiere Baring di Londra, con i versi: "Sovra candido vel cinta d'Oliva / Donna m'apparve sotto il verde manto…/" Dante, *Purgatorio*.[58]

La nostra rimane comunque, a conferma dell'importanza che le attribuiva Canova, non solo la prima ad essere incisa, ma soprattutto la sola Testa Ideale riprodotta in un'incisione duplice. E così compare nuovamente, derivata quasi certamente dalla stampa del Consorti, nell'illustrazione inserita nel 1823 dalla Albrizzi nel terzo tomo delle *Opere di scultura e di plastica di Antonio Canova* (fig. 56). Anche in questo il titolo è genericamente *Testa Ideale*, e non *Riconoscenza o Amicizia*.

Se questa incisione con la precedente costituisce una prova decisiva per l'identificazione della nostra testa, il rilievo che le conferisce la Albrizzi illustrandola è estremamente significativo anche per il fatto che, come confessa, era unita in un "caro nodo di dolce amicizia" alla marchesa de Grollier,

following pp. / pp. seguenti

Figs. 54, 55 Bernardino Consorti *La Riconoscenza*, in Pier Luigi Scheri (ed.), *Stampe delle opere scolpite da Antonio Canova*, Rome, 1817

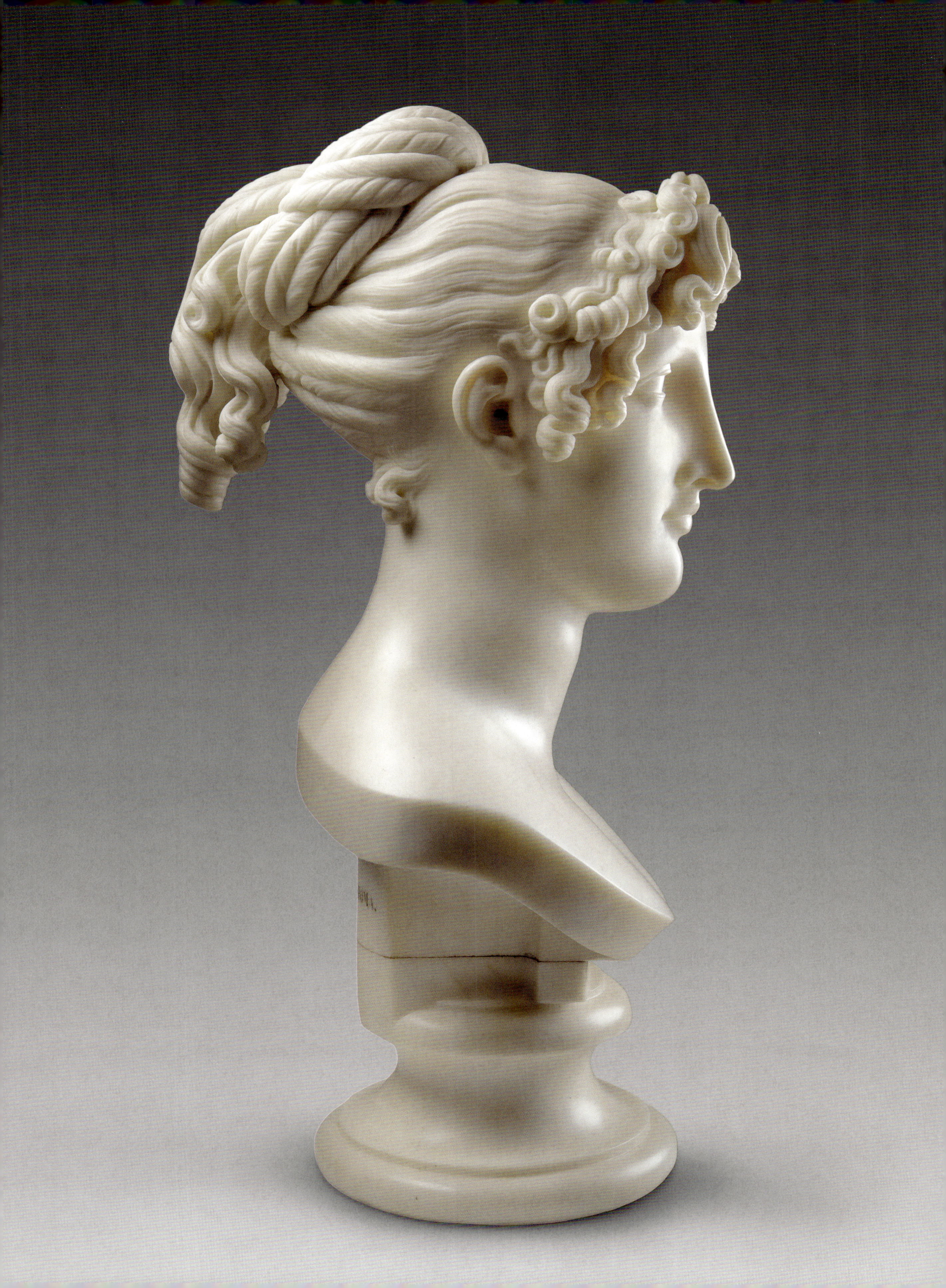

Stampe
delle opere scolpite
da
ANTONIO CANOVA

ROMA

MDCCCXVII.

Si vende da Pier Luigi Scheri Negoziante di Stampe in Piazza di Spagna N.º 82.

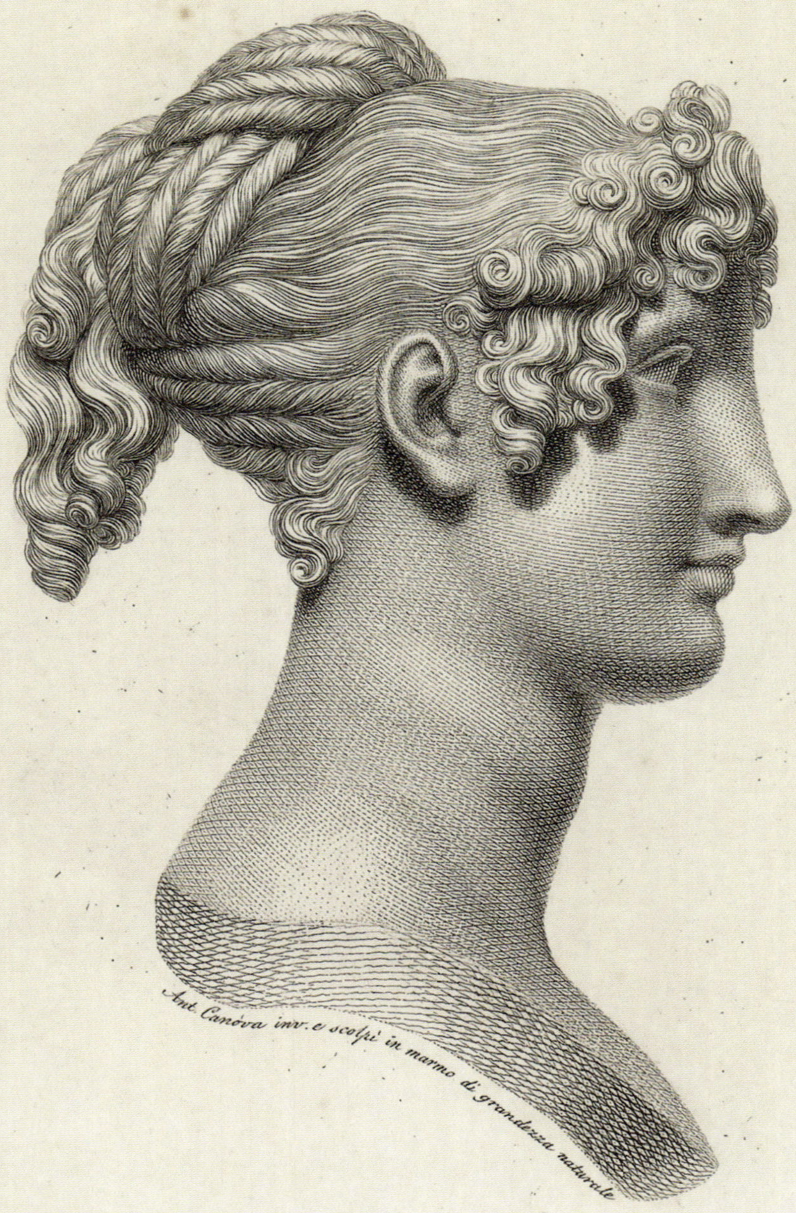

Testa ideale eseguita
Marchesa di Grollier,

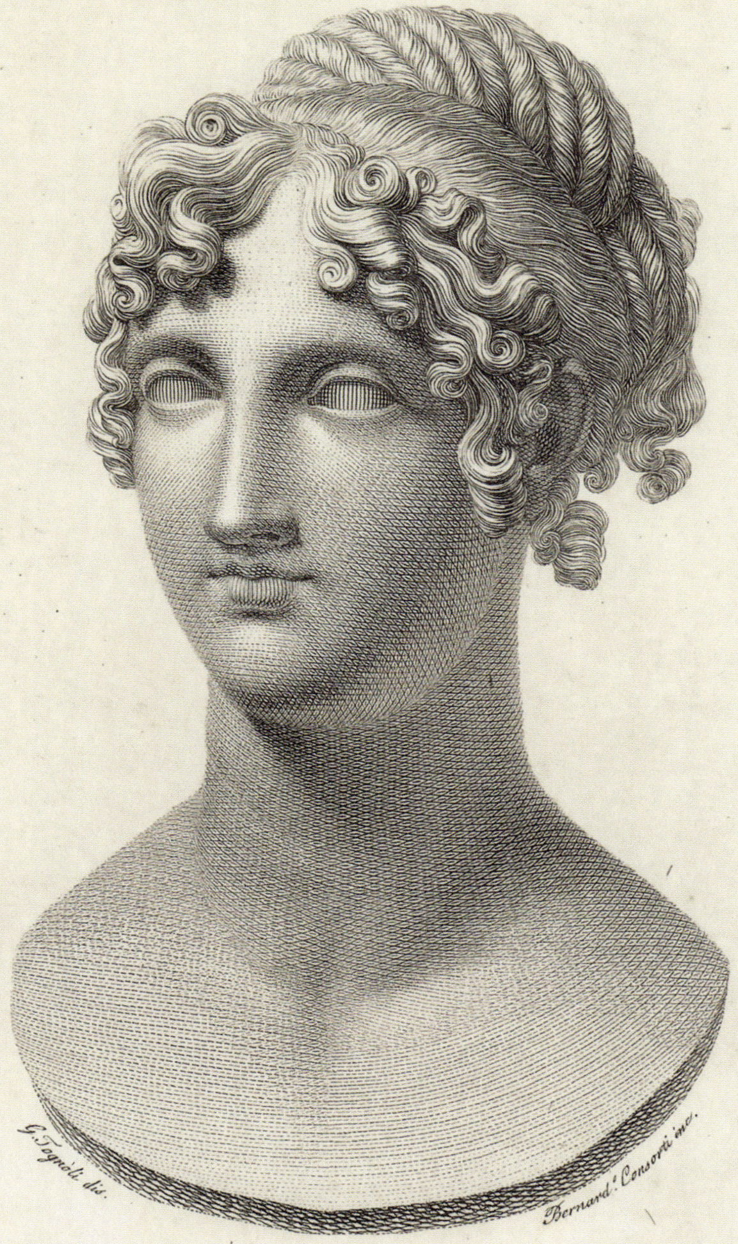

per commissione, della

ed esistente a Parigi

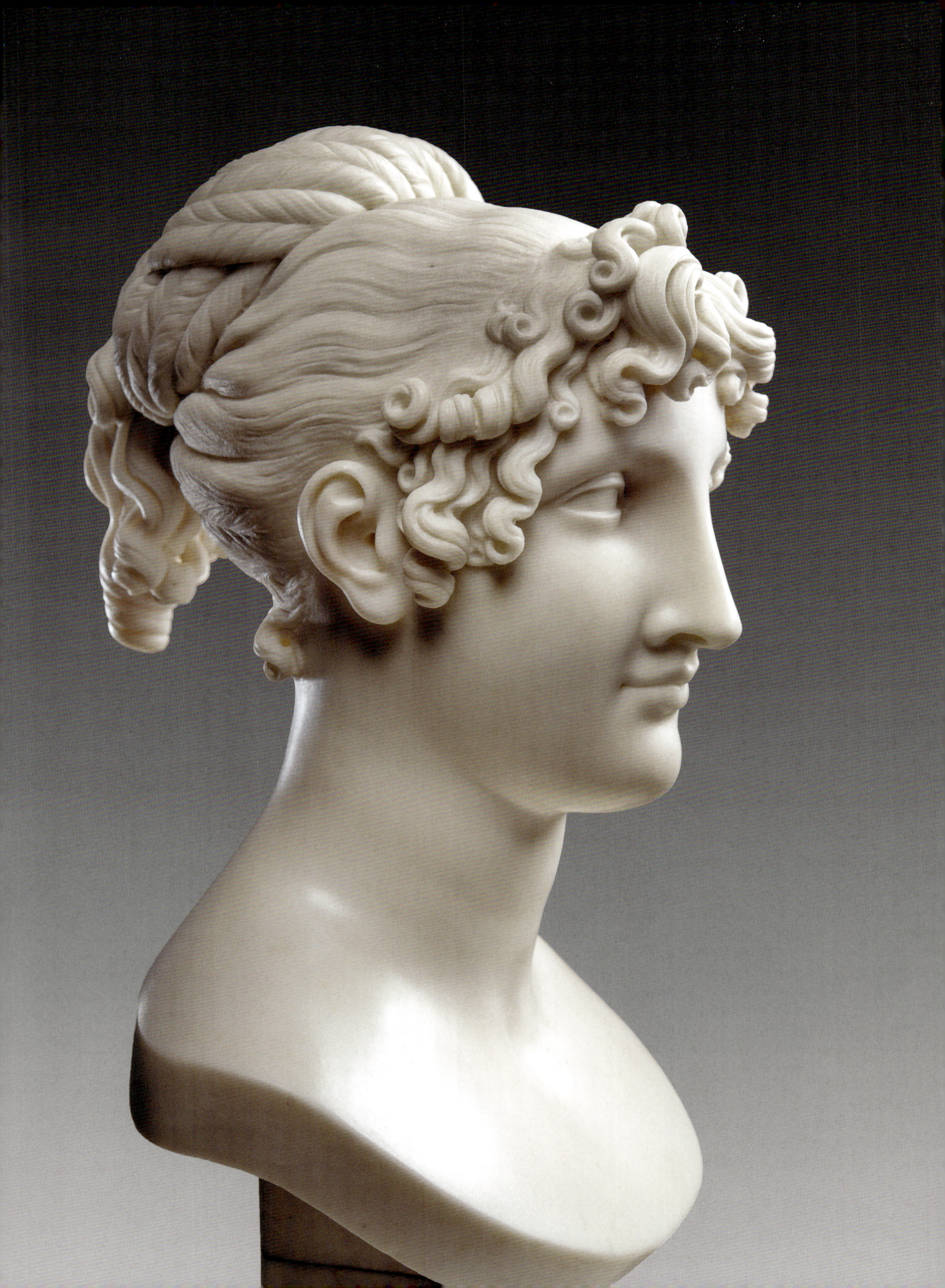

esteemed lady, in whose beautiful home in Saint-Germain Paris, and her picturesque and hospitable villa in Epine [sic], which could be called Flora's charming living room, I spent such delightful days and joyous evenings, of which my mind jealously guards the memory while my heart caresses it.[59]

We do not know when this wonderful trip to Paris took place, nor if Albrizzi had the opportunity to admire our head on that occasion. But this may indeed have been the case, given that she talks about it in such enthusiastic terms, underlining how the circumstances of its creation contributed to its beauty: in other words, both that it was intended to fulfil a debt of friendship and the nature of the person for whom it was intended.

An ideal head carved by someone who had ideal beauty so engrained in his imagination could only prove exceptionally beautiful. Nor could it have been insignificant, I think, to making the work even more exquisite that the artist knew for whom it was intended; for a great admirer and friend of his, who combines the supreme sweetness of her heart and the rare refinement of her spirit with a fine taste in good art. She is exquisitely expert in painting flowers with a rare mastery on any material, from smooth marble to shiny silk; these flowers are nourished in the most distant regions by our beneficent mother, arriving in the most opposite climates in such a way that, thanks to clever industry, they lose nothing of their varied beauty and sweet fragrance, unaware even of the change from their native soil.[60]

Like one of the wonderful exotic flowers that the Marquise de Grollier grew in her garden at Épinay and loved to paint, Canova's head seemed to have blossomed forth from the marble in all its youthful beauty and fragrance (pp. 46, 48, 57, 78–123).

egregia donna, nella cui bella abitazione di S. Germano in Parigi, come nella pittoresca ed ospitale sua Villa di Epine, che chiamar potrebbesi il ridente soggiorno di Flora, mi fece passare, è già tempo, giorni così deliziosi, e sere così gioconde, che gelosa la mente ne custodisce il ricordo, e tuttavia il cuor lo accarezza.[59]

Non sappiamo quando sia avvenuto questo delizioso soggiorno parigino, né se la Albrizzi abbia avuto modo, in quell'occasione, di ammirare la nostra testa. Forse ciò si è verificato, visto che ne parla in termini tanto entusiastici, sottolineando come alla sua bellezza avessero contribuito le circostanze per cui era stata realizzata, il fatto cioè che dovesse assolvere a un debito di amicizia e il personaggio a cui era destinata:

Una testa ideale scolpita da chi aveva il bello ideale si addentro nella fantasia impresso non poteva riuscire che vaga oltre modo. Né poco, io penso, valesse a vie maggiormente renderne squisito il lavoro il sapersi dall'Artista a chi destinata essa fosse; ad una grande di lui ammiratrice ed amica, vo' dire, la quale all'amabilità somma del cuore, e alla rara finezza dello spirito accoppia un gusto finissimo per le buone arti; squisitamente esperta nel dipingere con raro magistero su qualsiasi materia, dal liscio marmo sino alla lucida seta, quali nelle più lontane regioni si alimentano dalla benefica madre comune quei fiori, che mercè di sagace industria si resero ormai ai più opposti climi famigliari per modo, che nulla perdendo della loro svariatissima bellezza, e della loro soave fragranza, punto non s'avvedono del mutato suolo natio.[60]

following pp. / pp. seguenti

Figs. 56–58 Giovanni Paolo Lasinio *Ideal Head in marble* (*La Riconoscenza*) *Testa Ideale in marmo*, in Isabella Teotochi Albrizzi, *Opere di scultura e di Plastica di Antonio Canova*

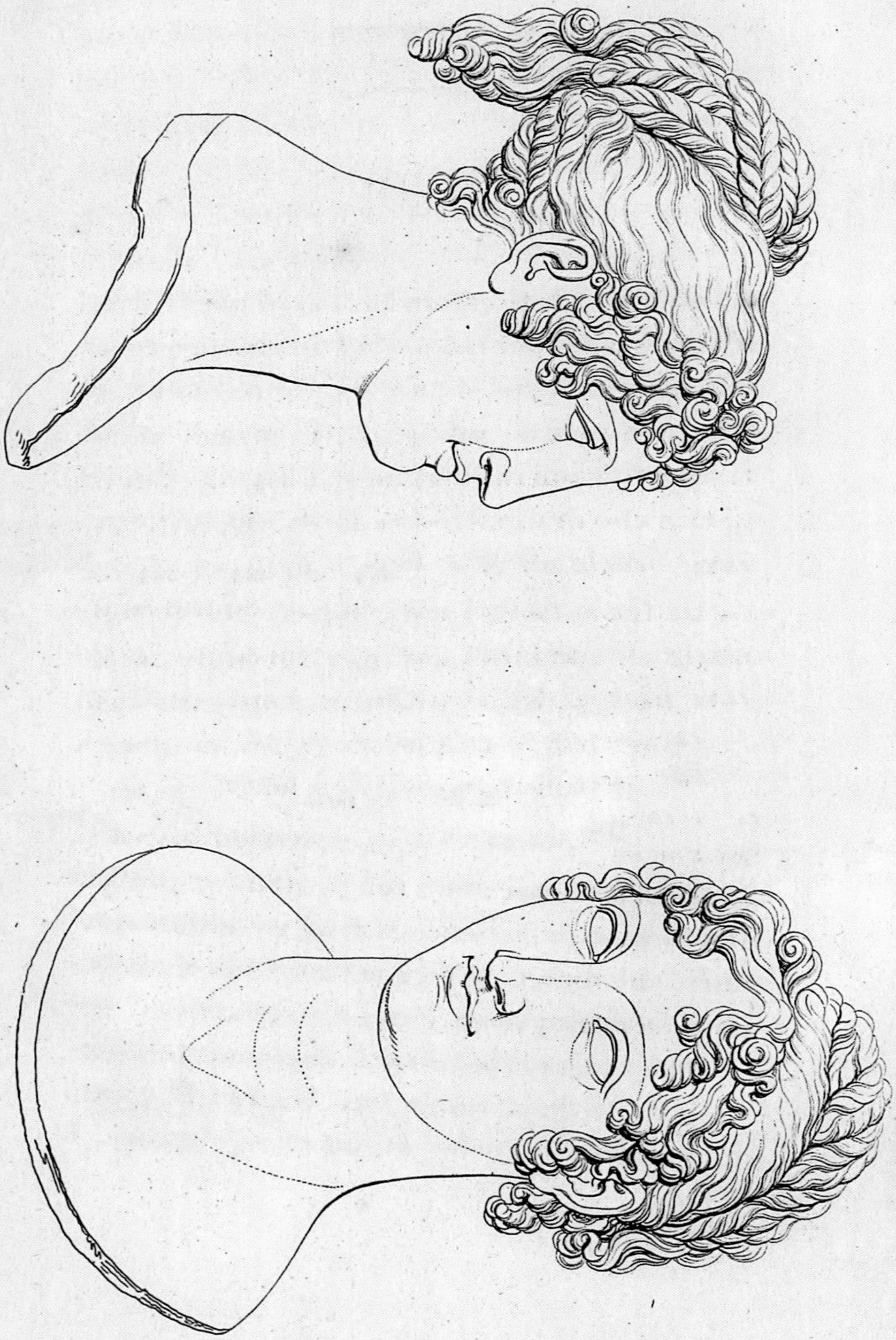

93.

TESTA IDEALE

IN MARMO

XCIII.

Una testa ideale scolpita da chi aveva il bello ideale sì addentro nella fantasía impresso, non poteva riuscire che vaga oltre modo. Nè poco, io penso, valesse a vie maggiormente renderne squisito il lavoro il sapersi dall'Artista a chi destinata essa fosse; ad una grande di lui ammiratrice ed amica, vo' dire, la quale all'amabilità somma del cuore, e alla rara finezza dello spirito accoppia un gusto finissimo per le buone arti; squisitamente esperta nel dipingere con raro magistero su qual siasi materia, dal liscio marmo sino alla lucida seta, quali nelle più lontane regioni si alimentano dalla benefica madre comune quei fiori, che mercè di sagace industria si resero omai a' più opposti climi famigliari per modo, che nulla perdendo della loro svariatissima bellezza, e della soave loro fragranza, punto non s'avvedono del mutato suolo natío. È questa Dama la Marchesa di Grollier (1), a cui mi unisce caro nodo di dolce amicizia: egregia Donna, nella cui bella abitazione di S. Germano in Parigi, come nella pittoresca ed ospitale sua Villa di Epine, che chiamar potrebbesi il ridente soggiorno di Flora, mi fece passare, è già tempo, giorni così deliziosi, e sere così gioconde, che gelosa la mente ne custodisce il ricordo, e tuttavia il cuor lo accarezza. Intagliata con molto studio è la ricca chioma di questa bellissima giovane: in vaghe anella cadendo, le scherza giù per la fronte e per le tempie, ed in polite e larghe treccie ravvolta le adorna mirabilmente la testa. E forse lo Scultore, pensando che di sè stessa far dovea bella mostra in quell' inclita città, ove maestri d' ogni eleganza i Francesi, sono anco per la toletta delle loro Dame famosi, volle dar prova, che in men docile materia, che i capelli non sono, sapeva egli pure alla foggia Parigina rendere adorno il capo della sua vezzosa giovinetta. Così, siccome ideale n' è la sembianza, può dirsi che il carattere della sua bellezza non appartenga ad alcuna nazione in particolare, ma che tutte starebbero contente di potersela attribuire.

(1) Dalla quale fu donata la Testa al Sig. Quatrèmere de Quincy.

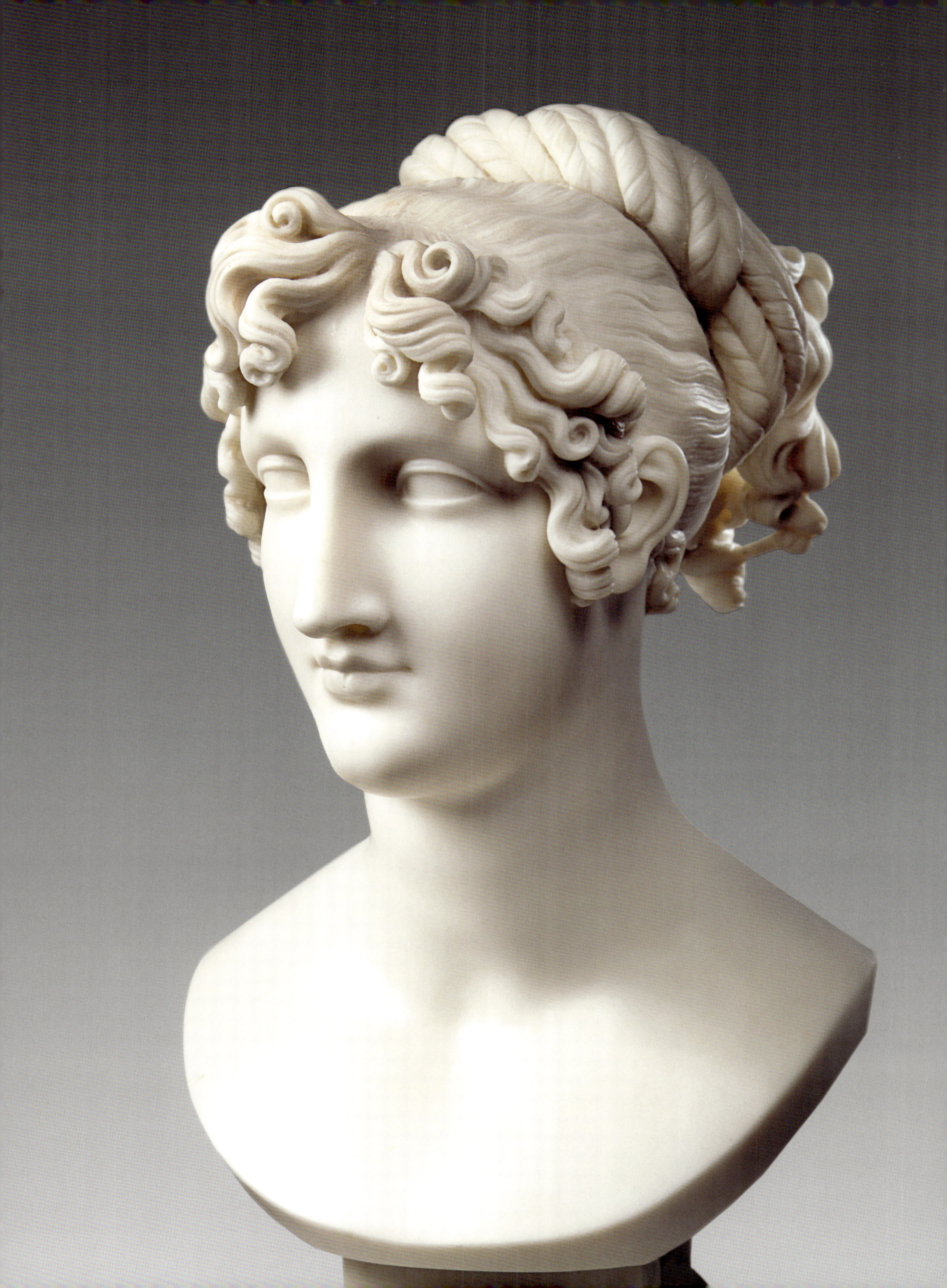

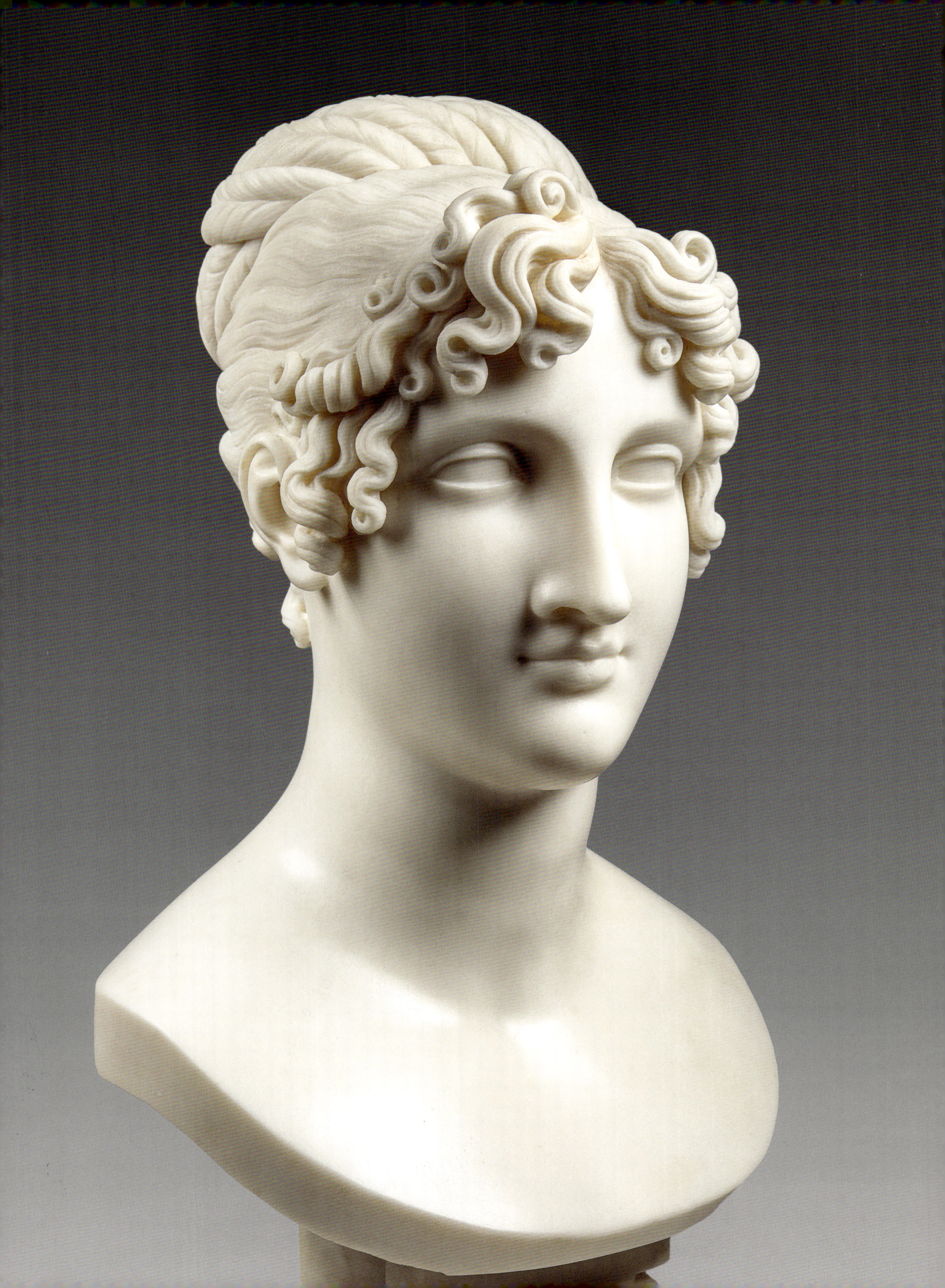

For Albrizzi, the hairstyle was particularly extraordinary, thanks to an incredible virtuosity that competed with the fashion of the time and, for this reason, may have aroused interest in a milieu as sophisticated as Paris:

The abundant hair of this beautiful young woman is carved with much study: it falls in loose rings playfully down her forehead and temples, and in neat, thick braids it wonderfully adorns her head. And perhaps the Sculptor, keen to stage his own fine exhibition in that esteemed city, where the French are masters of every elegance and famous for their Ladies' finery, wanted to prove that, in a less docile material, which hair is not, he too knew how to decorate the hair of his charming young woman in the Paris fashion. Since her appearance is ideal, one might say that the character of her beauty does not belong to any nation in particular, but that all would be happy to be able to claim it for themselves.[61]

The head therefore seems to have brought out an ideal of beauty that, not devoid of contemporary evocations, was ennobled by comparison with the Antique, as well as with Renaissance idealism, thus becoming universal and timeless. As it did for Albrizzi, this characteristic seems to have also aroused interest in another of the sculptor's great interpreters, his secretary Melchiorre Missirini. In his *Life of Canova*, published in 1824, among the most beautiful heads he cites "an ideal of a Greek woman for the respectable Parisian noblewoman the Marquise de Grollier",[62] the result of research that began with experimentation from nature:

Like the divine Raphael, and all the other great artists, Canova went in search of admirable beauty, especially in the features. When he came across a graceful appearance, he would diligently

Come uno di quei meravigliosi fiori esotici che la de Grollier coltivava nel suo giardino di Épinay e amava dipingere, la testa di Canova sembrava essere sbocciata dal marmo in tutta la sua giovanile bellezza e fragranza (pp. 46, 48, 57, 78–123). Alla Albrizzi appariva assolutamente straordinaria soprattutto l'acconciatura, incredibile per un virtuosismo che gareggiava con quello della moda dell'epoca e che per questo poteva aver destato interesse in un ambiente sofisticato come quello parigino:

Intagliata con molto studio è la ricca chioma di questa bellissima giovane: in vaghe anella cadendo, le scherza giù per la fronte e per le tempie, ed in polite e larghe trecce ravvolta le adorna mirabilmente la testa. E forse lo Scultore, pensando che di sé stessa far dovea bella mostra in quell'inclita città, ove maestri d'ogni eleganza i Francesi, sono anche per la toletta delle loro Dame famosi, volle dar prova, che in men docile materia, che i capelli non sono, sapeva egli pure alla foggia Parigina rendere adorno il capo della sua vezzosa giovinetta. Così, siccome ideale n'è la sembianza, può dirsi che il carattere della sua bellezza non appartenga ad alcuna nazione in particolare, ma che tutte sarebbero contente di potersela attribuire.[61]

Quindi questa testa appariva racchiudere e sublimare un ideale di bellezza che, non privo di suggestioni contemporanee, si nobilitava nel confronto con l'antico ma anche con l'idealità rinascimentale, diventando così universale e senza tempo. Questa caratteristica destava l'interesse, contemporaneamente alla Albrizzi, di un altro grande interprete dello scultore, il suo segretario Melchiorre Missirini. Nella sua *Vita di Canova*, pubblicata nel 1824, egli citava tra le teste più belle "un ideale di donna greca per rispettabile dama di Parigi la marchesa de Grollier",[62] frutto di una ricerca che partiva dalla sperimentazione sulla natura per cui

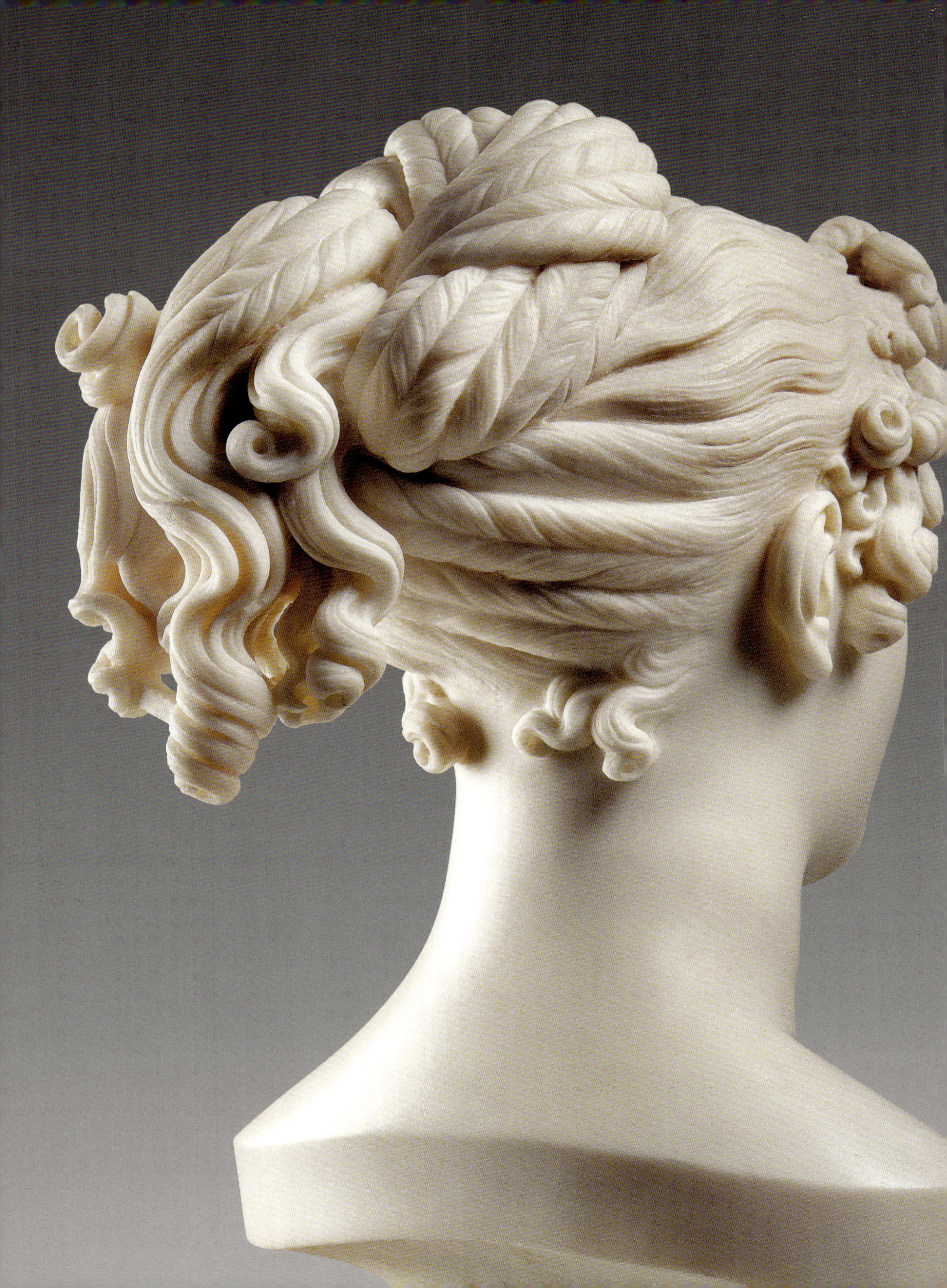

remember it and then, turning it around in his imagination, he would depict his heads and busts, which you would truly say were of an intellectual type – thus he knew how to embellish features, giving them spirituality and divinity.[63]

Missirini then embarked on his own journey through Antonio Canova's output, describing how he had made:

either for his own pleasure or to satisfy those to whom he was unable to grant large works, or to give as gifts to friends, many ideal busts or those imitating natural likeness.
In addition to the few we have mentioned, the ideal busts include a bust of Paris for the ambassador of France, another of Paris sent as a gift to Quatremère, another of a muse for the Countess of Albany, and another of Terpsichore for Professor Rosini of Pisa; he also worked for Count Pezzoli of Bergamo on the bust of a muse; for the crown prince of Bavaria, another of Paris; and for Lord Cawdor in London the bust of Peace [...]. He gave as a gift to Cavalier Hamilton his idea of a Nymph, and others to Lord Wellington, and the Minister Castlereagh, and one to Cavalier Long; these four works for these distinguished figures served as a token of gratitude for their beneficial influence in securing the restitution of these ancient monuments to Italy.
He also sculpted a beautiful muse for Count Rasponi of Ravenna, and portrayed a Sappho, and Petrarch's Laura, Dante's Beatrice and Torquato's Eleonora.
Among the ideal busts, two were of semi-colossal size: one of philosophy, with the sun of wisdom on his forehead, a precious memory that the Supreme Pontiff Pius VII in his benignity deigned to accept, and held dear, as a grateful pledge from a virtuous man whom he loved and to whom he was so benevolent.[64]

Come il divino Raffaello, e tutti gli altri grandi artisti, andava il Canova in cerca dell'ammirabil bellezza, specialmente nelle sembianze; e quando s'avveniva in alcun leggiadro aspetto, di quello facea diligente ricordo, e poi girandoselo per la fantasia effigiava alcune sue teste e busti, che veramente avresti detto tenere di una specie intelletta: così sapea egli abbellir le sembianze, e dar loro spiritualità e divinità.[63]

Quindi tracciava un suo percorso tra questa produzione di Antonio Canova, il quale aveva realizzato

o per sua privata vaghezza, o per satisfare alle domande di quelli ai quali non potea più grandi opere concedere, o per farne dono agli amici, molti busti ideali, o imitanti la somiglianza del naturale.
Fra li busti ideali si annoverano, oltre i pochi che abbiamo accennato, un busto di Paride per l'ambasciatore di Francia, altro di esso Paride mandato in dono al Quatremère, altro di una musa per la contessa d'Albany, e altro della Tersicore pel professore Rosini di Pisa: lavorò pel conte Pezzoli di Bergamo il busto pur d'una Musa; pel principe ereditario di Baviera quello d'un altro Paride; e per lord Cawdor a Londra il busto della Pace [...].
Offerse in dono al cavalier Hamilton una sua idea di Ninfa, ed altre a lord Wellington, e al ministro Castelreagh, ed una al cav. Long: le quali quattro opere segnarono presso questi personaggi distinti una testimonianza di riconoscenza al molto che contribuirono di benefica influenza per la restituzione all'Italia de' monumenti antichi.
Scolpì anche una bellissima Musa per conte Rasponi di Ravenna, e ritrasse una Saffo, e la Laura del Petrarca, e la Beatrice di Dante, e la Eleonora di Torquato. Fra li busti ideali, due ve n'ebbero di grandezza semicolossale: uno della filosofia, col sole della sapienza nella fronte, preziosa

The other is the bust of a Helen, sent to the Countess Teotochi Albrizzi in Venice. The artist was so pleased with this head of Helen, adorned both by the Ledan egg and marvellous ringlets, that he replicated it several times.[65]

After the essential inventory provided by Albrizzi and Missirini's shrewd insights regarding the artistic significance and personal or diplomatic motivations underlying this aspect of Canova's sculpture, the curtain seems to come down on the Ideal Heads. The identity and exact chronology of many have been lost, making their identification a problem that is still in the process of being definitively resolved by modern historiography. Significant steps forward have been made, however, thanks to the major solo exhibition at the Museo Correr, Venice, in 1992, in which a section was dedicated to the Ideal Heads; the 1997 exhibition at the Ashmolean Museum, in Oxford, entitled *Canova: Ideal Heads*, which was dedicated to the heads – also mentioned by Missirini – sent in gratitude to the English diplomats who had helped the sculptor in 1815 to recover the artworks requisitioned and taken to France by the Napoleonic army; and finally thanks to the ambitious exhibition *Canova. I volti ideali* held between 2019 and 2020 at the Galleria d'Arte Moderna in Milan,[66] which brought together and compared marbles from European and American museums with the gessi from the Gipsoteca in Possagno against the marvellous backdrop of the neoclassical galleries of the Villa Reale in via Palestro.
Our head, which was considered lost until today, was documented by the Possagno gesso model, which still features the metal marking tacks used as a guide for the marble carving and these can still be seen in corresponding tiny drillholes dotted across the marble bust (figs. 51–53).[67]

memoria che la benignità del Sommo Pontefice Pio VII si è degnato accettare, e tiensi carissima, come grato pegno di un virtuoso, ch'ei tanto amò e beneficò.[64]
L'altro è il busto di una Elena, inviato alla contessa Teotochi Albrizzi in Venezia. Di questa testa di Elena, ora coll'ovo ledeo, ora col capilizio maravigliosamente inanellato fu sì contento l'Autore, che più volte la replicò.[65]

Dopo il fondamentale repertorio della Albrizzi e queste acute riflessioni di Missirini sul significato artistico e le motivazioni personali o diplomatiche di questo versante della scultura canoviana, sembra calare il sipario sulle Teste Ideali. Di molte si perderà così l'identità e l'esatta cronologia, per cui la loro identificazione costituirà un problema, ancora in via di definitiva risoluzione per la moderna storiografia. Sono stati fatti comunque dei notevoli passi avanti con la grande mostra monografica veneziana del 1992 al Museo Correr, dove una sezione era dedicata proprio alle Teste Ideali; con quella del 1997 all'Ashmolean Museum di Oxford intitolata *Canova Ideal Heads*, dedicate alle teste – segnalate anche da Missirini – inviate per riconoscenza ai diplomatici inglesi che lo avevano aiutato nel 1815 nell'operazione di recupero a Parigi delle opere d'arte requisite e trasportate in Francia dall'esercito napoleonico; infine con l'ambiziosa rassegna *Canova. I volti ideali* allestita tra il 2019 e il 2020 alla Galleria d'Arte Moderna di Milano,[66] che ha radunato e messo a confronto nei meravigliosi spazi neoclassici della Villa Reale di via Palestro marmi provenienti da musei europei e americani con i gessi conservati alla Gipsoteca di Possagno.
Nel caso della nostra testa, fino ad oggi considerata dispersa, era documentata proprio dal modello in gesso di Possagno, che presenta ancora i punti metallici di repère utilizzati per essere da guida durante la sua esecuzione in marmo e che si può ancora osservare nei corrispondenti minuscoli fori di perforazione sparsi sul busto di marmo (figg. 51-53).[67]

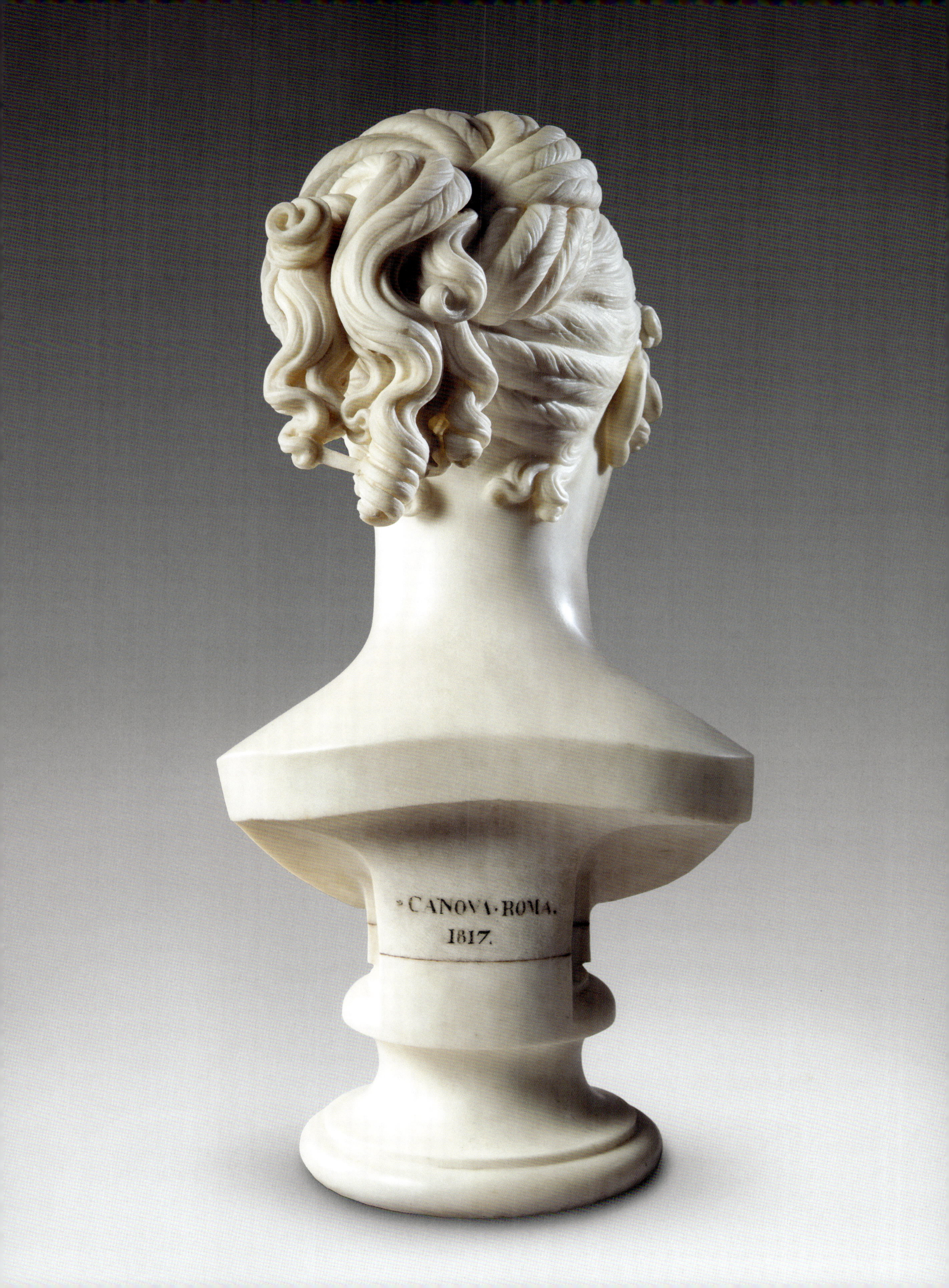
CANOVA·ROMA.
1817.

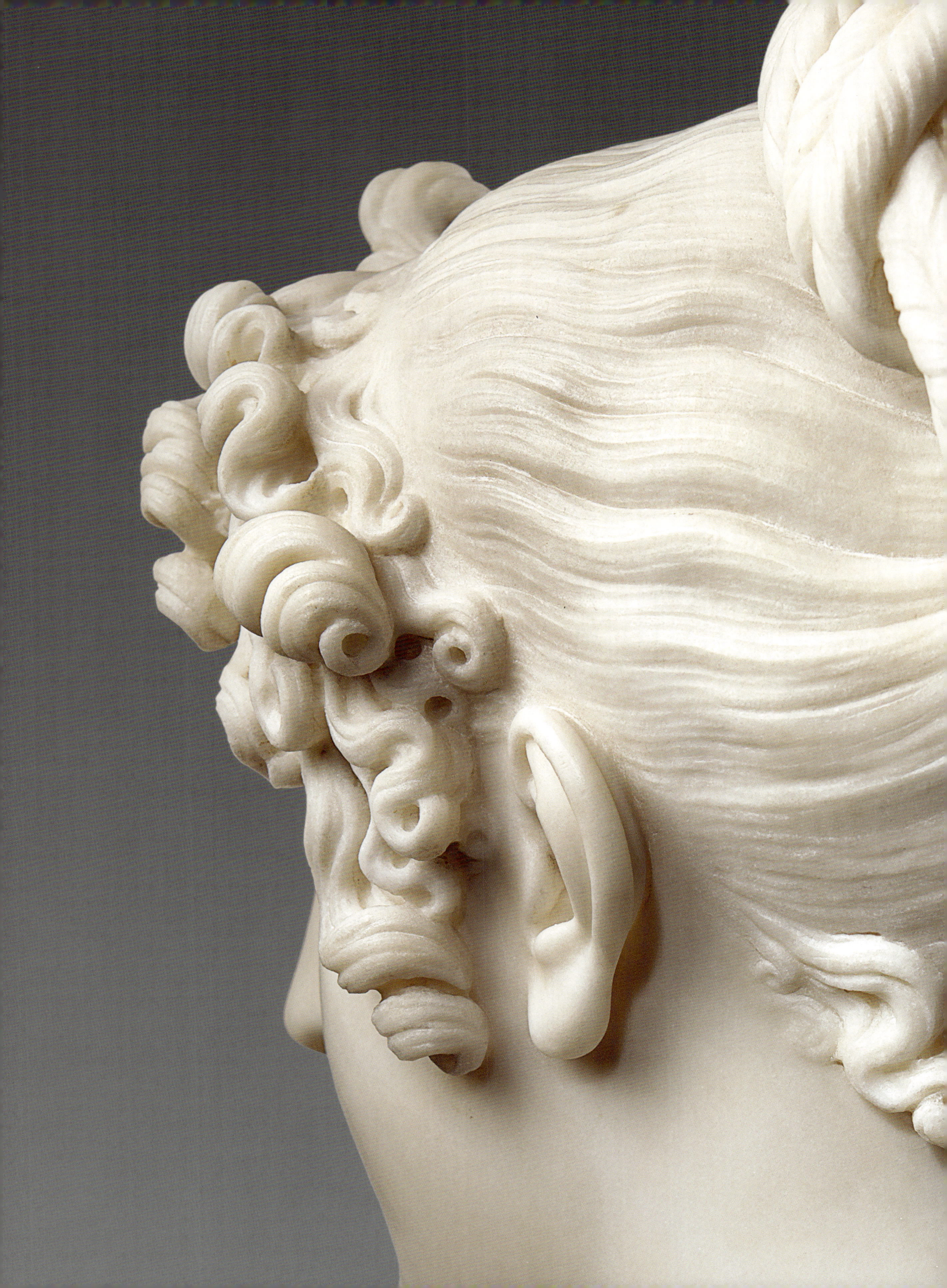

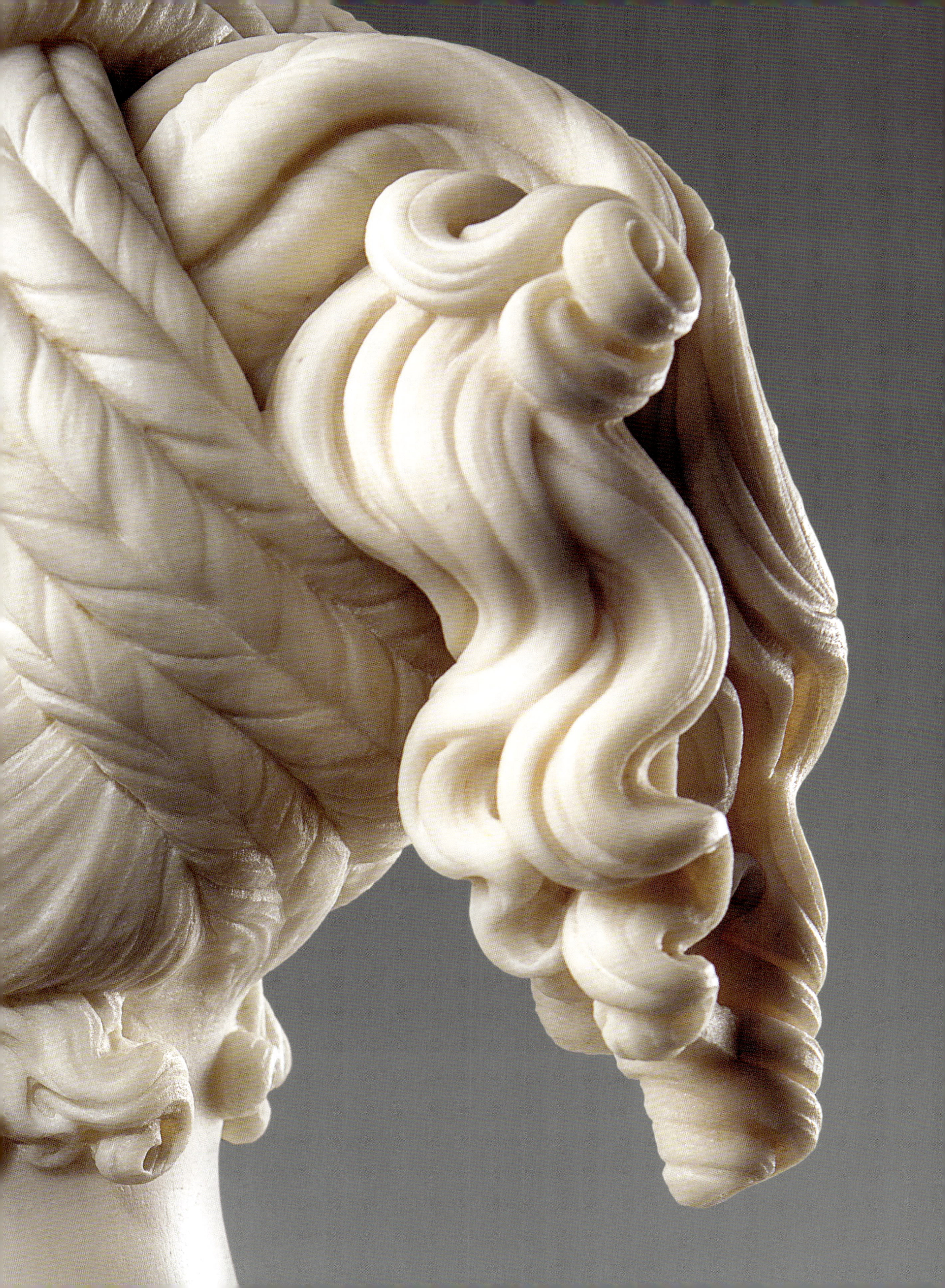

However, the gesso version does not fully convey the stunning beauty of an artwork so carefully envisioned and thought out. Instead, it is rendered in every aspect in the marble that has re-emerged after so long in a state of perfect conservation, even considering the integrity of the original patina. A patina that, as we know, has been irreparably damaged by inappropriate cleaning in so many other works by Canova.
The last time the sculpture was documented, prior to its recent rediscovery, dates as far back as 22 April 1850, when, a year after the death of Quatremère de Quincy, his collection was dispersed at auction in Paris. In the list of marbles, we find, in first place, a "Bust of a young woman", described as follows:

This charming bust was given by Mme de Grollier to M. Quatremère in 1817; she had it in Rome from Canova, who made it from a modelled terracotta, after Mme Récamier.
"Height, 44 cm, 10 cm at the base."[68]

The measurements correspond to those of our marble, the height of which is exactly 44 cm, while the base is 12.5 cm. On the other hand, the explanation that it was made from a modelled terracotta appears generic, and we do not understand what is meant by the words "d'après Mme Récamier". It may be that the physiognomy resembles that of known portraits of Canova's great friend Juliette Récamier, portrayed by Canova, from 1813 onwards, as Beatrice, and thus transforming a portrait into an Ideal Head (fig. 59).[69] In fact, compared to the Ideal Heads of *Helen* and the muses in Florence and Montpellier, the oval does appear more streamlined and the nose straighter, more defined. On the other hand, an important detail overlooked by the auction description and which instead appears on our marble, making its identification unequivocal, is the beautiful inscription "CANOVA • ROMA.1817".

Questa versione non riesce a dare un'idea adeguata della superba bellezza di un'opera così vagheggiata e meditata, pienamente resa invece dal marmo riemerso dopo tanto tempo in uno stato di perfetta conservazione, tenuto conto dell'integrità della patina originale. Patina che, come sappiamo, per tante altre opere di Canova è stata invece irrimediabilmente compromessa da non opportuni interventi di pulitura.
L'ultima documentazione dell'opera, prima dell'attuale ritrovamento, risale addirittura al 22 aprile 1850, quando a un anno dalla scomparsa di Quatremère de Quincy la sua collezione venne dispersa in un'asta a Parigi. Nell'elenco dei marmi troviamo al primo posto un "Buste de jeune femme".

Ce charmant Buste a été donné par Mme de Grollier à M. Quatremère en 1817; elle l'avait eu à Rome de Canova, qui l'avait exécuté sur une terre cuit modelée, d'après Mme Récamier.
"Hauteur, 44 cent., 10 cent. du socle."[68]

Le misure corrispondono a quelle del nostro marmo, la cui altezza è di appunto 44 cm, mentre la base è invece 12,5. Per contro, la precisazione che è stata eseguita da una terracotta modellata appare generica, mentre quel "d'après Mme Récamier" non capiamo cosa voglia indicare. Potrebbe essere una somiglianza nella fisionomia con quella dei noti ritratti della grande amica Juliette Récamier, raffigurata a partire dal 1813 da Canova come Beatrice, trasformando un ritratto in una Testa Ideale (fig. 59).[69] Ed in effetti rispetto alle Teste Ideali di *Elena* e delle muse di Firenze e Montpellier, l'ovale appare più sfilato e il naso più dritto, più definito. Mentre un importante dettaglio tralasciato dalla descrizione d'asta e che compare invece sul nostro marmo, rendendo inequivocabile l'identificazione, è la bella scritta incisa sul retro "CANOVA • ROMA.1817".

Fig. 59 Antonio Canova
Juliette Récamier as Beatrice,
1813–1822 / *Juliette Récamier in veste di Beatrice*
Lyon, Musée des Beaux-Arts

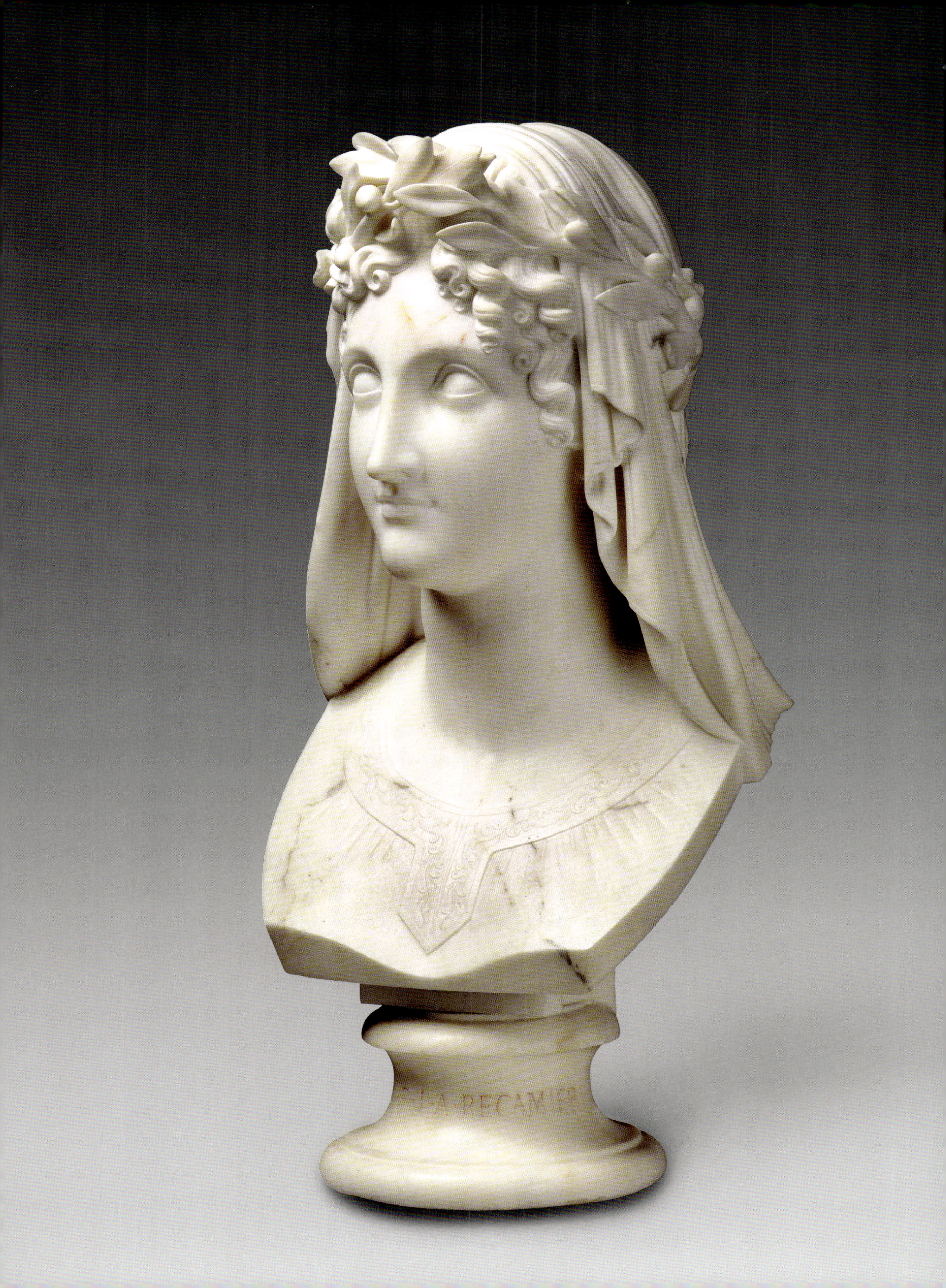
J·A·RECAMIER

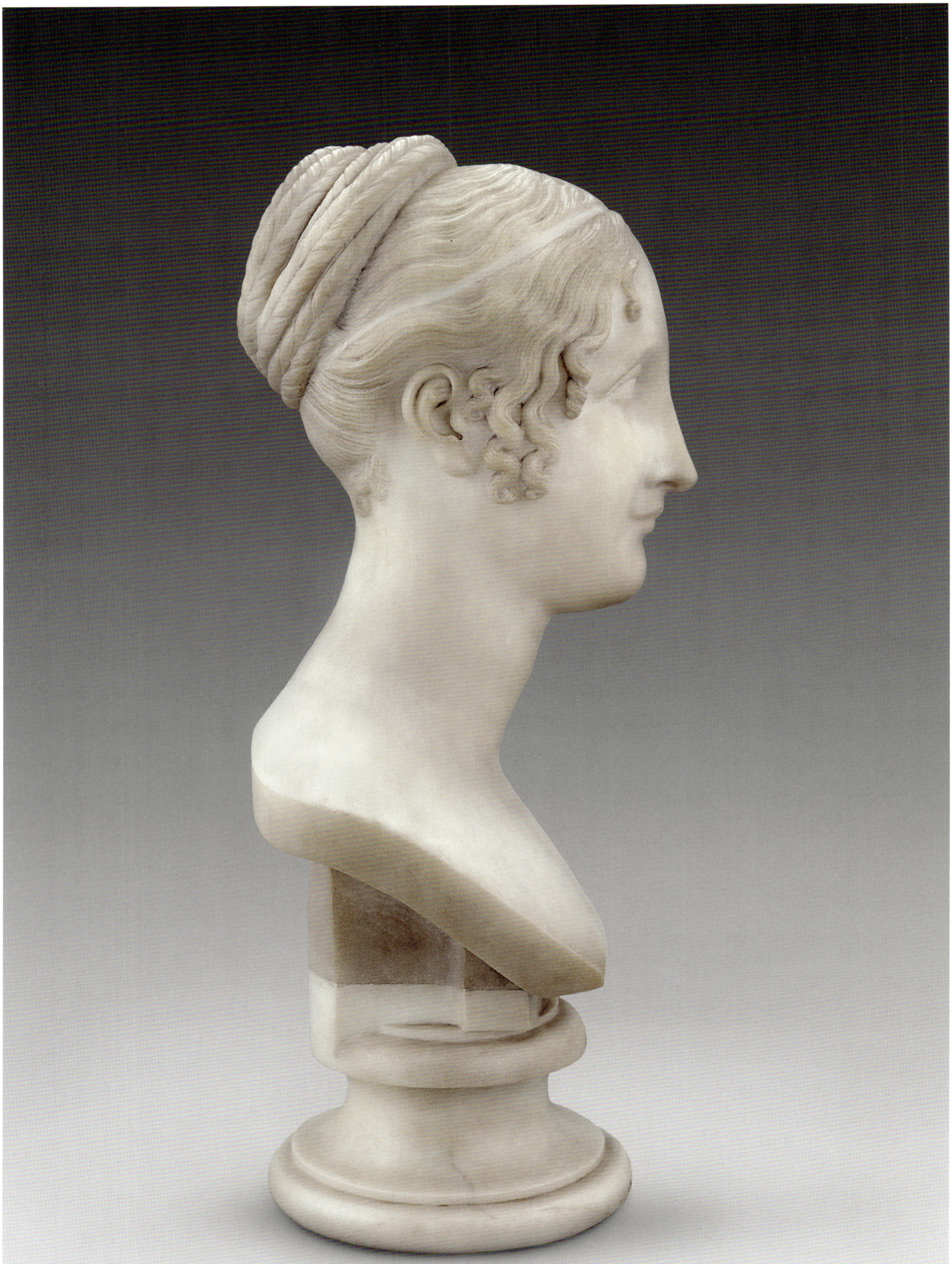

If we remember that, even before it was finished, Canova wanted to have it engraved from two perspectives, as well as demonstrating his satisfaction with this new masterpiece intended for a special friend, we are offered a precise indication of how to look at and appreciate the head. It is an explicit invitation to observe the sculpture not only from a single privileged viewpoint, from the front, but to enjoy it in all its astonishing beauty, which we can discover by walking around it, rotating it, or even placing it in front of a mirror.
The various photographs included here (pp. pp. 46, 48, 57, 78–123) correspond to this dynamic way of looking, which is the best means to understand and appreciate Canova's art. By increasingly perfecting an original technique, which can be seen here in all the refined details, that had revolutionised the practice of his art, he had succeeded in freeing sculpture from its subordination to architectural space. This made it inconceivable that any of his statues could be enclosed in a niche. Instead, his sculpture conquers, even creates, its own autonomous space in which it offers itself up to unprecedented multiple viewpoints.
Consequently, neither should this head be observed from a fixed point, but rather following the infinite possibilities that allow us to have a different perception at any moment. It is in this way that the sculpture becomes part of our world, our experience. It speaks to us and moves us. If we look at our *Riconoscenza* from the front (pp. 101, 115, 116), we are captured by its perfection, expertly studied in the proportional relationships of its physiognomy, by the sweetness of its gaze, created by the slightly sunken eye sockets. While the lips appear barely, imperceptibly, curved in a mysterious smile.
A soft light makes the face shine; its stare is animated by the curls that frame the high forehead in studied symmetry. The light, which strikes the hair differently, reveals the extraordinary play of the complicated and refined hairstyle. The hair, which is presumably extremely long, is gathered into tresses. Its sculptural relief and dynamic design are rendered by the

Ritornando al fatto che Canova avesse voluto, ancora prima che fosse del tutto terminata, farla incidere in due vedute, oltre a dimostrare la sua soddisfazione per questo nuovo capolavoro destinato a un amico speciale, ci offre una precisa indicazione di come guardarla e apprezzarla. Il suo è infatti un esplicito invito a osservare l'opera non solo da un unico punto di vista privilegiato, quale può essere quello frontale, ma di goderla in tutte le sorprendenti bellezze che possiamo scoprire girandole intorno, o facendola ruotare, o collocandola davanti ad uno specchio.
Le diverse riprese fotografiche che qui proponiamo (pp. 46, 48, 57, 78-123) corrispondono a questa visione dinamica, che è il modo migliore per capire e apprezzare l'opera di Canova. Perfezionando sempre di più una tecnica originale, qui avvertibile in tutti i raffinati dettagli, che aveva rivoluzionato la pratica della sua arte, era riuscito a liberare la scultura dalla subordinazione allo spazio architettonico, per cui nessuna sua statua è pensabile racchiusa in una nicchia. Essa conquista, come se lo creasse, un suo spazio autonomo dove si offre a un'inedita visione multipla.
Quindi anche questa testa non va osservata da un punto di vista fisso, ma seguendo infinite possibilità percettive che ci consentono di avere, ad ogni attimo, una percezione diversa. È in questo modo che l'opera entra a far parte del nostro mondo, della nostra esperienza. Ci parla e ci emoziona. Fissando frontalmente (pp. 101, 115, 116) la nostra *Riconoscenza* rimaniamo catturati dalla perfezione, sapientemente studiata nei rapporti proporzionali, della sua fisionomia, dalla dolcezza del suo sguardo, proveniente dalle orbite leggermente incavate. Mentre le labbra appaiono appena, impercettibilmente, dischiuse in un misterioso sorriso.
Una luce soffusa fa risplendere il volto, la cui fissità è animata dai riccioli che incorniciano, in studiata simmetria, la fronte alta. Quella luce, che poi investendo diversamente la chioma

Fig. 60 Antonio Canova
Laura, 1817–1818
Derbyshire, Chatsworth House

special instruments effortlessly invented by Canova, with a wonderful naturalness that makes everything vaporous and airy. It is as if air and light were really circulating between the more voluminous curls that fall on the forehead and temples, the shorter ones that emerge at the nape of the neck, and the hair that spreads out across the head before exploding, although tied back, in the large, twisted braid.

We are struck by the quality of the drawing with which Canova investigated nature, by the infinite softness and sweetness of the sculptural passages that take the work into a special dimension, into an atmosphere poised between reality, the beauty of the nature chosen, and the divine, in which earthly beauty is transfigured into ideal. But all this is done with a simplicity that hides the effort of execution, from a technical perspective, of hard work and enormous difficulty.

Like Byron and Foscolo, we are overwhelmed by a sort of fatal attraction in the presence of this creature that is both goddess and woman. She seduces us with her gaze and smile. Ambrosia really does seem to waft from her hair, as it does from that of the *Graces*, the emblematic sculpture that had kept Canova working on creating two versions at this time, for the Beauharnais family (1812–1816) and the Duke of Bedford (1815–1817).

Instead, we know nothing of the fate of the head of *Helen* given immediately by the Marquise de Grollier to her friend and neighbour, who also had a villa in Épinay, Giovanni Battista Sommariva. It can be traced in an enthusiastic letter to Canova, written from Paris on 3 September 1818 by Sommariva – whom we know was a great collector of the sculptor and owned masterpieces such as the famous *Penitent Magdalene, Young Apollo, Palamedes* and *Terpsichore*:

rivela lo straordinario gioco della complicata e raffinata acconciatura. I capelli, che si presume lunghissimi, sono raccolti in masse diverse. Il loro rilievo plastico e il disegno dinamico sono resi dagli speciali strumenti che Canova si era inventato senza sforzo, con una mirabile naturalezza che rende tutto vaporoso e aereo. È come se tra i riccioli più voluminosi che scendono sulla fronte e sulle tempie, quelli più corti che spuntano alla sommità del collo, i capelli che si distendono sul capo per poi esplodere, anche se trattenuti, nella grossa treccia ritorta, circolassero davvero l'aria e la luce.

Rimaniamo colpiti dalla qualità del disegno con cui Canova indagava la natura, dall'infinità morbidezza e dolcezza dei passaggi plastici che collocano l'opera in una dimensione speciale, in un'atmosfera in bilico tra la realtà, la bella natura scelta, e il divino dove la bellezza terrena si trasfigura nell'ideale. Ma tutto questo realizzato con una semplicità che nasconde la fatica di una esecuzione, dal punto di vista tecnico, di un impegno e di una difficoltà enormi.

Come Byron e Foscolo, siamo travolti, al cospetto di questa creatura che è insieme dea e donna, da una sorta di attrazione fatale. Ci seduce con il suo sguardo e con il suo sorriso. Dalla sua chioma sembra davvero spirare l'ambrosia, come da quella delle *Grazie*, l'opera emblematica che in questi anni lo aveva tenuto impegnato nella realizzazione delle due versioni, per i Beauharnais (1812-1816) e per il duca di Bedford (1815-1817).

Non sappiamo invece più nulla sulla sorte della testa di *Elena* che la de Grollier donò subito all'amico e vicino, dato che anche lui aveva una villa ad Épinay, Giovani Battista Sommariva. Ne abbiamo traccia in un'entusiastica lettera di quest'ultimo – che sappiamo grande collezionista dello scultore, di cui possedeva capolavori come la famosissima *Maddalena penitente, l'Apollino*, il *Palamede* e la *Tersicore* – a Canova, spedita da Parigi il 3 settembre 1818:

Fig. 61 Antonio Canova
Eleonora d'Este, 1819
Brescia, Pinacoteca, Tosio Martinengo

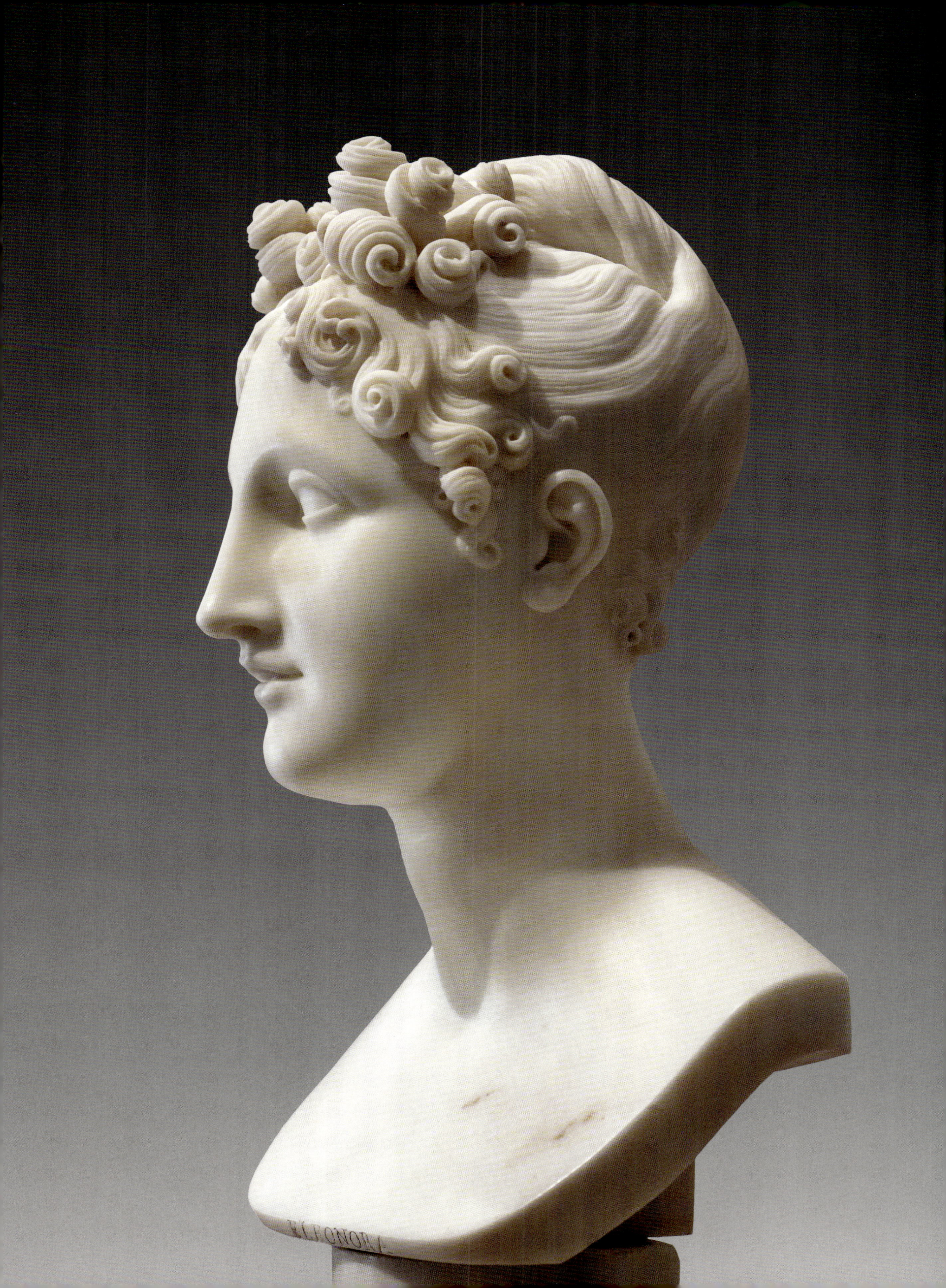
ELEONORA

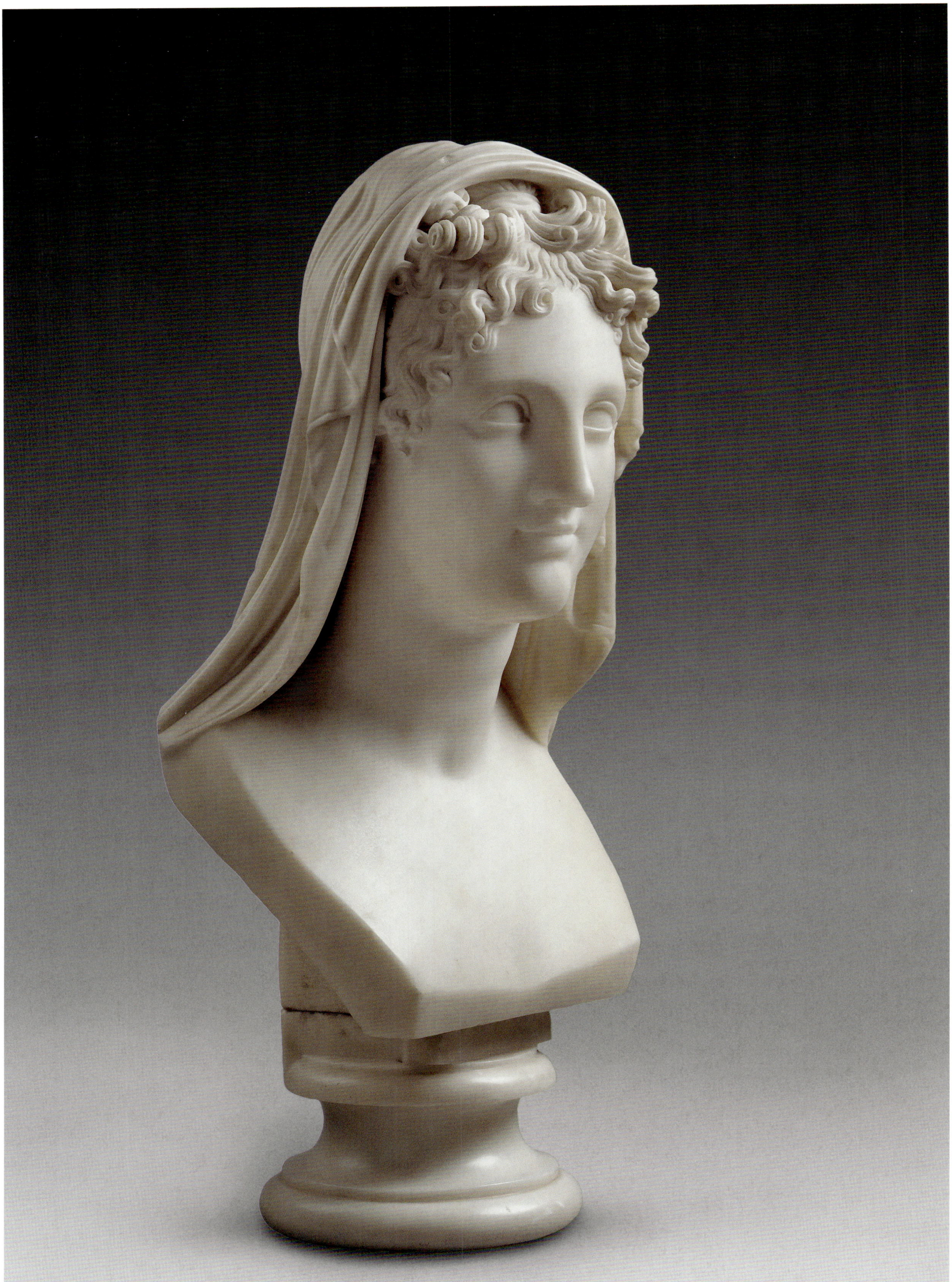

I am very much enjoying and am very proud of the superb head, sent by you to my virtuous neighbour the Marquise de Grollier. She is the honour of my country house in Epinay, and everyone admires the unrivalled chisel of my beloved and illustrious father-in-law, and I rejoice.[70]

He takes pride in calling Canova his father-in-law because he considered the *Terpsichore*, whom he had placed in his bedroom in Paris, his beloved wife. It would be sold, in 1839, alongside many other masterpieces in the sale of the amazing collection kept at Sommariva's Paris residence. But, as demonstrated by the sale catalogue, Canova's *Helen* did not appear on that occasion.[71]

The story of this Ideal Head, *Riconoscenza*, which we have been able to reconstruct in its compelling twists and turns from the intent of its artist and the expectations of the friends for whom it was intended, is exceptional and does not occur in other not as carefully documented cases, which instead cause a great deal of difficulty.

The origin of another Ideal Head is unknown and its identity has been lost; currently in a New York collection, it depicts a *Muse* (figs. 63–66) and is thought to correspond to the sculpture reproduced in profile in the fourth volume of the *Opere di scultura e di plastica di Antonio Canova*, published by Isabella Teotochi Albrizzi in 1824 (fig. 65), two years after the sculptor's death.[72] This is one of the three engravings discussed above (see p. 35f.) that Albrizzi linked to the Ideal Heads, referred to as "three muses",[73] mistakenly identifying them as those given to the Duke of Wellington, Viscount Castlereagh and William Richard Hamilton, three figures who had played a decisive role in Paris in 1815 by helping Canova recover the artworks requisitioned by the French army.[74]

It is justifiable that Albrizzi, a great friend and profound connoisseur of Canova's works, should have succumbed to this oversight. This is due primarily to the fact that the sculptor

La superba testa, da Lei mandata a questa mia degna vicina la S.ra March.sa de Grollier (sic), son io che me la godo; e ne sono fiero. Ella fa l'onore di questa mia campagna di Epinay, e tutti ammirano l'inarrivabile scalpello dell'amato, ed insigne mio S.r Suocero, e io tripudio.[70]

Si compiaceva di chiamare suocero Canova, perché considerava la *Tersicore*, che aveva collocato nella sua camera da letto a Parigi, la sua diletta sposa. Questa sarà alienata nel 1839, insieme a tanti altri capolavori, nella vendita della strepitosa collezione conservata nel palazzo parigino di Sommariva. Ma in quell'occasione, come dimostra il catalogo di vendita, tra gli altri marmi canoviani la *Elena* non compare.[71]

La vicenda della *Riconoscenza*, che è stato possibile ricostruire in tutti i suoi avvincenti percorsi tra l'intenzione dell'autore e l'attesa degli amici a cui era destinata, costituisce un fatto eccezionale, che non si verifica in altri casi non così puntualmente documentabili, per i quali sorgono, anzi, molte difficoltà.

Non si conosceva la provenienza ed era andata smarrita l'identità di un'altra Testa Ideale, attualmente in una collezione newyorkese, rappresentante una *Musa* (figg. 63-66), che risultava corrispondere all'opera riprodotta in una veduta di profilo nel IV tomo delle *Opere di scultura e di plastica di Antonio Canova*, pubblicato da Isabella Teotochi Albrizzi nel 1824 (fig. 65), a due anni dalla scomparsa dello scultore.[72] Si tratta di una delle tre incisioni, di cui abbiamo già trattato (veda pp. 35 sg.), che l'autrice faceva corrispondere a delle Teste Ideali, indicate come "Tre muse",[73] identificandole erroneamente con quelle donate al duca di Wellington, al visconte di Castelreagh e a William Richard Hamilton, tre personaggi che erano stati decisivi a Parigi nel 1815 nell'aiutare Canova nell'operazione di recupero delle opere d'arte requisite dall'esercito francese.[74]

Che la Albrizzi, grande amica e profonda conoscitrice delle opere canoviane, sia occorsa in questa svista è giustificabile. Si deve soprattutto al fatto che lo scultore ha talmente intensi-

Fig. 62 Antonio Canova
Beatrice, 1819–1822
Boston, Museum of Fine Arts

so intensified this type of production, which he found particularly congenial, in his final years, replicating or only slightly varying the most successful models, that it has never been easy, if not impossible, for contemporary biographers or modern scholars to keep up with this somewhat complicated succession. Moreover, other sources, in particular the more reliable ones written by Leopoldo Cicognara[75] and Antonio D'Este,[76] who had been very close to the sculptor, also appear conflicting and are unable to shed sufficient light on this production of Ideal Heads.

The New York head, although documented by Albrizzi, initially appears characterised by a formal quality and a definition that point to Canova's expert hand and is not something we ever find in his copyists, even extremely able sculptors such as Adamo Tadolini or Luigi Bienaimé. In it we recognise the sublimation of reality through which the great sculptor reworked his idea of beauty, experimenting from life and translating it into perfectly balanced images (figs. 63–66). Like Raphael, whom he so greatly appreciated, he was able to achieve results of miraculous simplicity.

We can compare his process to that of a musician striving to achieve perfection in the harmony of the notes. Canova studied every slightest variation, every single detail, both in terms of physiognomy and physical features, from anatomy to hair, which, in this case, is of great importance. He pursued the mirage of a beauty that, despite remaining ideal, was humanised in grace, in the comparison between the sublime convention of classical forms inspired by the Antique, as well as by the Renaissance, and nature.

In the New York *Muse* (figs. 63–66), whose physiognomic features appear stylised between the volume of the perfect oval that contains the face, the reference to nature is found, above all, in the extraordinary performance of the extremely modulated hair. This motif had been developed, in a way that would eventually be attained in this sculpture, in the first

ficato negli ultimi anni questo tipo di produzione, a lui particolarmente congeniale, replicando o variando di poco i modelli più riusciti, che non è mai stato facile, se non impossibile, per i biografi dell'epoca, e anche per gli studiosi moderni, stare al passo di questo giro un po' complicato. Del resto anche altre fonti, in particolare i fondamentali *Cataloghi,* come quelli più affidabili redatti da Leopoldo Cicognara[75] e da Antonio D'Este,[76] che pur erano stati molto vicini allo scultore, appaiono discordanti e non riescono a fare sufficiente chiarezza su questa produzione delle Teste Ideali.

La testa di New York (figg. 63-66), comunque documentata dalla Albrizzi, appare in primo luogo caratterizzata da una qualità formale e una definizione che rimandano alla mano sapiente di Canova e che non ritroviamo mai nei suoi copisti, anche quando si tratta di scultori molto abili come Adamo Tadolini e Luigi Bienaimé. In essa riconosciamo quel procedimento di sublimazione del reale per cui il grande scultore rielaborava, sperimentandola sul vero, una sua idea di bellezza e la traduceva in immagini dall'equilibrio perfetto. Riusciva a raggiungere, come Raffaello da lui molto apprezzato, una miracolosa semplicità.

Possiamo paragonare il suo procedimento a quello di un musicista che cerca di arrivare alla perfezione nell'armonico accordo delle note. Canova studiava infatti ogni minima variazione, ogni singolo dettaglio, sia per quanto riguardava la fisionomia che i tratti fisici, da quelli anatomici alla chioma che, anche in questo caso, ha un grande rilievo. Inseguiva il miraggio di una bellezza che, pur rimanendo ideale, si umanizzava nella grazia, cioè nel confronto tra la sublime convenzione delle forme classiche ispirate all'antico, ma anche al Rinascimento, e la natura.

Nella *Musa* di New York (figg. 63-66), i cui tratti fisiognomici appaiono stilizzati entro il volume dell'ovale perfetto in cui è racchiuso il volto, il richiamo al naturale si trova soprattutto nella resa straordinaria della capigliatura estremamente modulata. Questo motivo era stato elaborato, in una maniera che poi approderà in questa scultura, nelle prime *Muse* di cui abbiamo

Fig. 63 Antonio Canova
Ideal Head (*Muse*) 1822
New York, private collection
Testa Ideale (*Musa*)
New York, collezione privata

following pp. / pp. seguenti

Fig. 64 Antonio Canova
Ideal Head (*Muse*) 1822
New York, private collection
Testa Ideale (*Musa*)
New York, collezione privata

Fig. 65 Giovanni Paolo Lasinio
Muse / *Musa,* in Isabella Teotochi Albrizzi, *Opere di scultura e di plastica di Antonio Canova*

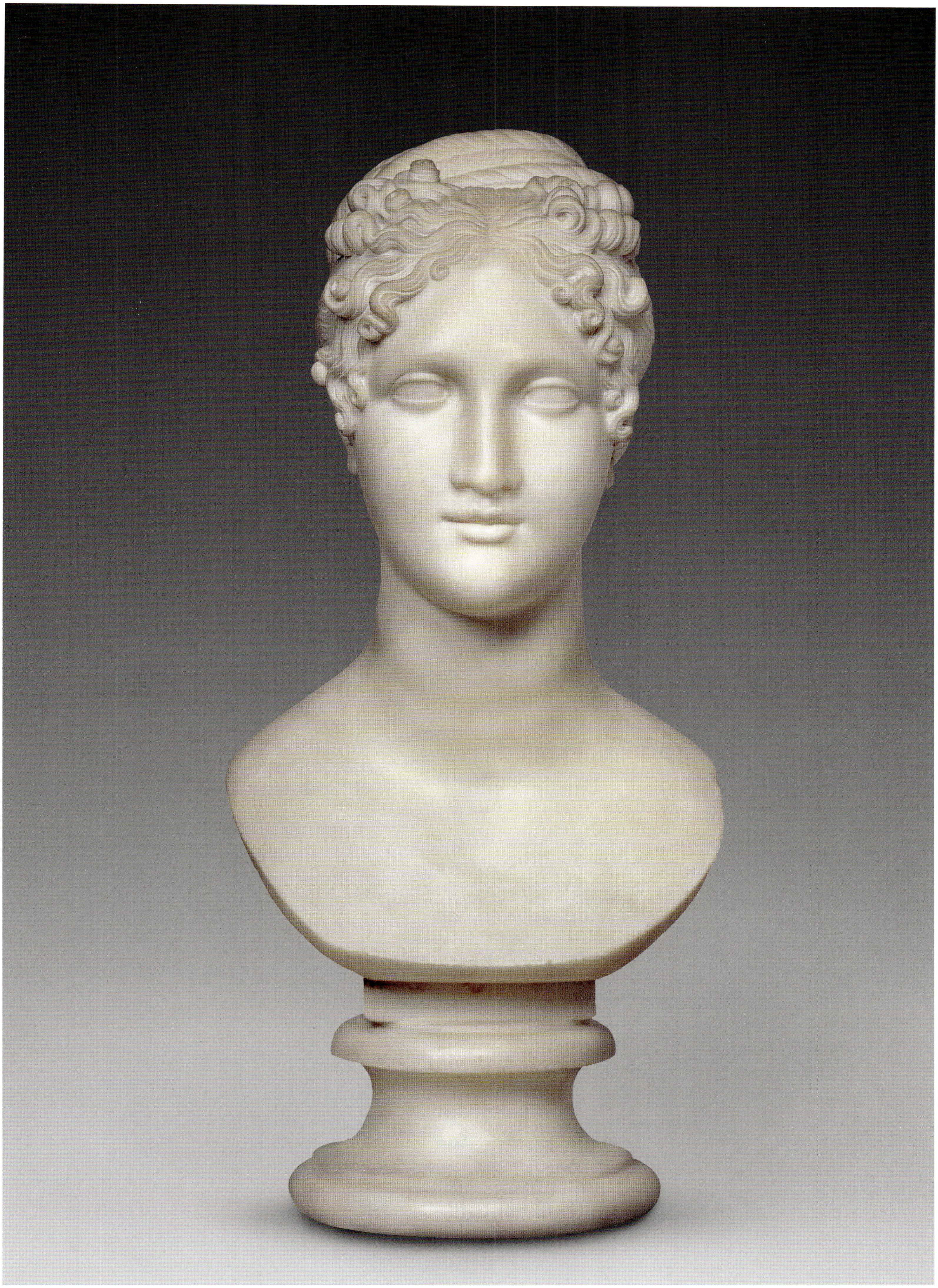

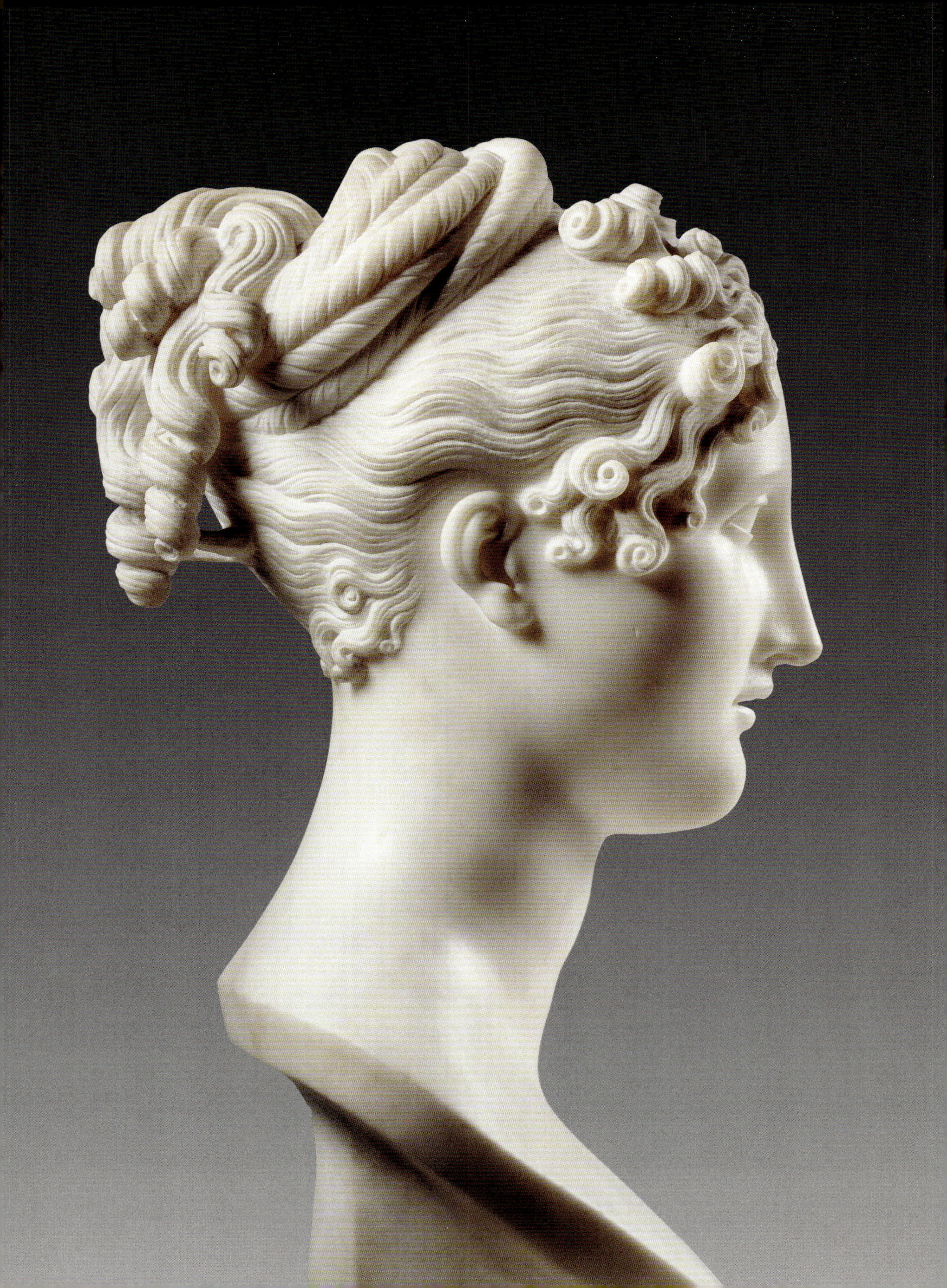

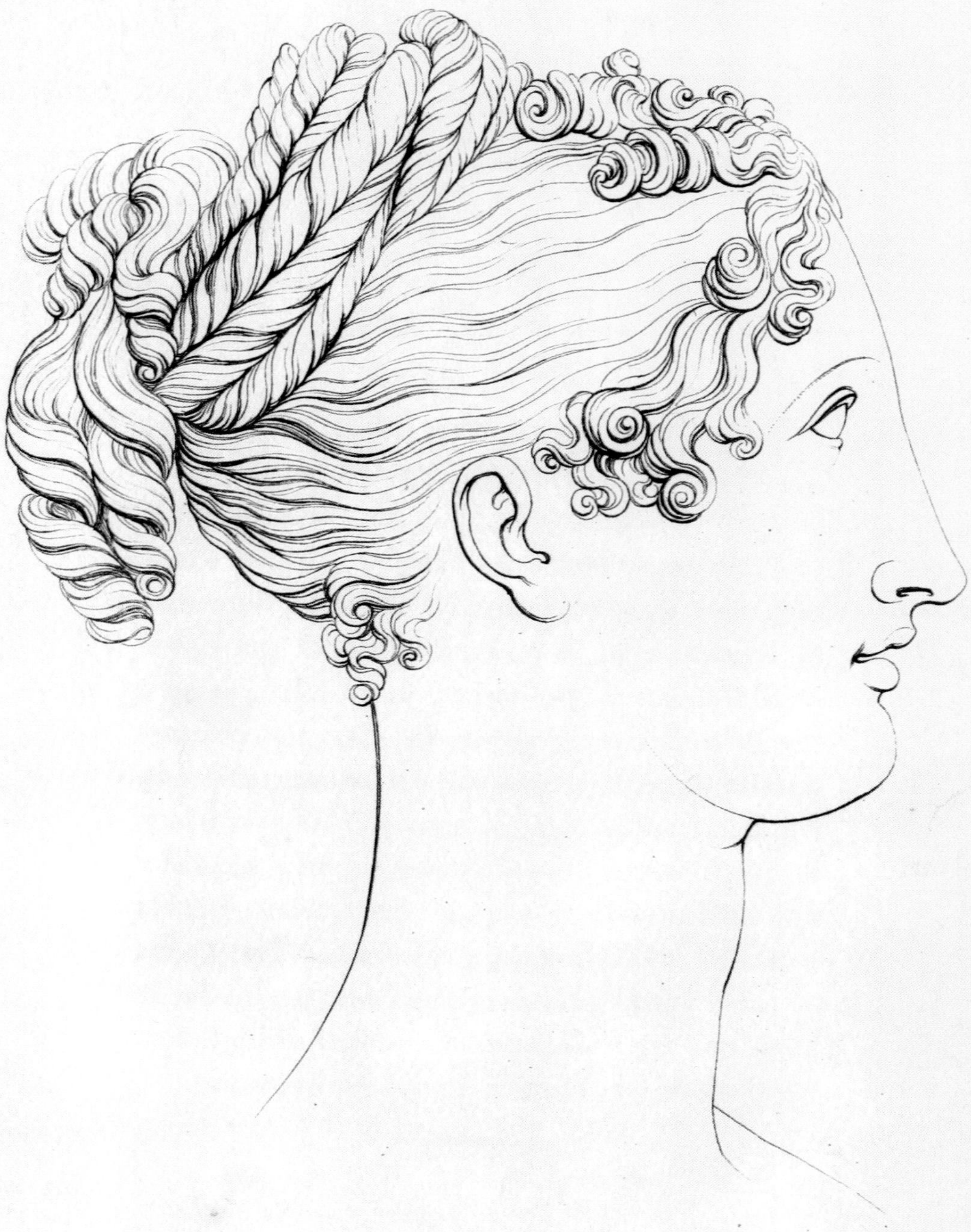

140.

Muse discussed here, the head of *Clio* (fig. 11), created in 1811 for the Countess of Albany, and *Calliope* (fig. 15), made in 1812 for Giovanni Rosini. Here, as Albrizzi underlined, the hair is tied up "in small curly tresses" that, "widened somewhat in the middle of her pure forehead", before falling and being gathered in "towards the temples", and gracefully surrounding "the cheeks as far as her ears".[77]

The subtle, sometimes imperceptible but decisive differences between one Ideal Head and another, or between the different versions of the same type, for example of the New York *Muse*, were played out precisely in the different ways in which the hair and hairstyle were rendered. Therefore, leaving aside her error, the comparison Albrizzi had intended to suggest between the three *Muses* she believed were destined for England remains significant and included, the aforementioned *Muse* for Antonio Pezzoli and the *Head* for Charles Long in the Kimbell Art Museum. She considered "all three beautiful, but all three have a rather different face", just as the handling of the elaborate hairstyle also seems different. The question arose as to which of them she preferred.[78]

In reality, given the always impeccable quality of these Ideal Heads, it is hard to make a choice. However, the New York *Muse* is thought to represent the final reworking of a motif of which the sculptor was particularly fond and with which he had long been experimenting, making it plausible that it could be one of the two as yet untraced versions, both of which should be dated, according to Cicognara's *Catalogo cronologico*, to 1822:[79] either the head belonging to the London banker Alexander Baring – who also owned an Ideal Head of *Lucrezia*, a seated *Infant Saint John the Baptist* and a *Herm of Peace* – or that of Count Rasponi of Ravenna.

Antonio D'Este also cites, in his *Catalogo delle opere di Canova in the Memorie*, the "*Bust of a Muse*, given to Count Rasponi of Ravenna".[80] The work was also recalled by Missirini, who specifies: "He sculpted a beautiful Muse for Count Rasponi of Ravenna".[81]

trattato, vale a dire la testa di *Clio* (fig. 11), realizzata nel 1811 per la contessa d'Albany, e quella di *Calliope* (fig. 15), eseguita nel 1812 per Giovanni Rosini, dove, come sottolineava la Albrizzi, i capelli son raccolti "in piccolette masse ricciutelle" che, "alquanto allargate nel mezzo della pura fronte", si ritrovano poi a scendere per raccogliersi "verso le tempie", contornando "assai leggiadramente le guance sino alle orecchie".[77]

Proprio sulla diversa resa dei capelli e dell'acconciatura si giocavano le sottili, a volte impercettibili ma decisive, differenze tra una Testa Ideale e l'altra, o tra le differenti versioni di uno stesso tipo, ad esempio quello della *Musa* newyorkese. Resta dunque significativo, al di là dell'errore in cui era incorsa, il paragone che la Albrizzi aveva inteso proporre tra le tre *Muse* secondo lei destinate all'Inghilterra, tra cui compare la presente *Musa* per Antonio Pezzoli e la *Testa* per Charles Long nel Kimbell Art Museum. Le aveva infatti considerate "bellissime tutte e tre, tutte tre di volto però alquanto diverso", come differente appariva la trattazione della elaborata acconciatura. Per cui si chiedeva a quale di loro dovesse essere accordata la preferenza.[78]

In realtà, data la qualità sempre impeccabile di queste Teste Ideali, è difficile fare una scelta. Comunque la *Musa* di New York dovrebbe rappresentare la rielaborazione finale di un motivo a lungo amato e sperimentato dallo scultore, rendendo allora plausibile che possa identificarsi con una delle due versioni, non ancora rintracciate, entrambe da assegnarsi secondo il *Catalogo cronologico* di Cicognara al 1822:[79] o quella appartenuta al banchiere Baring di Londra, che possedeva anche una Testa Ideale di *Lucrezia*, un *San Giovannino* sedente e un'*Erma della Pace*, oppure quella del conte Rasponi di Ravenna.

Anche Antonio D'Este cita, nel suo *Catalogo delle opere di Canova* inserito nelle *Memorie*, il "Busto di una Musa, regalato al conte Rasponi di Ravenna".[80]

Fig. 66 Antonio Canova
Ideal Head (*Muse*) 1822
New York, private collection
Testa Ideale (*Musa*)
New York, collezione privata

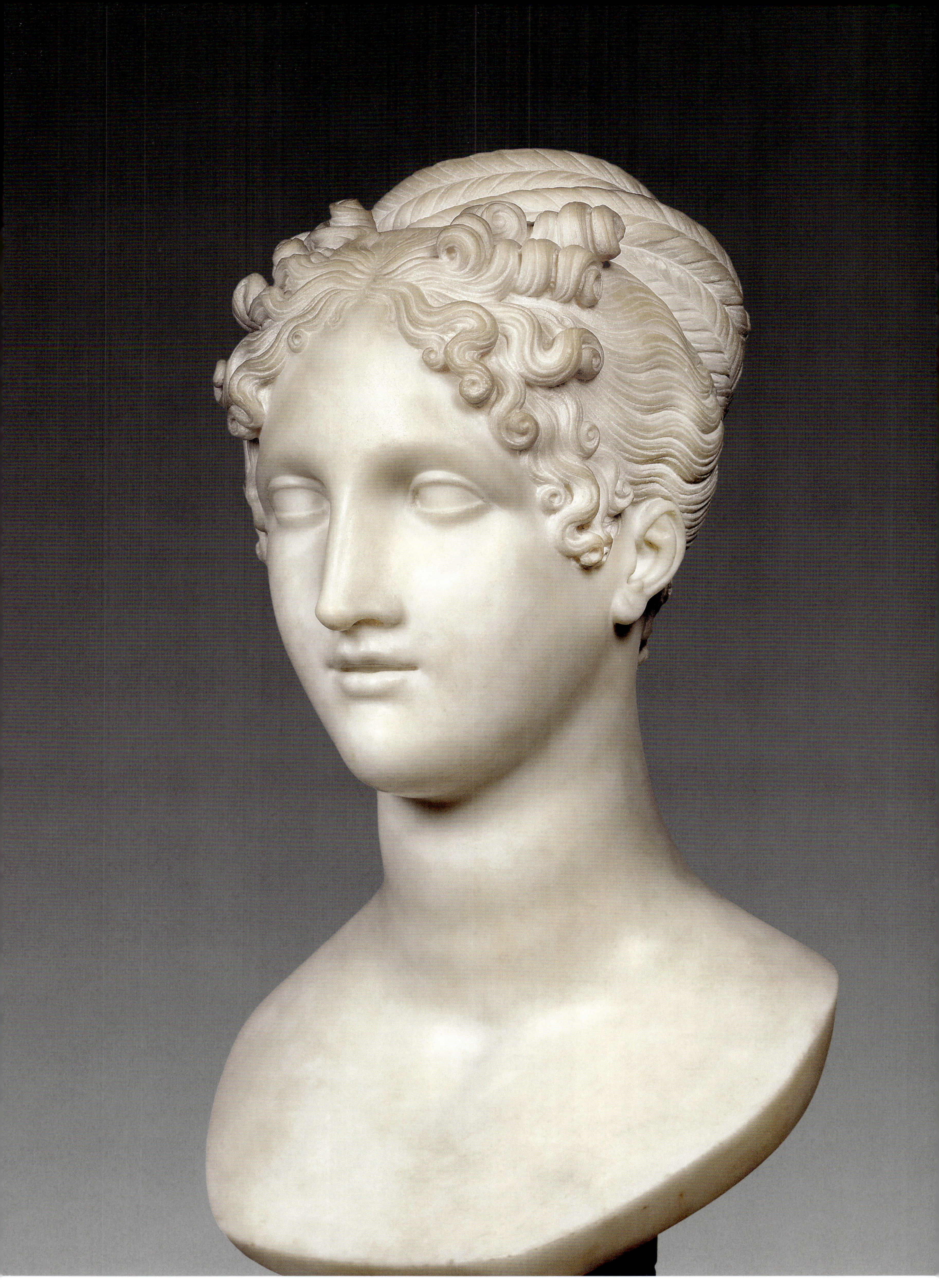

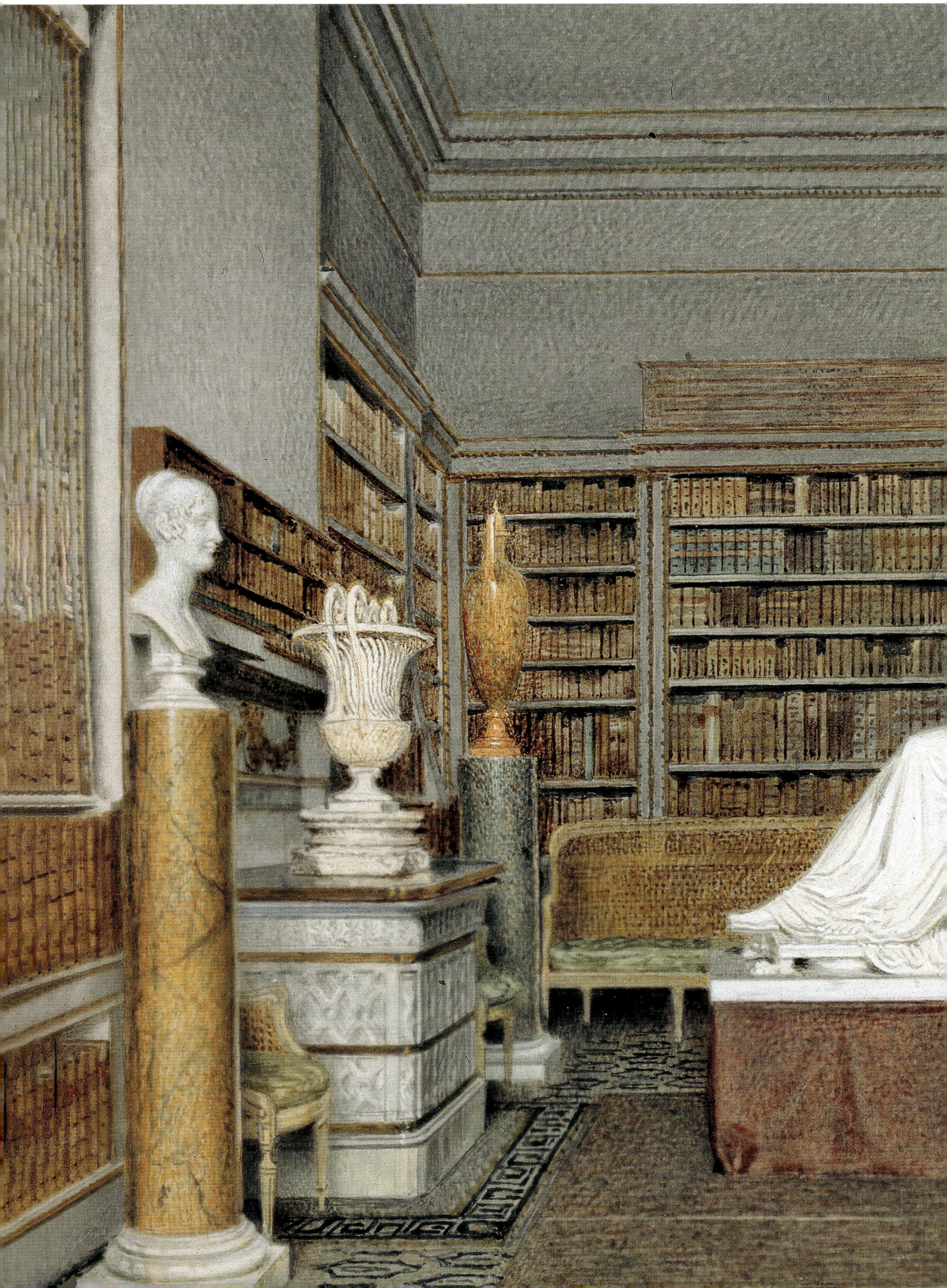

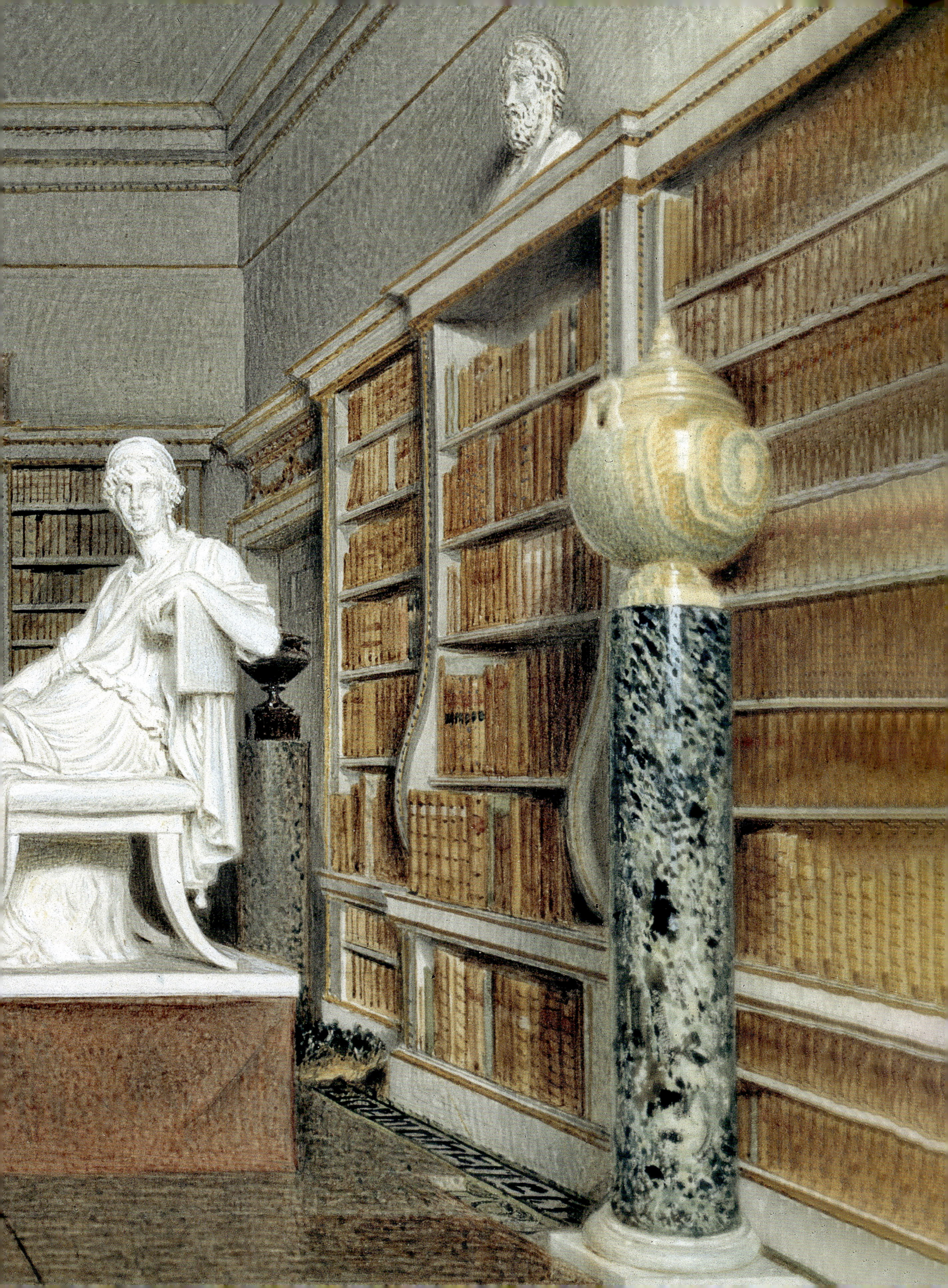

NOTES / NOTE

Fernando Mazzocca
ANTONIO CANOVA
La Riconoscenza and the Ideal Heads

1 Pietro Giordani, *Panegirico ad Antonio Canova dedicandosi il suo Busto nell'Accademia di Belle Arti in Bologna*, 28 June 1810, in P. Giordani, *Scritti editi e postumi, pubblicati da A. Gussalli*, Milan 1856, vol. II, p. 19, now in P. Giordani, *Panegirico ad Antonio Canova*, critical and annotated edition ed. G. Dadati, Piacenza 2008, p. 57.

2 The most significant and current contributions in the extensive bibliography about her are those by C. Giorgetti, *Ritratto di Isabella. Studi e documenti su Isabella Teotochi Albrizzi*, Florence 1992, G. Venturi, *Canova e Isabella Teotochi Albrizzi*, in *Opere di scultura e di plastica di Antonio Canova descritte da Isabella Albrizzi nata Teotochi*, Pisa 1821–1824, 4 vols., (anastatic edition, eds. M. Pastore Stocchi, G. Venturi, Bassano del Grappa, Istituto di ricerca per gli studi su Canova e il Neoclassicismo, 2003, pp. 3–34, cited hereafter as I. Teotochi Albrizzi 1821–1824).

3 On this only recently rediscovered marble see: *L'arte a Palazzo Koch*, Milan 2006, pp. 181–182, n. 129; *Il fascino e il mito dell'Italia dal Cinquecento al Contemporaneo*, exh. cat. (Monza, Villa Reale, 23 April–6 September 2015) eds. C. Bon Valsassina, C. Bandera, A. Masoero, F. Mazzocca, Milan 2015, pp. 131, 136–137, 202.

4 Isabella Teotochi Albrizzi 1821–1824, vol. I, pp. 93–95.

5 Letter from Leopoldo Cicognara to Antonio Canova dated Venice, 10 June 1812, in L. Cicognara, *Lettere ad Antonio Canova*, ed. G. Venturi, Urbino 1973, pp. 16–18.

6 Letter from Canova to Cicognara, Rome, 10 July 1812, in V. Malamani, *Un'amicizia di Antonio Canova. Lettere di lui al Conte Cicognara*, Città di Castello 1890, p. 11.

7 I. Teotochi Albrizzi 1821–1824, vol. I, pp. 48–56.

8 *Ibid.*, pp. 53–54.

9 *Ibid.*, p. 53.

10 On the subsequent movements of the sculpture, which left the Albrizzi family at the end of the last century, see E. Bassi, L. Urban Padoan, *Canova e gli Albrizzi, tra ridotti e dimore di campagna del tempo*, Milan 1989.

11 Fernando Mazzocca, *Byron a Venezia e la fascinazione per l'Elena di Canova. Isabella Teotochi e Giustina Renier Michiel regine dei salotti intellettuali, in Canova, Hayez, Cicognara. L'ultima gloria di Venezia*, exh. cat. (Venice, Gallerie dell'Accademia, 29 September 2017–2 April 2018) eds. F. Mazzocca, P. Marini, R. De Feo, Venice 2017, pp. 256–259.

12 George Gordon Byron, *Letters and Journals*, London 1830, vol. 2, p. 61. See also *Lord Byron's Complete Poetical Works*, with an introductory preface on Byron's poetry by Alexander Neidhardt, Berlin 1865, vol. 6, p. 249: "In this beloved marble view / Above the works and thoughts of Man / What nature could, but would not do, / And beauty and Canova can; / Beyond imagination power / Beyond the bard's defeated art, / With immortality her dower, / Behold the Helen of the heart / [Nov. 1816]".

13 Léon G. Pélissier, "Canova, la Comtesse d'Albany et le Tombeau d'Alfieri", in *Nuovo Archivio Veneto*, 1902–1903, n.s. vols. III and IV.

14 Isabella Bottoni, "Canova, Camuccini, Landi: inediti dal collezionismo lombardo", in *Paragone Arte*, a. LXX, third series, n. 144 (831), March 2019, pp. 11–14, 21–23, pls. 8, 9. Between 1816 and 1817 Pezzoli sold it to the Cremonese collector Gaetano Bolzesi.

15 I. Teotochi Albrizzi 1821–1824, vol. IV, p. 87, pls. CXL, CXLI, CXLII. The rediscovered *Muse*, previously on loan to the Metropolitan Museum in New York, is reproduced in pl. CXL.

16 *Ibid.*, pp. 45–46, pl. XC.

17 Leopoldo Cicognara, L. Cicognara, *Storia della scultura dal suo Risorgimento in Italia fino al secolo di Canova*, Prato 1824, anastatic edition eds. F. Leone, B. Steindl, G. Venturi, Bassano del Grappa 2007, vol. 7, p. 264.

18 *Canova Ideal Heads*, exh. cat. (Chambers Hall Gallery, Ashmolean Museum, 11 July–14 September 1997) ed. K. Eustace, Oxford 1997. As noted by Katharine Eustace in 1997 at the Ashmolean Museum (pp. 36, 37), the Muse for Charles Long corresponds to Giovanni Paolo Lasinio's engraving no. 142, see p. 41, which Albrizzi mistook for the *Head* sent to William Richard Hamilton.

19 *Catalogue des peintures et sculptures exposées dans les Galeries du Musée Fabre de la Ville de Montpellier*, ed. G. D'Albenas, Montpellier 1914, pp. 305–306; G. Hubert, *La sculpture dans l'Italie Napoléonienne*, Paris 1964, p. 323; F. Mazzocca in *Antonio Canova*, exh. cat. (Venice, Museo Correr and Possagno, Gipsoteca, 22 March–30 September 1992), eds. G. Pavanello, G. Romanelli, Venice 1992, p. 323.

20 Ugo Foscolo, *Epistolario*, ed. P. Carli, vol. IV, Edizione nazionale delle Opere di Ugo Foscolo, Florence 1954, pp. 134–135.

21 In particular in the large centrepiece at the Museo Civico di Bassano, on which see *I Trionfi di Volpato. Il centrotavola del Museo di Bassano del Grappa e il biscuit neoclassico*, ed. H. Honour, Cinisello Balsamo 2003.

22 His profile has been reconstructed in the introduction to the anastatic edition (ed. C. Sisi, Bassano del Grappa 2002) by G. Rosini, *Saggio sulla vita e le opere di Antonio Canova*, Pisa 1825.

23 *Cultura neoclassica e romantica nella Toscana Granducale. Collezioni lorenesi, acquisizioni posteriori, depositi*, ed. S. Pinto, Florence 1972, pp. 120–121.

24 *Canto funebre ad Antonio Canova del Prof. Giovanni Rosini, Dedicato agli ornatissimi Consigliere Francesco Aglietti e Co. Leopoldo Cicognara, in Biblioteca Canoviana ossia Raccolta delle migliori prose, e de' più scelti componimenti poetici sulla vita, sulle opere ed in morte di Antonio Canova*, vol. 3, Venice 1823, anastatic edition, eds. A. Bruni, M. Pastore Stocchi, G. Venturi, Bassano del Grappa 2005, pp. 53–64.

25 Letter from Giuseppe Bossi to Canova, dated Milan, 18 May 1811, in G. Bossi, *Scritti sulle arti*, ed. R. P. Ciardi, Florence, 1982, vol. II, p. 682.

26 I. Teotochi Albrizzi 1821–1824, vol. II, pp. 3–4.

27 Published in A. Canova, *Epistolario (1816–1817)*, eds. H. Honour, P. Mariuz, Rome 2002, vol. I, pp. 294–295 (cited hereafter as *Epistolario Canova 1816–1817*).

28 *Élisabeth Louise Vigée Le Brun*, exh. cat. (Paris, Grand Palais, Galeries nationales, 23 September 2015–11 January 2016; New York, The Metropolitan Museum of Art, 9 February–15 May 2016; Ottawa, Musée des Beaux-Arts du Canada, 10 June–12 September 2016) eds. J. Baillio, X. Salmon, Paris 2015, pp. 184–185.

29 Félicité de Genlis, *Mémoires inédits de Madame la comtesse de Genlis sur le dix-hutième siècle et la Révolution française, depuis 1756 jusqu'à nos jours*, Paris 1825, pp. 242–244.

30 Giuseppe Pavanello, *Il carteggio Canova – Quatremère de Quincy 1785–1822* in the edition by F. P. Luisio, ed. G. Pavanello, Ponzano (Treviso) 2005.

31 Antonio Canova, *Epistolario (1816–1817)*, vol. I, p. 294.

32 Cited and annotated in P. Barocchi, *Storia moderna dell'arte in Italia. Manifesti polemiche documenti, I: Dai neoclassici ai puristi 1780–1861*, Turin 1998, pp. 149–150. On this issue see M. Pavan, "Antonio Canova e la discussione sugli 'Elgin Marbles'", in *Rivista dell'Istituto Nazionale di Archeologia e Storia dell'Arte*, n.s., XXI–XXII, 1974–1975, pp. 219–344, now in M. Pavan, *Scritti su Canova e il Neoclassicismo*, Treviso 2004, pp. 181–317.

33 Antoine Chrysostôme Quatremère de Quincy, *Le jupiter olimpien ou l' Art de la sculpture antique considérée sous un noveau point de vue. Ouvrage qui comprend un essai sur la sculpture polychrome, l'analyse explicative de la toreutique, et l'histoire de la statuaire en or et en avoire chez les Grecs et les Romaines; avec la restitution de principaux Monuments de cet Art et la démostration pratique ou le Renouvellement de ses Procédés mécaniques par M. Quatremère de Quincy, membre de l'Institut*, Paris 1814.

34 A. Canova, *Epistolario (1816–1817)*, vol. I, pp. 294–295.

35 *Ibid.*, pp. 343–344.

36 *Ibid.*, pp. 359–360.

37 *Ibid.*, p. 360.

38 *The Three Graces: Antonio Canova*, exh. cat. (Edinburgh, National Gallery of Scotland, 19 August–8 October 1995) eds. H. Honour, A. Weston-Lewis, Edinburgh 1995; R. Varese, *Canova. Tre Grazie*, Milan 1997.

39 F. Mazzocca, *La ricomparsa di Polimnia: creazione e vicende di un capolavoro di Antonio Canova*, in *Per Giuseppe Mazzariol*, eds. M. Brusatin, W. Dorigo, G. Morelli, Rome 1992, pp. 171–177.

40 F. Mazzocca in *Canova. L'ideale classico tra scultura e pittura*, exh. cat. (Forlì, Musei San Domenico, 25 January–21 June 2009) eds. S. Androsov, F. Mazzocca, A. Paolucci with S. Grandesso, F. Leone, Cinisello Balsamo 2009, pp. 228–232.

41 A. Canova, *Epistolario (1816–1817)*, vol. I, p. 431. In the same letter Quatremère dwells on the funerary monument designed for the Marquise de Grollier: "What do you think about my temerity in working on a deposit? It really will not be that small. I took your idea of a ten-foot-high cippus with two large bas-reliefs. On one, a figure of *Weeping Friendship* has come out not too badly. Lange is doing the marbles for me. He helps me as much as he can and I hope things will not go too badly."

42 *Il carteggio Canova – Quatremère de Quincy* cit., pp. 133–134.

43 A. Canova, *Epistolario (1816–1817)*, vol. I, p. 484.

44 *Ibid.*, pp. 561–562.

45 *Ibid.*, vol. II, p. 885.

46 A. Canova, *Scritti*, eds. H. Honour and P. Mariuz (Edizione Nazionale delle Opere di Antonio Canova), Rome 2007, p. 488. But it should be pointed out that for the chronology of the other Ideal Heads, not all of which are mentioned, this catalogue is not reliable.

47 A. Canova, *Epistolario (1816–1817)*, vol. II, pp. 961–962.

48 *Ibid.*, pp. 1074–1075.

49 *Ibid.*, p. 1106.

50 *Ibid.*, p. 1111.

51 F. Mazzocca, *Joséphine de Beauharnais ammiratrice e collezionista di Canova, in Committenti e collezionisti di Canova*, 3, Proceedings of the Eighth International Week of Studies on Canova and Neoclassicism, Bassano del Grappa, Possagno, Padua 24–27 October 2006, eds. G. Ericani, F. Mazzocca, in "Studi Neoclassici. Rivista Internazionale", I, 2013, pp. 19–25.

52 A. C. Quatremère de Quincy, *Canova et ses ouvrages ou Mémoires historiques sur la vie et les travaux de ce célèbre artiste*, Paris 1834, anastatic edition, ed. F. Mazzocca, Bassano del Grappa 2012, pp. 169–170.

53 A. Canova, *Epistolario (1816–1817)*, vol. II, p. 1127.

54 *Ibid.*, pp. 1160–1161.
55 The document is published as an appendix to *ibid.*, p. 1208.
56 Made between 24 September, when the first instalment was paid, and 12 December 1817, date of the balance payment, as proved by the receipts kept at Possagno (LCF, bust, Consorti).
57 *Canova e l'incisione*, exh. cat. (Rome, Istituto Nazionale della Grafica, Copper engraving, 11 November 1993–6 January 1994; Bassano del Grappa; Museo Biblioteca Archivio, 19 January–24 April 1994), eds. G. Pezzini Bernini, F. Fiorani, Bassano del Grappa 1993, p. 235.
58 *Ibid.*, pp. 241, 242, 253, 254. For the English translations, see, respectively: Dante, *Inferno*, trans. Robert and Jean Hollander (Knopf Doubleday, London/New York 2002); Petrarch, *Canzoniere. Selected Poems*, sonnet 302, trans. Anthony Mortimer (Penguin, London 2002); the fragment from Sappho is translated by Laura Bennett; Dante, *Purgatorio*, trans. Robert Kirkpatrick (Penguin, London 2007).
59 I. Teotochi Albrizzi 1821–1824, vol. III, p. 56.
60 *Ibid.*, p. 55.
61 *Ibid.*, p. 56.
62 Melchiorre Missirini, *Della vita di Antonio Canova Libri quattro compilati da Melchior Missirini*, Prato 1824, anastatic edition, ed. F. Leone, Bassano del Grappa 2004, p. 222.
63 *Ibid.*, p. 221.
64 On this marble, now in a private collection, see F. Mazzocca, in *Canova l'ideale classico* cit., pp. 165–167.
65 *Ibid.*, pp. 221–222.
66 *Canova. I volti ideali*, exh. cat. (Milan, Galleria d'Arte Moderna, 25 October 2019–15 March 2020), eds. O. Cucciniello, P. Zatti, Milan 2019.
67 Elena Bassi, *La Gipsoteca di Possagno: Sculture e dipinti di Antonio Canova*, Venezia 1957, pp. 227–228; G. Pavanello, *L'opera completa del Canova*, Milan 1976, pp. 126–127, n. 293; G. Cunial, *La Gipsoteca canoviana di Possagno*, Asolo 2003, p. 33; *Il Museo e la Gipsoteca Antonio Canova di Possagno*, ed. M. Guderzo, Possagno 2012, p. 38.
68 *Catalogue d'obiets d'arts, antiquités égyptiennes, grecques et romaines, vases grecs, terres cuites, figurines en bronze, sculptures en marbre, dont deux beaux bustes de Canova. Medailles, miniatures, dessins et belles estampes anciennes et modernes, composant le Cabinet de feu M. Quatremère de Quincy, en son vivant membre de l'Institut, Secrétaire perpetuel de l'Academie des Beaux-Arts; dont la vente aura lieu Le Lundi 22 Avril 1850, heure de midi, en son domicile, rue de Condé, N° 14*, Paris 1850, p. 3. Immediately afterwards, on the same page, appears the bust of Paris now at the Art Institute of Chicago: "The Shepherd", Paris, Bust in marble. This beautiful sculpture, for which Canova was inspired by the ancient Greeks and in which the nobility and purity of the style is combined with the most perfect execution, justifies the importance given to it as a gift of friendship to M. Quatremère, for whom he sculpted it. This is indicated by the following dedication: ANTONIO QUATREMERE AMICO OPTIMO, ANTONIUS CANOVA DONO DEDIT, F. ROME, ANNO 1809. "Height, 54 cm., base, 16 cm."
69 On these portraits and the profound friendship between Canova and Juliette Récamier, see *Juliette Récamier. Muse et mécène*, exh. cat. (Lyon, Musée des Beaux Arts, 27 March–29 June 2009), ed. S. Paccoud, Paris 2009, pp. 83–85.
70 F. Mazzocca, *G. B.* "Sommariva o il borghese mecenate: il «Cabinet» neoclassico di Parigi, la Galleria romantica di Tremezzo", in *Itinerari. Contributi alla Storia dell'Arte in memoria di Maria Luisa Ferrari*, Florence 1981, vol. II, p. 268.
71 *Catalogue de la Galerie du comte de Sommariva, comprenant la collection de tableaux de l'École d'Italie, celle des peintres de l'École Française, quelques tableaux d'après le plus grands maitres et de differentes Écoles; belle réunion de pierres gravées, antiques et modernes; groupes et figures en marbre statuaire, dont LA MADELAINE, un des chefs-d'oeuvre de Canova; médailles antiques, miniatures montées en médaillon et differents objets de curiosité*, Paris 1839.
72 I. Teotochi Albrizzi 1821–1824, vol. IV, p. 88, n. 140.
73 "Three Muses, or Ideal Heads, since often the imagined beauty of the daughters of Mnemosyne was confused with that of mortal women" (*ibid.*, p. 93).
74 See p. 39, note 18. Albrizzi's mistake was picked up by another important illustrated catalogue of Canova's works derived from her book, the three sumptuous volumes published in 1828 in London by Henry Moses, who specifies, adding a fourth head, that "These three busts, which are either merely ideal or else intended for Muses, were sculptured by Canova, and presented by him to the Duke of Wellington, Lord Castlereagh, and Sir Wm. Hamilton, respectively, as token of his grateful sense of the assistance rendered to him in the recovery of works of art from the French in 1815; a fourth was also presented on the same occasion to Sir Charles Long" (*The Works of Antonio Canova, in Sculpture and Modelling, engraved in outline by Henry Moses, with descriptions from the Italian of Countess Albrizzi, and a Biographical Memoir by Count Cicognara*, London 1828, vol. III, n.p.).
75 *Catalogo cronologico delle opere di Antonio Canova, in Storia della scultura dal suo Risorgimento in Italia fino al secolo di Canova del Conte Leopoldo Cicognara per servire di continuazione all'opere di Winckelmann e di d'Agincourt. Edizione seconda riveduta ed ampliata dall'autore*, Prato 1824, anastatic edition, eds. F. Leone, B. Steindl, G. Venturi, Basssano del Grappa 2007, vol. VII, pp. 255–271.
76 *Catalogo delle opere del Canova, in Memorie di Antonio Canova scritte da Antonio D'Este e pubblicate per cura di Alessandro D'Este con note e documenti*, Florence 1864, anastatic edition, ed. P. Mariuz, Bassano del Grappa 1999, pp. 301–352.
77 I. Teotochi Albrizzi 1821–1824, vol. II, p. 4.
78 *Ibid.*, vol. IV, p. 88.
79 In *Storia della scultura* cit., p. 268.
80 Antonio D'Este, *Memorie* cit., p. 345.
81 M. Missirini, *Della vita di Antonio Canova* cit., p. 222.
82 *Arte genius loci. La donazione E. Ottenbacher Rasponi. Una famiglia alla ricerca del bello, una comunità alla sua riscoperta*, ed. N. Ceroni, Ravenna 2004, p. 16.
83 In *Storia della scultura* cit., p. 269.
84 *La Gipsoteca di Possagno* cit., pp. 220–221, nn. 241, 243. See also the three Ideal Heads reproduced in O. Stefani, *Antonio Canova. La statuaria*, Milan 1999, pp. 151 (fig. 189), 155 (figs. 197, 198).
85 This gesso (Inv. S 56) is in a mediocre state of conservation, having lost some of the curls on the right side of the forehead and the final section of the ringlets at the back.
86 Catalogue entry by O. Cucciniello in *Canova. I volti ideali* cit., pp. 125–126.
87 In *Scritti d'arte del primo Ottocento*, ed. F. Mazzocca, Milan-Naples 1998, p. 85.
88 This was how he described, in a famous letter to Quatremère on 9 November 1815, the Parthenon marbles he had gone to see in London (reported and commented on in P. Barocchi, *Storia moderna dell'arte in Italia* cit., pp. 149–151).
89 "Memoria del Signor Quatremère de' Quincy, sul Canova e sulle quattro statue che si vedono all'esposizione pubblica del Museo di Parigi (1808)", Italian trans. by A. Pochini, in *Biblioteca Canoviana* cit., vol. I, p. 149.

Supplementary references for the facsimiles:

Los Angelos, Getty Research Institute Library
pp. 20, 26, 31, 34, 41, 135:
Fig. 5, Giovanni Paolo Lasinio, *Frontispiece* in I. Teotochi Albrizzi, *Opere di scultura e di plastica di Antonio Canova*, 1821–24 (vol. III). Figs. 9, 14, 16, 21, 65, Giovanni Paolo Lasinio, *Muse* in I. Teotochi Albrizzi, *Opere di scultura e di plastica di Antonio Canova* 1821–24 (vol. I, ill. 13; vol. IV, ill. 140, 141, 142).
pp. 112–114
Figs. 56–58 Giovanni Paolo Lasinio, *Ideal Head in marble* (*La Riconoscenza*) in I. Teotochi Albrizzi, *Opere di scultura e di Plastica di Antonio Canova*, 1821–24 (vol. III, ill. 93, pp. 55, 56).

Bassano del Grappa, Biblioteca Civica
pp. 49–50 :
Figs. 24, 25, Letter from Marquise de Grollier to Canova, 16.06.1816, *Celebre et exellent Canova Marquis d'Ischia…*, BCB, Epistolario Canova, V.481.3455.
pp. 53–55:
Figs. 28–30 Letter from Quatremère de Quincy to Canova 29.10.1816… *Del busto di Elena non ho fatto parola* … BCB, Epistolario Canova, VII.835.4459.
pp. 81–82:
Figs. 43, 44, Letter from Marquise de Grollier to Canova, 30.06.1817, …*Non mi aspettavo una sorpresa così delicata*…, BCB, Epistolario Canova, V.481.3457.
pp. 83–85:
Figs. 45–48 Letter from Quatremère de Quincy to Canova, 15.11.1817, … *Al fin s'è sciolto l'enigma della marchesa di Grollier* …BCB, Epistolario Canova, VII.835.4459.

Paris, Bibliothèque nationale de France
Collection of one hundred and eleven autograph letters by Canova to Quatremère de Quincy, from 1801 to 1822.
pp. 51–52:
Figs. 26, 27, Letter from Canova to Quatremère De Quincy, 12.08.1816, … *Madama de Grollier ha scritto* …, Département des Manuscrits, italien 65, pp. 217–218.
p. 56:
Fig. 31 Letter from Canova to Quatremère de Quincy, 30.10. 1816, Département des Manuscrits, italien 65, p. 222.
pp. 87, 88:
Figs. 49, 50 Letter from Canova to Quatremère de Quincy, 27.12.1817, *La vostra del 24 passato* …, Département des Manuscrits, italien 65, pp. 234–235.

Rome, Istituto Nazionale per la Grafica
pp. 107–109:
Figs. 54, 55, Bernardino Consorti based on a design by Giovanni Tognoli in Pier Luigi Scheri (ed.) *Stampe delle opere scolpite da Antonio Canova*, 1817 (n.p.) , CI 1331.

Fernando Mazzocca

ANTONIO CANOVA

La Riconoscenza e le Teste Ideali

1 Pietro Giordani, *Panegirico ad Antonio Canova dedicandosi il suo Busto nell'Accademia di Belle Arti in Bologna*, 28 giugno 1810, in P. Giordani, *Scritti editi e postumi, pubblicati da Antonio Gussalli*, Milano 1856, vol. II, p. 19, ora in P. Giordani, *Panegirico ad Antonio Canova*, edizione critica e commentata a cura di G. Dadati, Piacenza 2008, p. 57.

2 Nella ricca bibliografia su di lei i contributi più significativi e aggiornati sono quelli di C. Giorgetti, Ritrattodi Isabella. Studi e documenti su Isabella Teotochi Al-brizzi, Firenze 1992, e G. Venturi, Canova e IsabellaTeotochi Albrizzi, in *Opere di scultura e di plasticadi Antonio Canova* descritte da Isabella Albrizzi nata Teotochi, Pisa 1821-1824, 4 voll., (edizione anastatica a cura di M. Pastore Stocchi e G. Venturi, Bassano del Grappa, Istituto di ricerca per gli studi su Canova e il Neoclassicismo, 2003, pp. 3-34, citato in seguito Teotochi Albrizzi 1821-1824).

3 Su questo marmo riscoperto solo di recente si vedano: *L'arte a Palazzo Koch*, Milano 2006, pp. 181-182, n. 129; *Il fascino e il mito dell'Italia dal Cinquecento al Contemporaneo*, catalogo della mostra (Monza, Villa Reale, 23 aprile-6 settembre 2015) a cura di C. Bon Valsassina, C. Bandera, A. Masoero, F. Mazzocca, Milano 2015, pp. 131, 136-137, 202.

4 Isabella Teotochi Albrizzi 1821-1824, I, pp. 93-95.

5 Lettera di Leopoldo Cicognara a Canova datata Venezia, 10 giugno 1812, in L. Cicognara, *Lettere ad Antonio Canova*, a cura di G. Venturi, Urbino 1973, pp. 16-18.

6 Lettera di Canova a Cicognara, Roma, 10 luglio 1812, in V. Malamani, *Un'amicizia di Antonio Canova. Lettere di lui al Conte Cicognara*, Città di Castello 1890, p. 11.

7 I. Teotochi Albrizzi 1821-1824, vol. I, pp. 48-56.

8 *Ibid.*, pp. 53-54.

9 *Ibid.*, p. 53.

10 Sui successivi spostamenti dell'opera alienata alla fine del secolo scorso dalla famiglia Albrizzi si veda E. Bassi, L. Urban Padoan, *Canova e gli Albrizzi, tra ridotti e dimore di campagna del tempo*, Milano 1989.

11 Fernando Mazzocca, *Byron a Venezia e la fascinazione per l'Elena di Canova. Isabella Teotochi e Giustina Renier Michiel regine dei salotti intellettuali*, in *Canova, Hayez, Cicognara. L'ultima gloria di Venezia*, catalogo della mostra (Venezia, Gallerie dell'Accademia, 29 settembre 2017-2 aprile 2018) a cura di F. Mazzocca, P. Marini, R. De Feo, Venezia 2017, pp. 256-259.

12 George Gordon Byron, *Letters and Journals*, Londra 1830, vol. 2, p. 61. Veda *Lord Byron's Complete Poetical Works*, con una prefazione introduttiva sulla poesia di Byron di Alexander Neidhardt, Berlin 1865, vol. 6, p. 249: "In questa mirabile visione marmorea / Al di sopra delle opere e dei pensieri dell'Uomo / Quanto potrebbe e non fa la natura / che la Bellezza e Canova hanno fatto! / Dal potere dell'immaginazione / Dalla perduta arte dei bardi, / Con il dono dell'immortalità, / Ecco l'Elena del nostro cuore / [Nov. 1816]".

13 Léon G. Pélissier, *Canova, la Comtesse d'Albany et le Tombeau d'Alfieri*, in "Nuovo Archivio Veneto", 1902-1903, n.s. voll. III e IV.

14 Isabella Bottoni, *Canova, Camuccini, Landi: ineditі dal collezionismo lombardo*, in "Paragone Arte", a. LXX, terza serie, n. 144 (831), marzo 2019, pp. 11-14, 21-23, tavv. 8, 9. Tra il 1816 e il 1817 era stata ceduta dal Pezzoli al collezionista cremonese Gaetano Bolzesi.

15 I. Teotochi Albrizzi 1821-1824, vol. IV, p. 87, tavv. CXL, CXLI, CXLII. La *Musa* ritrovata, già in prestito al Metropolitan Museum di New York, è riprodotta alla tav. CXL.

16 *Ibid.*, pp. 45-46, tav. XC.

17 Leopoldo Cicognara, *Storia della scultura dal suo Risorgimento in Italia fino al secolo di Canova*, Prato 1824, ed. anastatica a cura di F. Leone, B. Steindl, G. Venturi, Bassano del Grappa 2007, vol. VII, p. 264.

18 *Canova Ideal Heads*, catalogo della mostra (Chambers Hall Gallery, Ashmolean Museum, 11 luglio-14 settembre 1997) a cura di K. Eustace, Oxford 1997. Come notato da Katharine Eustace 1997 all'Ashmolean Museum (pp. 36, 37), la Musa per Charles Long corrisponde all'incisione di Giovanni Paolo Lasinio n. 142, p. 41, che la Albrizzi scambiò per la Testa inviata a William Richard Hamilton.

19 *Catalogue des peintures et sculptures exposées dans les Galeries du Musée Fabre de la Ville de Montpellier*, a cura di G. D'Albenas, Montpellier 1914, pp. 305-306; G. Hubert, *La sculpture dans l'Italie Napoléonienne*, Paris 1964, p. 323; F. Mazzocca in *Antonio Canova*, catalogo della mostra (Venezia, Museo Correr e Possagno, Gipsoteca, 22 marzo-30 settembre 1992), a cura di G. Pavanello e G. Romanelli, Venezia 1992, p. 323.

20 Ugo Foscolo, *Epistolario*, a cura di P. Carli, vol. IV, Edizione nazionale delle Opere di Ugo Foscolo, Firenze 1954, pp. 134-135.

21 In particolare nel grande centrotavola del Museo Civico di Bassano, sul quale si rimanda a *I Trionfi di Volpato. Il centrotavola del Museo di Bassano del Grappa e il biscuit neoclassico*, a cura di H. Honour, C. Balsamo 2003.

22 La sua figura è stata ricostruita nell'introduzione all'edizione anastatica (a cura di C. Sisi Bassano del Grappa 2002) di G. Rosini, *Saggio sulla vita e le opere di Antonio Canova*, Pisa 1825.

23 *Cultura neoclassica e romantica nella Toscana Granducale. Collezioni lorenesi, acquisizioni posteriori, depositi*, a cura di S. Pinto, Firenze 1972, pp. 120-121.

24 *Canto funebre ad Antonio Canova del Prof. Giovanni Rosini, Dedicato agli ornatissimi Consigliere Francesco Aglietti e Co. Leopoldo Cicognara*, in *Biblioteca Canoviana ossia Raccolta delle migliori prose, e de' più scelti componimenti poetici sulla vita, sulle opere ed in morte di Antonio Canova*, tomo terzo, Venezia 1823, ed. anastatica a cura di A. Bruni, M. Pastore Stocchi, G. Venturi, Bassano del Grappa 2005, pp. 53-64.

25 Lettera di Giuseppe Bossi a Canova, datata Milano, 18 maggio 1811, in G. Bossi, *Scritti sulle arti*, a cura di R. P. Ciardi, Firenze, 1982, vol. II, p. 682.

26 I. Teotochi Albrizzi 1821-1824, vol. II, pp. 3-4.

27 Pubblicata in *Antonio Canova, Epistolario* (*1816-1817*), a cura di H. Honour e P. Mariuz, Roma 2002, tomo I, pp. 294-295 (citato in seguito come Epistolario Canova 1816-1817).

28 *Élisabeth Louise Vigée Le Brun*, catalogo della mostra (Paris, Grand Palais, Galeries nationales, 23 settembre 2015-11 gennaio 2016; New York, The Metropolitan Museum of Art, 9 febbraio-15 maggio 2016; Ottawa, Musée des Beaux-Arts du Canada, 10 giugno-12 settembre 2016) a cura di J. Baillio e X. Salmon, Paris 2015, pp. 184-185.

29 Félicité de Genlis, *Mémoires inédits de Madame la comtesse de Genlis sur le dix-hutième siècle et la Révolution française, depuis 1756 jusqu'à nos jours*, Paris 1825, pp. 242-244.

30 Giuseppe Pavanello, *Il carteggio Canova – Quatremère de Quincy 1785-1822* nell'edizione di F. P. Luisio, a cura di G. Pavanello, Ponzano (Treviso) 2005.

31 *Canova Epistolario 1816-1817*, vol. I, p. 294.

32 Citata e annotata in Paolo Barocchi, *Storia moderna dell'arte in Italia. Manifesti polemiche documenti, I: Dai neoclassici ai puristi 1780-1861*, Torino 1998, pp. 149-150. Sull'argomento si rimanda a M. Pavan, *Antonio Canova e la discussione sugli "Elgin Marbles"*, in "Rivista dell'Istituto Nazionale di Archeologia e Storia dell'Arte", n.s., XXI-XXII, 1974-1975, pp. 219-344, ora in M. Pavan, *Scritti su Canova e il Neoclassicismo*, Treviso 2004, pp. 181-317.

33 Antoine Chrysostôme Quatremère de Quincy, *Le jupiter olimpien ou l' Art de la sculpture antique considérée sous un noveau point de vue. Ouvrage qui comprend un essai sur la sculpture polychrome, l'analyse explicative de la toreutique, et l'histoire de la statuaire en or et en avoire chez les Grecs et les Romaines; avec la restitution de principaux Monuments de cet Art et la démonstration pratique ou le Renouvellement de ses Procédés mécaniques par M. Quatremère de Quincy, membre de l'Institut*, Paris 1814.

34 *Canova Epistolario 1816-1817*, vol. I, pp. 294-295.

35 *Ibid.*, pp. 343-344.

36 *Ibid.*, pp. 359-360.

37 *Ibid.*, p. 360.

38 *The Three Graces*: *Antonio Canova*, catalogo della mostra (Edimburgo, National Gallery of Scotland, 19 agosto-8 ottobre 1995) a cura di H. Honour, A. Weton-Lewis, Edinburgh 1995; R. Varese, *Canova. Tre Grazie*, Milano 1997.

39 F. Mazzocca, *La ricomparsa di Polimnia: creazione e vicende di un capolavoro di Antonio Canova*, in *Per Giuseppe Mazzariol*, a cura di M. Brusatin, W. Dorigo, G. Morelli, Roma 1992, pp. 171-177.

40 F. Mazzocca in *Canova. L'ideale classico tra scultura e pittura*, catalogo della mostra (Forlì, Musei San Domenico, 25 gennaio-21 giugno 2009) a cura di S. Androsov, F. Mazzocca, A. Paolucci con S. Grandesso, F. Leone, Cinisello Balsamo 2009, pp. 228-232.

41 *Canova Epistolario 1816-1817*, vol. I, p. 431. In questa stessa lettera Quatremère si sofferma sul monumento funerario progettato per la de Grollier: "Ma che dite della mia temerarietà d'eseguir un deposito. Veramente non sarà tanto piccolo ho preso l'idea già vostra d'un cippo di dieci piedi d'altezza con due gran bassi rilievi. Sopra uno m'è venuta non troppo male la figura d'una *Amicizia piangente*. Lange è quello che mi fa gli marmi, m'ajuto come posso, e spero che la cosa non anderà troppo male".

42 G. Pavanello, *Il carteggio Canova – Quatremère de Quincy* cit., pp. 133-134.

43 *Canova Epistolario 1816-1817*, vol. I, p. 484.

44 *Ibid.*, pp. 561-562.

45 *Ibid.*, vol. II, p. 885.

46 *Antonio Canova, Scritti*, a cura di H. Honour e P. Mariuz (Edizione Nazionale delle Opere di Antonio Canova), Roma 2007, p. 488. Ma bisogna sottolineare che per la cronologia delle altre Teste Ideali, peraltro non tutte menzionate, questo Catalogo non risulta attendibile.

47 *Canova Epistolario 1816-1817*, vol. II, pp. 961-962.

48 *Ibid.*, pp. 1074-1075.

49 *Ibid.*, p. 1106.

50 *Ibid.*, p. 1111.

51 F. Mazzocca, *Joséphine de Beauharnais ammiratrice e collezionista di Canova*, in *Committenti e collezionisti di Canova*, 3, Atti dell'Ottava Settimana Internazionale di Studi su Canova e il Neoclassicismo, Bassano del Grappa, Possagno, Padova 24-27 ottobre 2006, a cura di G. Ericani e F. Mazzocca, in "Studi Neoclassici. Rivista Internazionale", I, 2013, pp. 19-25.

52 A.C. Quatremère de Quincy, *Canova et ses ouvrages ou Mémoires historiques sur la vie et les travaux de ce célèbre artiste*, Paris 1834, ed. anastatica a cura di F. Mazzocca, Bassano del Grappa 2012, pp. 169-170.
53 *Canova Epistolario 1816-1817*, vol. II, p. 1127.
54 *Ibid.*, pp. 1160-1161.
55 Il documento è pubblicato in Appendice a *ibid.*, p. 1208.
56 Realizzata tra il 24 settembre, in cui fu versata la prima rata, e il 12 dicembre del 1817, data del saldo, come provano le ricevute conservate a Possagno (LCF, busta, Consorti).
57 *Canova e l'incisione*, catalogo della mostra (Roma, Istituto Nazionale della Grafica, Calcografia, 11 novembre 1993-6 gennaio 1994; Bassano del Grappa; Museo Biblioteca Archivio, 19 gennaio-24 aprile 1994), a cura di G. Pezzini Bernini e F. Fiorani, Bassano del Grappa 1993, p. 235.
58 *Ibid.*, pp. 241, 242, 253, 254.
59 I. Teotochi Albrizzi 1821-1824, vol. III, p. 56.
60 *Ibid.*, p. 55.
61 *Ibid.*, p. 56.
62 M. Missirini, *Della vita di Antonio Canova Libri quattro compilati da Melchior Missirini*, Prato 1824, ed. anastatica a cura di F. Leone, Bassano del Grappa 2004, p. 222.
63 *Ibid.*, p. 221.
64 Su questo marmo, ora in collezione privata, si veda F. Mazzocca, in *Canova l'ideale classico* cit., pp. 165-167.
65 M. Missirini, *Della vita* cit., pp. 221-222.
66 *Canova. I volti ideali*, catalogo della mostra (Milano, Galleria d'Arte Moderna , 25 ottobre 2019-15 marzo 2020), a cura di O. Cucciniello e P. Zatti, Milano 2019.
67 E. Bassi, *La Gipsoteca di Possagno: Sculture e dipinti di Antonio Canova*, Venezia 1957, pp. 227-228; G. Pavanello, *L'opera completa del Canova*, Milano 1976, pp. 126-127, n. 293; G. Cunial, *La Gipsoteca canoviana di Possagno*, Asolo 2003, p. 33; *Il Museo e la Gipsoteca Antonio Canova di Possagno*, a cura di M. Guderzo, Possagno 2012, p. 38.
68 *Catalogue d'obiets d'arts, antiquités égyptiennes, grecques et romaines, vases grecs, terres cuites, figurines en bronze, sculptures en marbre, don't deux beaux bustes de Canova. Medailles, miniatures, dessins et belles estampes anciennes et modernes, composant le Cabinet de feu M. Quatremère de Quincy, en son vivant membre de l'Institut, Secrétaire perpetuel de l'Academie des Beaux-Arts; don't la vente aura lieu Le Lundi 22 Avril 1850, heure de midi, en son domicile, rue de Condé, N° 14*, Paris 1850, p. 3. Subito dopo, nella stessa pagina, compare il busto di Paride, ora all'Art Institute di Chicago: "Le Berger Pàris, Buste en marbre. Ce beau morceau de sculpture, pour lequel Canova s'est inspiré des artistes grecs, et où la noblesse et la pureté du style est joint à la plus parfait execution, justifie l'importance que lui-même y attachait en faisant don d'amitié à M. Quatremère, pour lequel il l'avait executé. Ce que nous indique la dédication suivante: ANTONIO QUATREMERE AMICO OPTIMO, ANTONIUS CANOVA DONO DEDIT, F. ROME, ANNO 1809. "Hauteur, 54 cent., socle, 16 cent."
69 Su questi ritratti e la profonda amicizia tra Canova e la Récamier si rimanda a *Juliette Récamier. Muse et mécène*, catalogo della mostra (Lione, Musée des Beaux Arts, 27 marzo-29 giugno 2009), a cura di S. Paccoud, Paris 2009, pp. 83-85.
70 In F. Mazzocca, *G.B. Sommariva o il borghese mecenate: il «Cabinet» neoclassico di Parigi, la Galleria romantica di Tremezzo*, in *Itinerari. Contributi alla Storia dell'Arte in memoria di Maria Luisa Ferrari*, Firenze 1981, vol. II, p. 268.
71 *Catalogue de la Galerie du comte de Sommariva, comprenant la collection de tableaux de l'École d'Italie, celle des peintres de l'École Française, quelques tableaux d'après le plus grands maitres et de differentes Écoles; belle réunion de pierres gravées, antiques et modernes; groupes et figures en marbre statuaire, dont LA MADELAINE, un des chefs-d'oeuvre de Canova; médailles antiques, miniatures montées en médaillon et differents objets de curiosité*, Paris 1839.
72 I. Teotochi Albrizzi 1821-1824, vol. IV, p. 88, n. 140.
73 "Tre Muse, o Teste Ideali che sieno, poiché spesso la immaginata bellezza delle figliuole di Mnemosine, con quella delle mortali donne si confuse" (*ibid.*, p. 93).
74 Si veda qui a p. 39, nota 18. L'errore della Albrizzi venne ripreso da un altro importante repertorio illustrato delle opere di Canova, derivato dalla sua opera, i tre sontuosi volumi pubblicati nel 1828 a Londra da Henry Moses, che precisa, aggiungendo una quarta testa: "These three busts, wich are either merely ideal or else intended for Muses, were sculptured by Canova, and presented by him to the Duke of Wellington, Lord Castelreagh, and Sir Wm. Hamilton, respectively, as token of his grateful sense of the assistance rendered to him in the recovery of works of art from the French in 1815; a fourth was also presented on the same occasion to Sir Charles Long" (*The Works of Antonio Canova, in Sculpture and Modelling, engraved in outline by Henry Moses, with Descriptions from the Italian of Countess Albrizzi, and a Biographical Memoir by Count Cicognara*, London 1828, vol. III, s.i.p.).
75 *Catalogo cronologico delle opere di Antonio Canova*, in *Storia della scultura dal suo Risorgimento in Italia fino al secolo di Canova del Conte Leopoldo Cicognara per servire di continuazione all'opere di Winckelmann e di d'Agincourt. Edizione seconda riveduta ed ampliata dall'autore*, Prato 1824, ed. anastatica a cura di F. Leone, B. Steindl, G. Venturi, Basssano del Grappa 2007, vol. VII, pp. 255-271.
76 *Catalogo delle opere del Canova*, in *Memorie di Antonio Canova scritte da Antonio D'Este e pubblicate per cura di Alessandro D'Este con note e documenti*, Firenze 1864, ed. anastatica a cura di P. Mariuz, Bassano del Grappa 1999, pp. 301-352.
77 I. Teotochi Albrizzi 1821-1824, vol. II, p. 4.
78 *Ibid.*, vol. IV, p. 88.
79 In *Storia della scultura* cit., p. 268.
80 Antonio D'Este, *Memorie* cit., p. 345.
81 M. Missirini, *Della vita di Antonio Canova* cit., p. 222.
82 *Arte genius loci. La donazione Elsbeth Ottenbacher Rasponi. Una famiglia alla ricerca del bello, una comunità alla sua riscoperta*, a cura di N. Ceroni, Ravenna 2004, p. 16.
83 In *Storia della scultura* cit., p. 269.
84 *La Gipsoteca di Possagno* cit., pp. 220-221, nn. 241, 243. Ma si vedanno anche le tre Teste Ideali riprodotte in O. Stefani, *Antonio Canova. La statuaria*, Milano 1999, pp. 151 (fig. 189), 155 (figg. 197, 198).
85 Questo gesso (Inventario S 56) si trova in un mediocre stato di conservazione, avendo perduto alcuni riccioli nella parte destra della fronte e la parte finale dei boccoli posteriori.
86 Scheda di O. Cucciniello in *Canova. I volti ideali* cit., pp. 125-126.
87 In *Scritti d'arte del primo Ottocento*, a cura di F. Mazzocca, Milano-Napoli 1998, p. 85.
88 Così definiva, in una celebre lettera a Quatremère del 9 novembre 1815, i marmi del Partenone che era andato a visionare a Londra (riportata e commentata in P. Barocchi, *Storia moderna dell'arte in Italia* cit., pp. 149-151).
89 *Memoria Del Signor Quatremère de' Quincy, sul Canova e sulle quattro statue che si vedono all'esposizione pubblica del Museo di Parigi* (1808), trad. it. di A. Pochini, in *Biblioteca Canoviana* cit., tomo primo, p. 149.

Informazioni supplementari sulle fonti dei facsimili:

Los Angelos, Getty Research Institute Library
pp. 20, 26, 31, 34, 41, 135:
Fig. 5, Giovanni Paolo Lasinio, *Frontispiece* in I. Teotochi Albrizzi, *Opere di scultura e di plastica di Antonio Canova*, 1821-24 (vol. III). Figg. 9, 14, 16, 21, 65, Giovanni Paolo Lasinio, *Muse* in I. Teotochi Albrizzi, *Opere di scultura e di plastica di Antonio Canova* 1821-24 (vol. I, ill. 13; vol. IV, ill. 140, 141, 142).
pp. 112-114
Figg. 56-58 Giovanni Paolo Lasinio, *Testa Ideale in marmo* (*La Riconoscenza*) in I. Teotochi Albrizzi, *Opere di scultura e di Plastica di Antonio Canova*, 1821-24 (vol. III, ill. 93, pp. 55, 56).

Bassano del Grappa, Biblioteca Civica
pp. 49-50 :
Figg. 24, 25, Lettera di Marquise de Grollier a Canova, 16.06. 1816, *Celébre et exellent Canova Marquis d'Ischia...*, BCB, Epistolario Canova, V.481.3455.
pp. 53-55:
Figg. 28-30 Lettera di Quatremère de Quincy a Canova 29.10.1816, ... *Del busto di Elena non ho fatto parola* ..., BCB, Epistolario Canova, VII.835.4459.
pp. 81-82:
Figg. 43, 44, Lettera di Marquise de Grollier a Canova, 30. 06.1817, *Non mi aspettavo una sorpresa così delicata...*, BCB, Epistolario Canova, V.481.3457.
pp. 83-85:
Figg. 45-48 Lettera di Quatremère de Quincy a Canova, 15.11.1817, *Al fin s'è sciolto l'enigma della marchesa di Grollier* ..., BCB, Epistolario Canova, VII.835.4459.

Parigi, Bibliothèque nationale de France
Raccolta di centoundici lettere autografe di Canova a Quatremère de Quincy, dal 1801 al 1822.
pp. 51-52:
Figg. 26, 27, Lettera di Canova a Quatremère De Quincy, 12.08.1816, *Madama de Grollier mi ha scritto* ..., Département des Manuscrits, italien 65, pp. 217-218.
p. 56:
Fig. 31 Lettera di Canova a Quatremère de Quincy, 30.10. 1816, Département des Manuscrits, italien 65, p. 222.
pp. 87, 88:
Figg. 49, 50 Lettera di Canova a Quatremère de Quincy, 27.12.1817, *La vostra del 24 passato* ..., Département des Manuscrits, italien 65, pp. 234-235.

Roma, Istituto Nazionale per la Grafica
pp. 107-109:
Figg. 54, 55, Bernardino Consorti su un disegno di Giovanni Tognoli in Pier Luigi Scheri (ed.) *Stampe delle opere scolpite da Antonio Canova*, 1817 (n.p.) , Cl 1331.

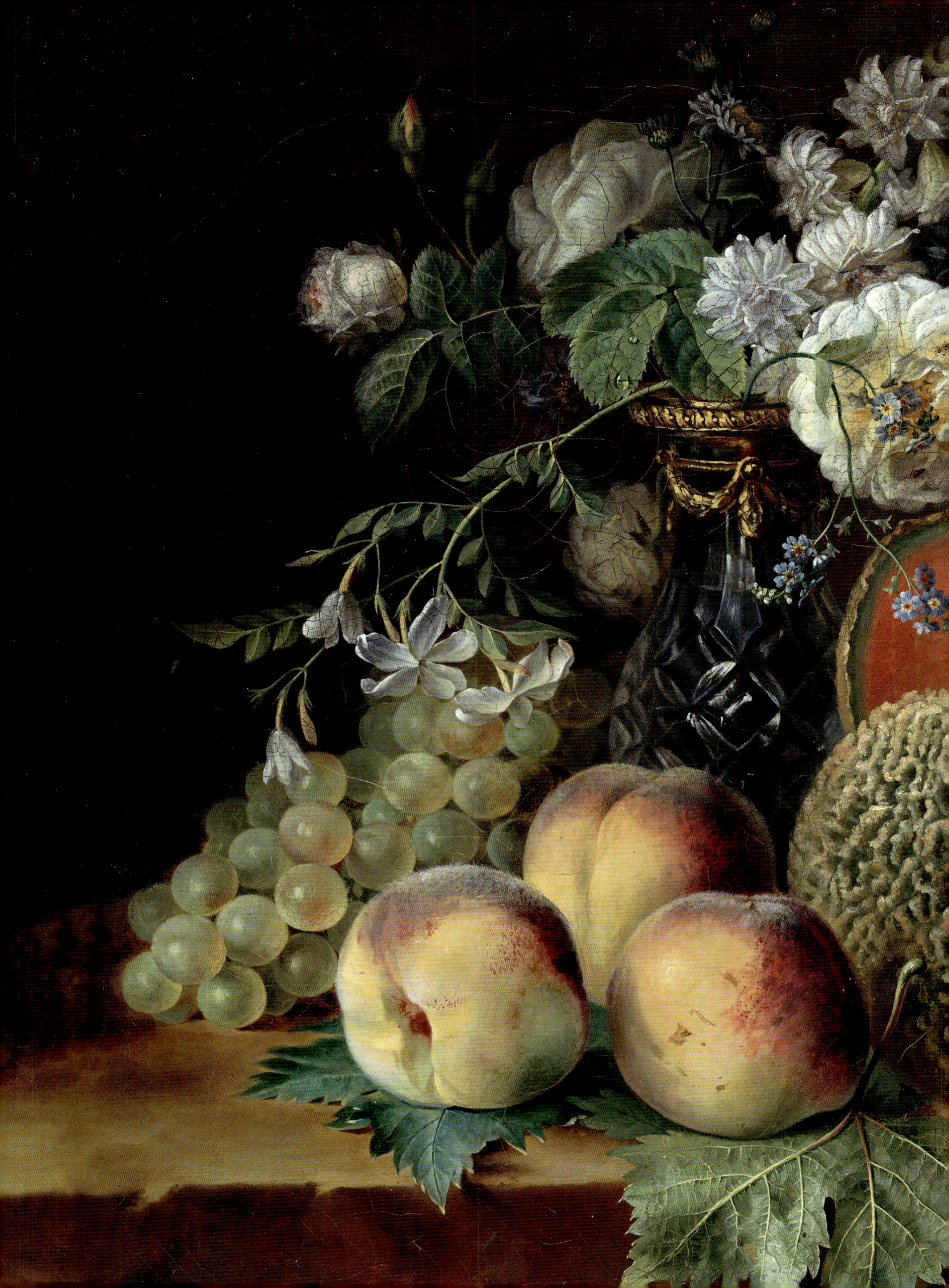

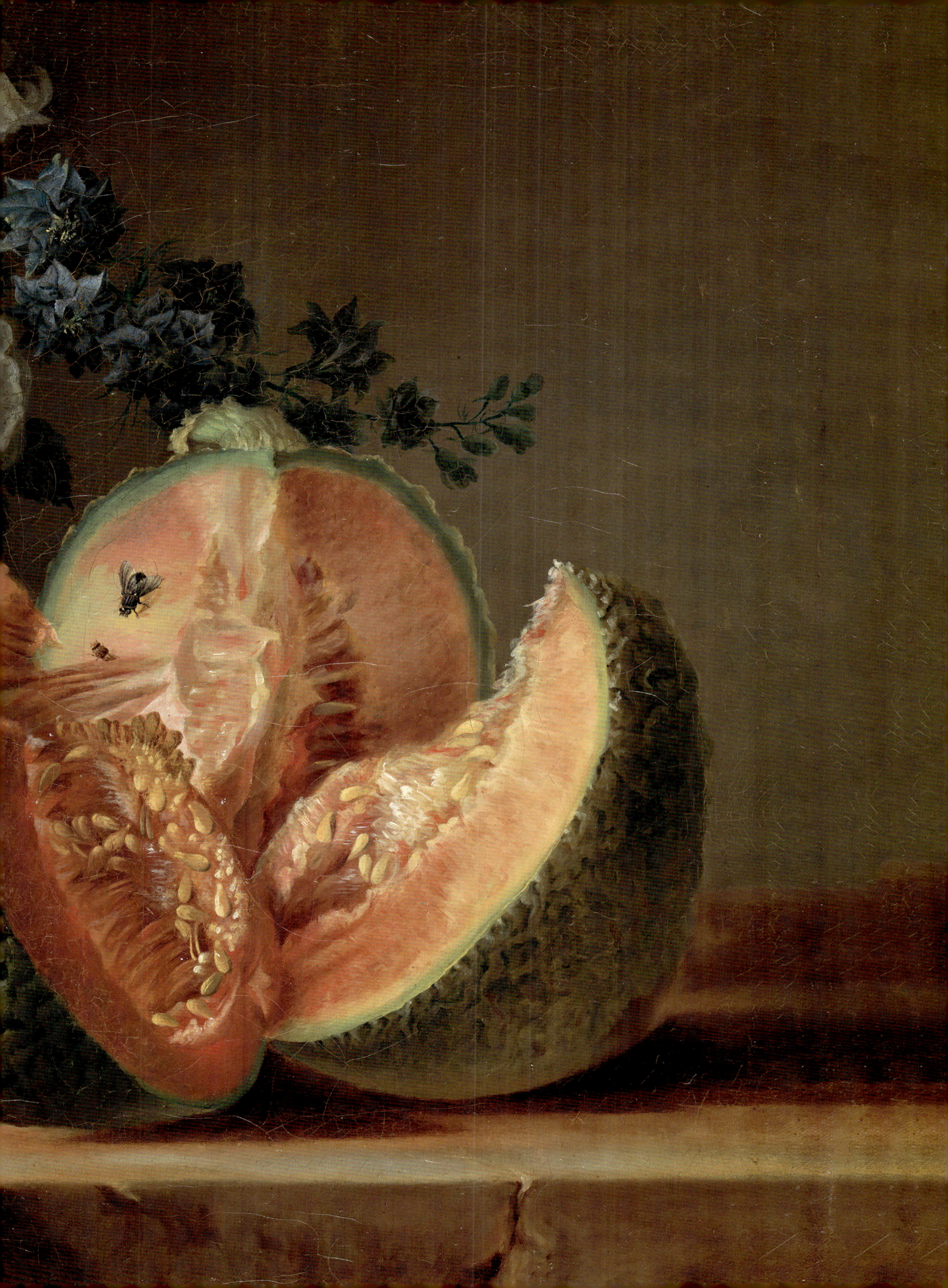

Biographical summaries / Cenni biografici
by Miriam Prencipe

The Key Characters
I protagonisti della vicenda

Charlotte Eustache Sophie de Fuligny-Damas, Marquise de Grollier

Daughter of a privileged heaven

Figlia di un cielo privilegiato

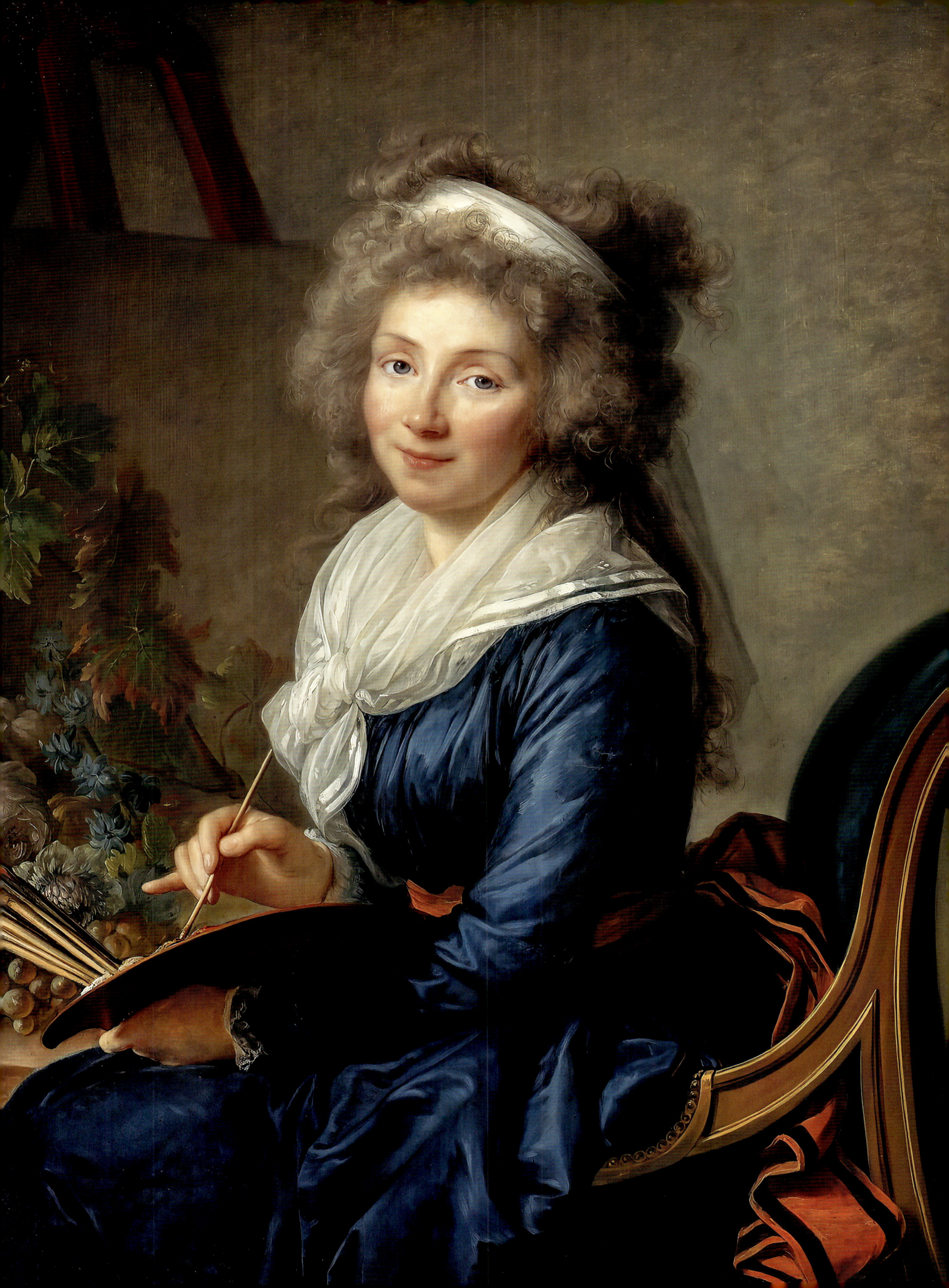

The Friend of Vigée Le Brun

Charlotte Eustace Sophie de Fuligny-Damas, known as the Marquise de Grollier, was an artist and leading light on the intellectual, cultural and high-society stage of the Paris of her time. She has now been fully rediscovered by official art history. According to Canova, who got to know the marquise in Rome during her exile after the French Revolution, she was "the Raphael of flower painting". The sculptor produced several works for this extraordinary figure.

The most important female painter of the eighteenth century, Élisabeth Louise Vigée Le Brun (fig. 70) recalls in her *Souvenirs* that – at the start of her career – she preferred the company of the Marquise de Grollier to that of anyone else in Paris, and frequently attended the marquise's salon, a place the artist remembers never leaving without having learned something new or instructive.[1] The marquise "painted flowers with great skill" (figs. 68, 72), obtaining results more beautiful than those of members of the Académie Royale. Vigée Le Brun finally remembers her as a woman of great heart and immense generosity, surrounded by devout friends until the end of her days.[2]

In her writing dedicated to Canova's art, the author and essayist Isabella Teotochi Albrizzi describes the marquise as a woman who "*combined the supreme sweetness of her art and the rare refinement of her spirit with a fine taste in good art*".[3]

Born in 1741, Charlotte Eustace Sophie de Fuligny-Damas acquired her aristocratic title following her marriage to Pierre Louis Marquis de Grollier and Treffort (1730–1793). Her precocious interest in drawing and painting would lead her to take lessons from Gérard van Spaendonck (1746–1822), a painter and engraver of Dutch origin who specialised in the floral genre.[4] Van Spaendonck found great success in Paris, so much so that in 1774 he became the miniaturist to Louis XVI and a member of the Académie Royale in 1777, before succeeding Madeleine Françoise Basseporte in 1780 as "peintre des plantes du Jardin du Roi", the official painter of plants in the Royal Garden.[5] The Marquise de Grollier nurtured a profound esteem for her teacher, and her

Charlotte Eustace Sophie de Fuligny-Damas, nota come marchesa de Grollier, fu un'artista e una figura di riferimento per la vita intellettuale, culturale e mondana della Parigi del suo tempo: oggi è stata pienamente riscoperta dalla storia dell'arte ufficiale. Canova, che la conobbe a Roma durante l'esilio della donna a seguito alla Rivoluzione francese, la definì "il Raffaello della pittura floreale". Per questa figura straordinaria, lo scultore eseguì diverse opere.

La più importante pittrice del XVIII secolo, Élisabeth Louise Vigée Le Brun (fig. 70) ricorda nei suoi *Souvenirs* di avere apprezzato – all'inizio della sua carriera – la compagnia di de Grollier più di chiunque altro a Parigi e di essere stata una frequentatrice del salotto della marchesa, luogo che l'artista rammenta di non avere mai lasciato senza aver appreso qualcosa di nuovo o istruttivo. La marchesa "dipingeva fiori con grande maestria" (figg. 68, 72), ottenendo risultati più sublimi di quelli dei membri dell'Académie Royale. Vigée Le Brun la ricorda infine come una donna di gran cuore e dall'immensa generosità, circondata da amici devoti fino alla fine dei suoi giorni.[2]

La scrittrice e saggista Isabella Teotochi Albrizzi nei suoi scritti dedicati all'opera di Canova descrive la marchesa come una donna che "*all'amabilità somma del cuore, e alla rara finezza dello spirito accoppia un gusto finissimo per le buone arti*".[3]

Nata nel 1741, Charlotte Eustace Sophie de Fuligny-Damas ottenne il titolo aristocratico a seguito del matrimonio con Pierre Louis marchese de Grollier e Treffort (1730-1793). Il suo precoce interesse per il disegno e la pittura la portò a prendere lezioni da Gérard van Spaendonck (1746-1822), pittore e incisore di origine olandese specializzato nel genere floreale.[4] A Parigi costui ottenne un grande successo, tanto da diventare nel 1774 il miniaturista di Luigi XVI e nel 1777 membro dell'Académie Royale, prima di succedere nel 1780 a Madeleine Françoise Basseporte come "peintre des plantes du Jardin du Roi", l'incarico ufficiale di chi ritraeva le piante del giardino reale.[5] La de Grollier nutrì una profonda stima per il suo maestro, e la riconoscenza nei suoi confronti si tradusse nell'abitudine a firmare i suoi dipinti come "élève de Van Spaendonck". Una bella natura morta della marchesa, risalente agli anni Ottanta del XVIII secolo e

L'amica di Vigée Le Brun

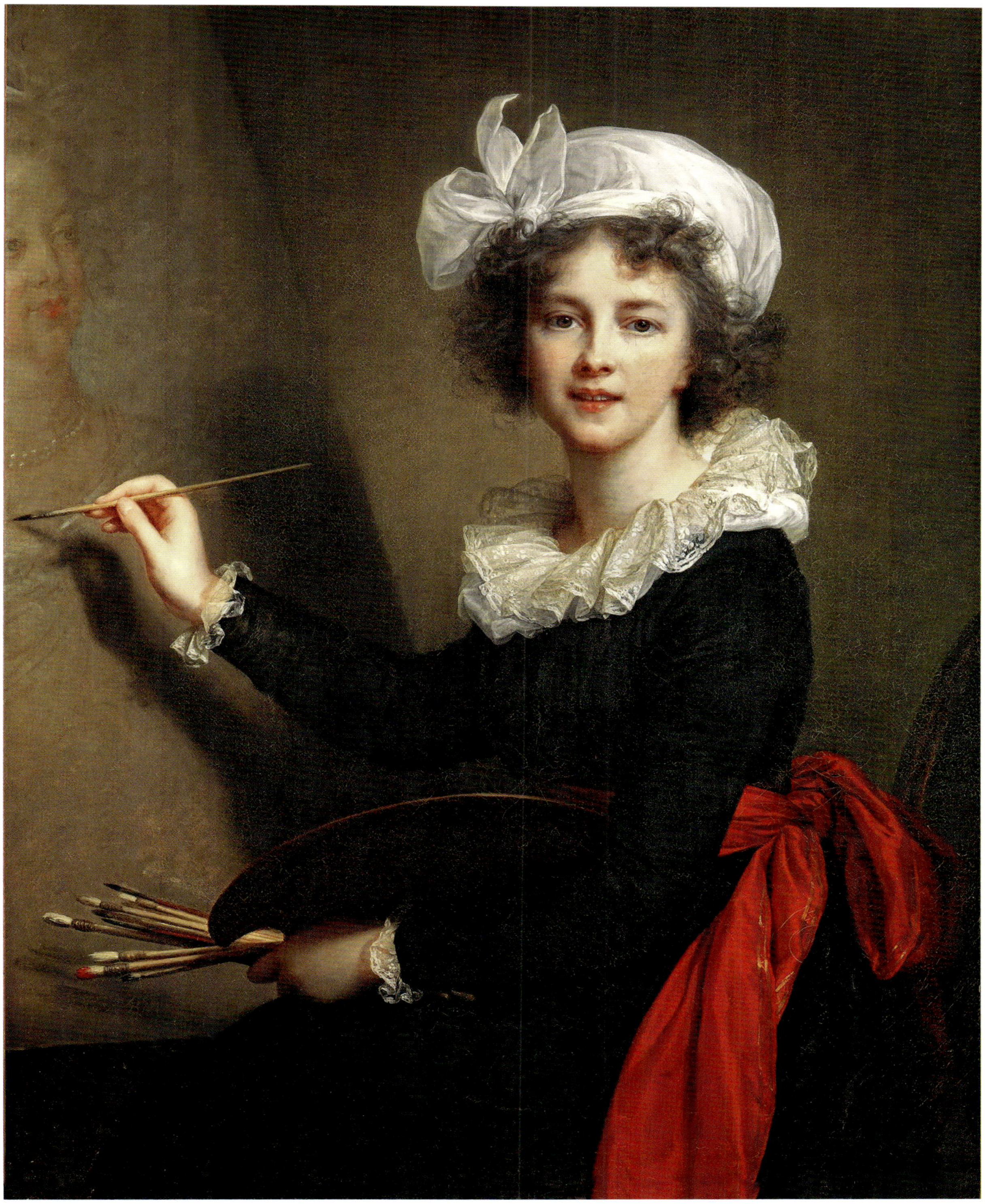

Fig. 70 Élisabeth Louise Vigée Le Brun
Self-portrait while painting a portrait of Queen Marie Antoinette, 1790
Autoritratto mentre dipinge un ritratto della regina Maria Antonietta
Firenze, Gallerie degli Uffizi

pp. 146–147

Fig. 68 Charlotte Eustache Sophie de Fuligny-Damas, Marquise de Grollier
Still Life with a Vase of Flowers, Melon, Peaches and Grapes, 1780 / *Natura morta con vaso di fiori, melone, pesche e uva*
New York, The Metropolitan Museum of Art

p. 151

Fig. 69 Élisabeth Louise Vigée Le Brun
Portrait of Marquise de Grollier, 1788, private collection / *Ritratto della marchesa de Grollier*, collezione privata

In exile with her beloved

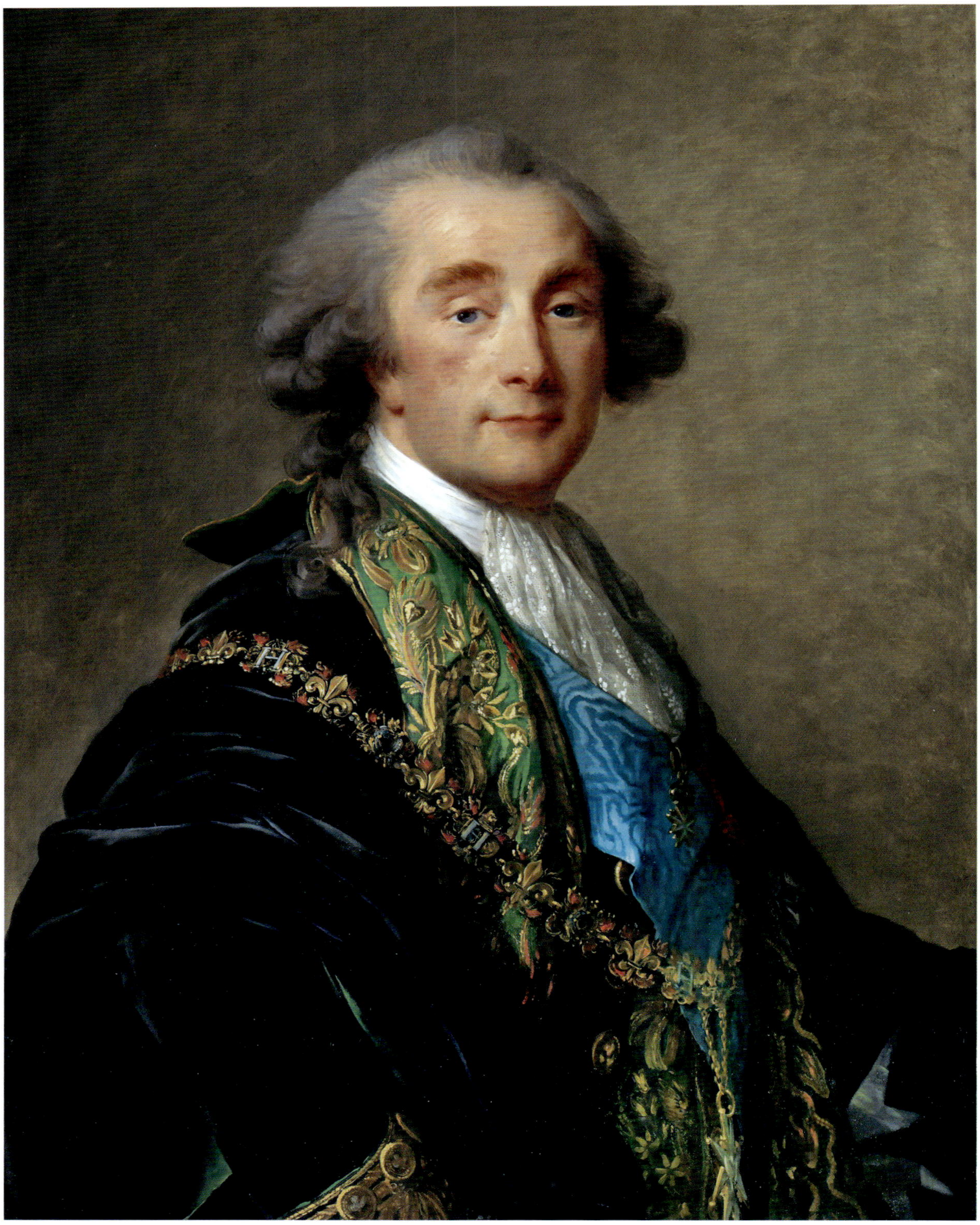

Fig. 71 Élisabeth Louise Vigée Le Brun
Alexandre Charles Emmanuel de Crussol-Florensac, 1787
New York, The Metropolitan Museum of Art

recognition towards him is reflected in her habit of signing her paintings as "élève de Van Spaendonck". A beautiful still life by the marquise, dating from the 1780s and now housed in the Los Angeles County Museum of Art – a homage to her teacher – shows a crown of flowers hanging from a palette with paintbrushes (fig. 72).[6]
During the period that preceded the Revolution, the Marquise de Grollier moved in upper-class circles; her apartments at the Tuileries were adjacent to those of Queen Marie Antoniette. Her residence included a small garden, to which a second, larger one was later added, located under the Pavillon de Flore, next to the Tuileries of which it was once part (now part of the Palais du Louvre).[7]
The relationship between the marquise and the Marquis de Grollier broke down during this period. Subsequently, the marquise formed a close bond with Alexandre Charles Emmanuel de Crussol-Florensac (1743–1815), a soldier, captain of the guard of the Count of Artois, and actor. In 1787, Vigée Lebrun painted a lively portrait of Crussol, now at the Metropolitan Museum of Art in New York (fig. 71), which is among her most successful and best-known paintings. In 1788, the marquise commissioned her own portrait from Vigée Lebrun; this painting, which captures her character and habits with great acumen and finesse, depicts her smiling, sitting in front of her easel while painting a still life (fig. 69). The two portraits by Vigée Lebrun, on panels of similar dimensions, formed part of the Marquise de Grollier's collection until her death.[8]
In 1793 Pierre Louis, Marquis de Grollier and Marquis de Treffort, leader of the Regiment of Foix and Governor of Pont-d'Ain, was convicted and executed by beheading in Lyon.[9]
After the French Revolution, the Marquise de Grollier, who had strong royalist sympathies, was forced into exile and travelled around Europe, moving from Switzerland to Germany and from Florence to Rome in the company of her beloved Bailli de Crussol.

oggi conservata al Los Angeles County Museum of Art – un omaggio al suo maestro – mostra una corona di fiori appoggiata a una tavolozza con dei pennelli (fig. 72).[6]
Durante il periodo che precedette la Rivoluzione, la marchesa de Grollier frequentava ambienti altolocati: i suoi appartamenti alle Tuileries erano adiacenti a quelli della regina Maria Antonietta. La sua dimora comprendeva un piccolo giardino, cui se ne aggiunse in seguito un secondo, più esteso, posto alla base del Pavillion de Flore, accanto alle Tuileries di cui in passato faceva parte (oggi è parte del Palazzo del Louvre).[7]
La relazione tra la marchesa e il marchese de Grollier si interruppe in questo periodo. Successivamente la marchesa strinse un profondo legame con Alexandre Charles Emmanuel de Crussol-Florensac (1743-1815), un militare, capitano della guardia del conte d'Artois, e attore.
Nel 1787, Vigée Lebrun dipinse un vivace ritratto di Crussol, oggi al Metropolitan Museum of Art di New York (fig. 71), che è tra le sue opere più riuscite e più celebri. Nel 1788, la marchesa commissionò a Vigée Lebrun anche un proprio ritratto: quest'opera, che ne coglie con grande acume e finezza la psicologia e le abitudini, la raffigura sorridente, seduta di fronte al cavalletto mentre dipinge una natura morta (fig. 69). I due ritratti di Vigée Lebrun, su tavole di dimensioni analoghe, fecero parte della collezione di de Grollier fino alla sua morte.[8]
Nel 1793 Pierre Louis, marchese de Grollier e di Treffort, capitano del reggimento di Foix e governatore di Pont-d'Ain, fu condannato e giustiziano per mezzo di decapitazione a Lyon.[9]
Dopo la Rivoluzione francese, la marchesa de Grollier che nutriva forti simpatie realiste fu costretta all'esilio e viaggiò per l'Europa, spostandosi dalla Svizzera alla Germania, da Firenze a Roma insieme all'amato Bailli de Crussol. Il rientro in patria della coppia fu possibile grazie all'aiuto del pittore Joseph-Marie Vien e dei membri dell'Académie Royale: de Grollier e Crussol si stabilirono in un castello a Épinay-sur-Seine, tra Saint Denis e Argenteuil, a circa otto miglia dal centro di Parigi.[10] Benché la sua vista avesse iniziato a calare,[11] negli ultimi anni della sua vita

Return to homeland

The couple was able to return home thanks to the help of the painter Joseph-Marie Vien and of the members of the Académie Royale; de Grollier and Crussol settled in a château in Épinay-sur-Seine, between Saint-Denis and Argenteuil, about eight miles from the centre of Paris.[10] Although her eyesight had begun to decline,[11] in the final years of her life, the marquise succeeded in transforming the château gardens with major hydraulic engineering systems.

In particular, de Grollier wanted to have three small islands full of shrubs, flowers and trees placed on the water of a large pond at the heart of the gardens. The islands, uprooted from elsewhere and transported to Épinay, floated on the surface of the water and could be moved with large poles, assuming a slow and majestic movement.[12]

Her neighbour, the art patron Giovanni Battista Sommariva, whom she may have got to know for the first time in Canova's circle in Rome, owned a painting by de Grollier, likely given to him by the marquise herself. The relationship between the two was based first and foremost on patronage of the art of their time. In 1819, the marquise gave Sommariva an ideal female head of *Helen*, which had been delicately carved by their mutual friend Antonio Canova.[13]

After the death of Bailli de Crussol, the marquise intensified her humanitarian and philanthropic activities, carrying out countless alms, charities and undertakings for the public good, in memory of her beloved departed.[14]

In this context of philanthropic activity, in 1823, the marquise convinced the engineer Louis-Georges Mulot to dig an artesian well in the grounds of the château in Épinay-sur-Seine to provide the local inhabitants with drinking water. The works would go on for three years. As a mark of recognition for her efforts, the name of the Marquise de Grollier appears among the founder members of the "Société d'Horticulture".

A decade before her death, in 1828, the poet Chateaubriand dedicated these wonderful lines to her immortal flowers, (Paris 1818):[15]

la marchesa riuscì a trasformare i giardini del castello con grandi opere di ingegneria idraulica.

In particolare, de Grollier volle far collocare tre piccole isole ricche di arbusti, fiori e alberi sull'acqua di un ampio stagno che si trovava nel cuore dei giardini. Le isole, sradicate da altrove e trasportate ad Épinay, galleggiavano sulla superfice dell'acqua e potevano essere mosse con dei grossi pali, venendo ad assumere un movimento lento e maestoso.[12]

Il suo vicino di casa, il mecenate Giovanni Battista Sommariva, che forse la donna conobbe per la prima volta nella cerchia di Canova a Roma, possedeva un dipinto di de Grollier, donatogli verosimilmente dalla stessa marchesa. Il rapporto tra i due si basava anzitutto sul mecenatismo rivolto all'arte del loro tempo. Nel 1819 la marchesa regalò a Sommariva una testa femminile ideale raffigurante *Elena*, che era stata delicatamente scolpita dal comune amico Antonio Canova.[13]

Dopo la morte del Bailli de Crussol, la marchesa intensificò l'attività umanitaria e filantropica, compiendo innumerevoli elemosine, beneficenze e imprese per il bene pubblico, in memoria dell'amato scomparso.[14] In questo contesto filantropico si colloca un'importante impresa che risale al 1823. La marchesa convinse l'ingegnere Louis-Georges Mulot a scavare una falda acquifera artesiana nel parco del castello di Épinay-sur-Seine per rifornire di acqua potabile gli abitanti del luogo. I lavori durarono tre anni. In segno di riconoscimento per i suoi sforzi, il nome della marchesa de Grollier figura tra i membri fondatori della "Société d'Horticulture".

Un decennio prima della sua morte, nel 1828, il poeta Chateaubriand dedicò ai suoi fiori immortali degli splendidi versi. (Parigi, 1818):[15]

Ritorno in patria

Vous qui vivrez toujours, comment pourrez-vous croire
Qu'on vous offre des fleurs si promptes à mourir?
'Présentez, direz-vous, ces filles du Zéphyr
A la beauté, mais non pas à la gloire.'

Des dons de l'amitié connaissez mieux le prix.
Dédaignez moins ces fleurs nouvelles:
En les peignant sur vos écrits,
J'ai trouvé le secret de les rendre immortelles.

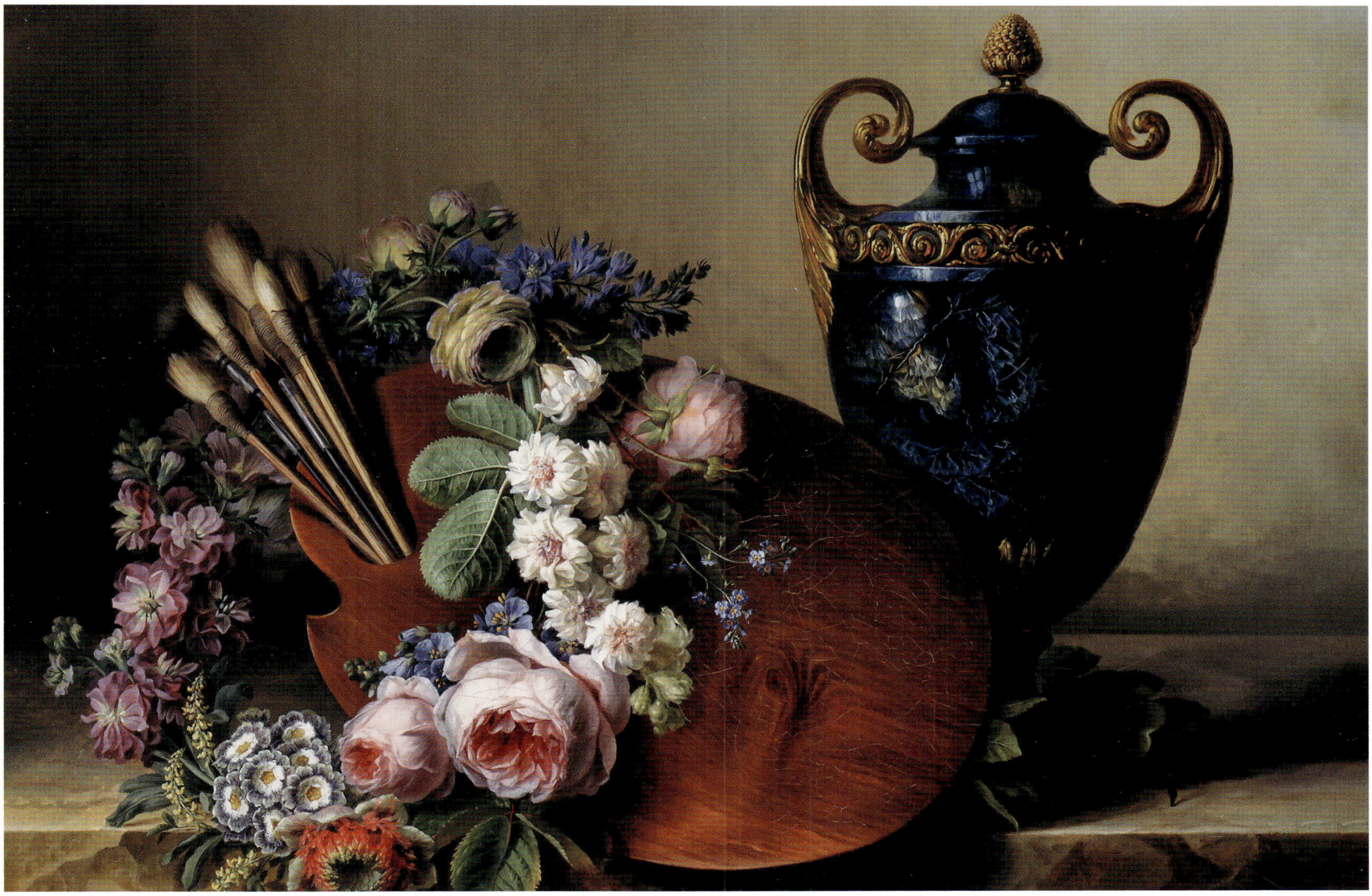

Fig. 72 Charlotte Eustache Sophie de Fuligny-Damas, Marquise de Grollier
Still life, 1780–1790 / *Natura morta*
Los Angeles, County Museum of Art

following pp. / pp. seguenti

Fig. 73 Antoine-Chrysostôme Quatremère de Quincy, *Olympian Jupiter seen on his throne* / *Il Giove Olimpico sul suo trono* / in A-C. Quatremère de Quincy, *Le Jupiter Olympien, ou l'art de la sculpture antique*, Paris 1814
London, Royal Academy of Arts

LE JUPITER OLYMPIEN,

OU

L'ART DE LA SCULPTURE ANTIQUE

CONSIDÉRÉ SOUS UN NOUVEAU POINT DE VUE.

Frontispice de l'Ouvrage.

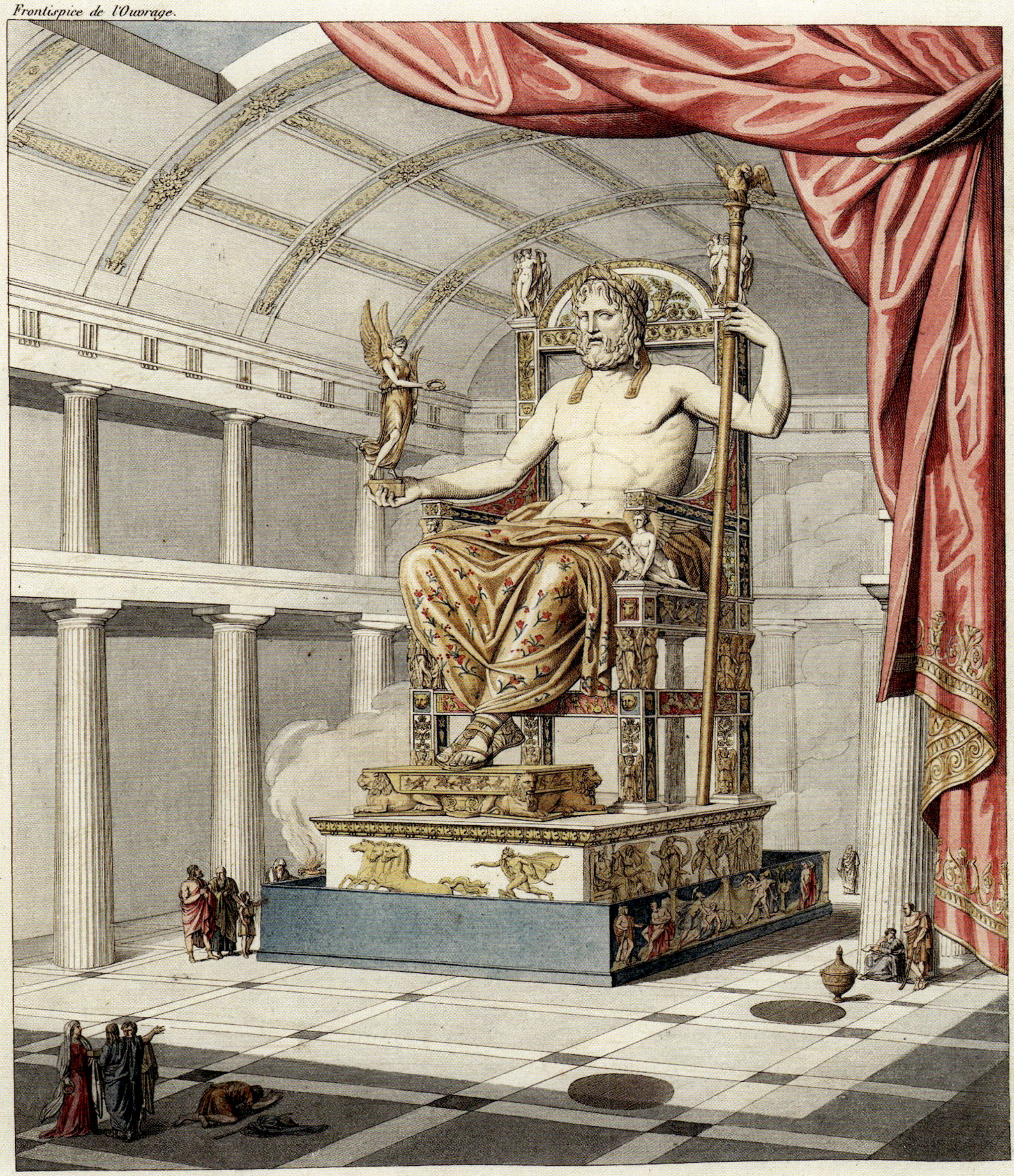

LE JUPITER OLYMPIEN,

VU DANS SON TRÔNE ET DANS L'INTERIEUR DE SON TEMPLE,

Antonio Canova & Antoine Quatremère de Quincy

Friendship and Gratitude
Amicizia e Riconoscenza

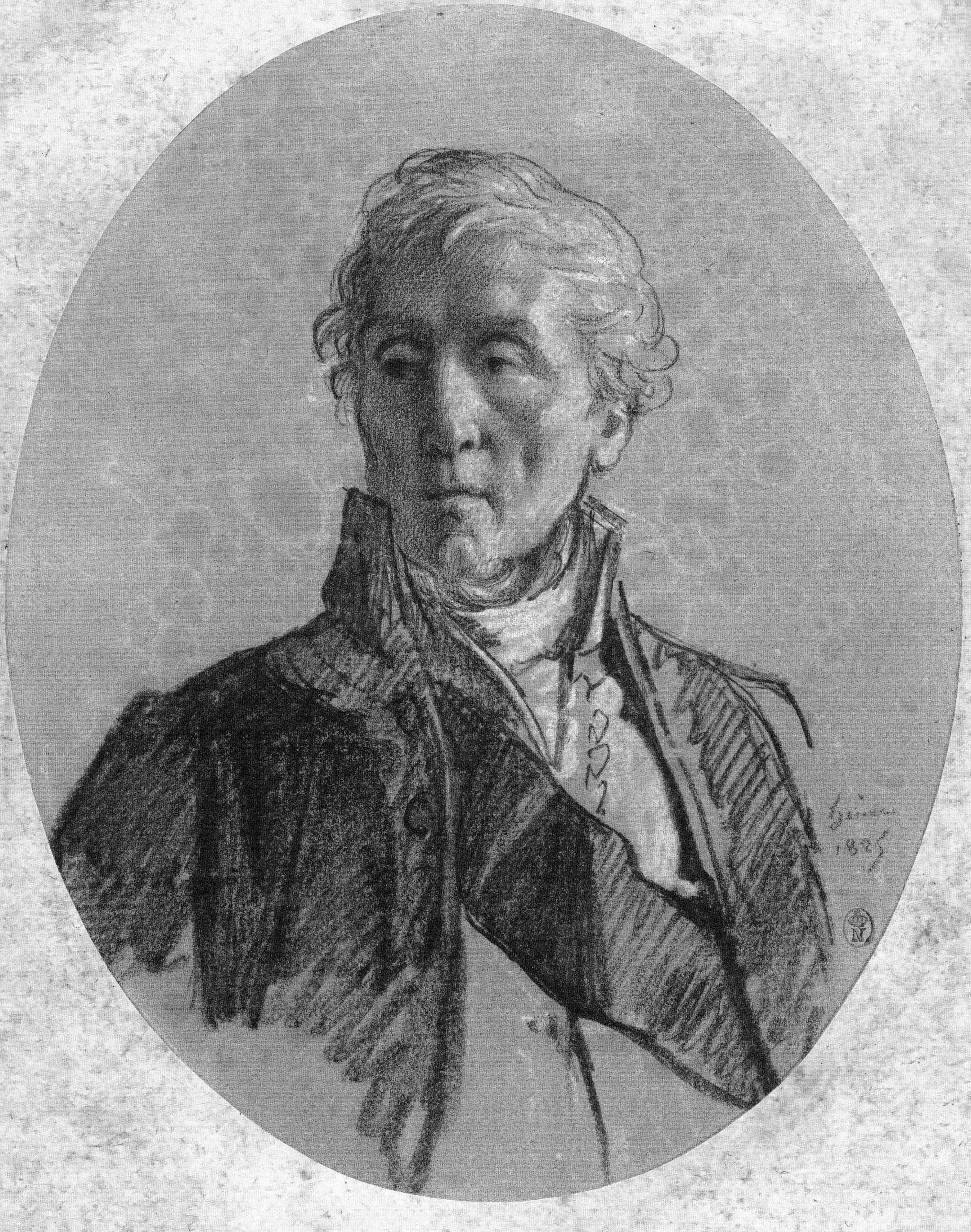
1825

The early years between Paris and Rome

The bond between Antonio Canova (1757–1822; fig. 75) and Antoine Chrysostôme Quatremère de Quincy (1755–1849; fig. 74) is an exemplary and almost unique case of a relationship between an artist and a theorist; it was a profound friendship, "an extremely solid cultural alliance that endured without rift for forty years. Meetings did occur, but it was nourished above all by a dense correspondence and destined to indelibly mark the theory of one and the art of the other, due to the ability of both to derive mutual benefit from an intense relationship between critic and artist."[16]

Antoine Chrysostôme Quatremère de Quincy was most probably the most important theorist of French neoclassical art and architecture. Some of the issues on which he expressed himself in his writing were crucial turning points in late nineteenth-century theory and still are today.[17]

Summarising the important aspects of his work and thought in a handful of pages is almost impossible, which is why the extensive literature dedicated to his writing usually tends to give greater prominence to the figure of Quatremère as an intellectual tout court, or an archaeologist, architect, theorist, historian and revolutionary.

What we can do is provide historical and biographical accounts, choosing to limit ourselves to addressing the thematic cornerstone of his friendship with Antonio Canova.

In 1772, after completing his secondary education in the humanities, Quatremère de Quincy entered the studio of the French artist Guillaume Coustou the Younger (1716–1777) to spend time training in the hope of becoming a sculptor.[18]

According to Quatremère's writing, we learn that his training was perfected during two stays in Italy: in 1776, he set off on his first trip that ended in 1780, before he returned to the peninsula in 1783 and 1784, for a second stay in Rome.[19]

Although there is no scholarly agreement regarding the stops on his first visit to Italy, it is likely that, after visiting Rome, he travelled south to Naples and Sicily.[20]

Il legame tra Antonio Canova (1757-1822; fig. 75) e Antoine Chrysostôme Quatremère de Quincy (1755-1849; fig. 74) è un caso esemplare e quasi unico di rapporto tra un teorico e un artista: fu una profonda amicizia, "una saldissima alleanza culturale durata senza incrinature per quarant'anni, fatta di incontri, ma nutrita soprattutto di una fittissima corrispondenza e destinata a segnare indelebilmente la teoria dell'uno e le opere dell'altro, per l'attitudine di entrambi a trarre reciproco profitto da un intenso rapporto tra critico e artista".[16]

Antoine Chrysostôme Quatremère de Quincy fu molto probabilmente il teorico più importante dell'arte e dell'architettura neoclassica francese. Alcune questioni su cui si è espresso nelle sue opere sono state snodi teorici cruciali a partire dalla fine dell'Ottocento e lo sono ancora oggi.[17]

Riepilogare gli aspetti più importanti della sua attività e del suo pensiero in poche pagine è quasi impossibile e per questa ragione la vastissima letteratura dedicata alla sua opera tende di solito a dare di volta in volta maggior risalto alla figura di Quatremère intellettuale *tout court* oppure all'archeologo, all'architetto, al teorico, allo storico e al rivoluzionario.

Ciò che possiamo fare è dare conto dell'aspetto storico e biografico del personaggio, scegliendo di limitarci ad affrontare il fulcro tematico della sua amicizia con Antonio Canova.

Nel 1772, terminati gli anni di formazione secondaria in campo umanistico, Quatremère de Quincy entrò nell'atelier dell'artista francese Guillaume Coustou il Giovane (1716-1777) per trascorrere un periodo di formazione nella speranza di divenire scultore.[18]

Da alcuni scritti di Quatremère apprendiamo che la sua formazione fu perfezionata durante due soggiorni in Italia: nel 1776 egli partì per un primo viaggio che si concluse nel 1780, e ritornò nella penisola tra il 1783 e il 1784, per un secondo soggiorno a Roma.[19]

Nonostante non ci sia unanimità riguardo le tappe del suo primo viaggio in Italia, è probabile che dopo aver visitato Roma si sia diretto a sud per conoscere Napoli e la Sicilia.[20]

During his first stay in Rome, Quatremère met some of the most illustrious figures in Rome's artistic and cultural milieu of the last quarter of the eighteenth century.

He frequented the Villa Albani and the cultural circle of Cardinal Stefano Borgia;[21] at the cardinal's villa in Velletri[22] he became familiar[23] with the nucleus of Borgia's collection, the so-called Museo Borgiano, which combined the ancient objects and coins belonging to cardinals Clemente Erminio and Alessandro Borgia, later enriched by collections of antiquities and artefacts from all corners of the world collected by Stefano Borgia.

Quatremère spent time with Mengs, Batoni, Volpato and Piranesi, with whom, it seems, he was accustomed to discussing the writing of Winckelmann.[24]

This piece of information is interesting although somewhat obvious; although Quatremère did not personally know Winckelmann – who died in 1768 – there he is no doubt that from the 1770s onwards, the latter's writing would have been an inescapable cultural reference for any scholar of ancient art in Rome.

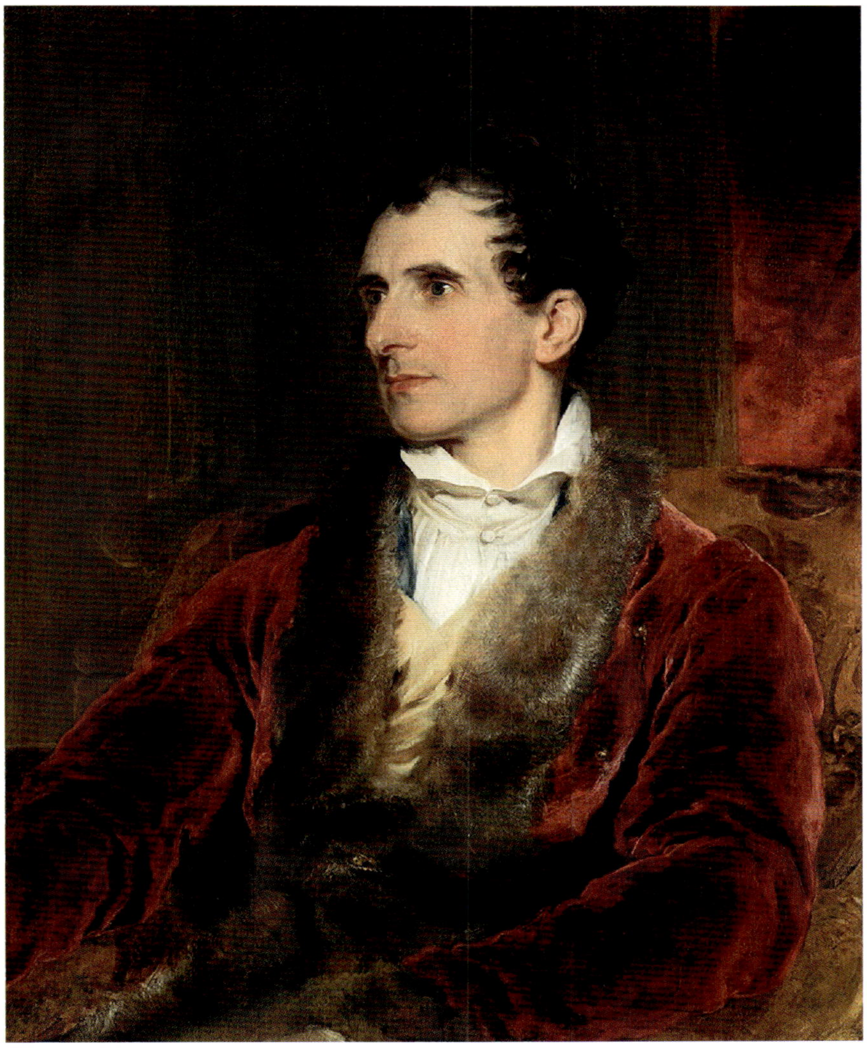

Fig. 75 Thomas Lawrence
Portrait of Antonio Canova 1816
Ritratto di Antonio Canova
Possagno, Gipsoteca canoviana

p. 161

Fig. 74 François-Joseph Heim
Portrait of Antoine Quatremère de Quincy, 1825 / *Ritratto di Antoine Quatremère de Quincy*
Paris, Musée du Louvre

The mutual inspiration

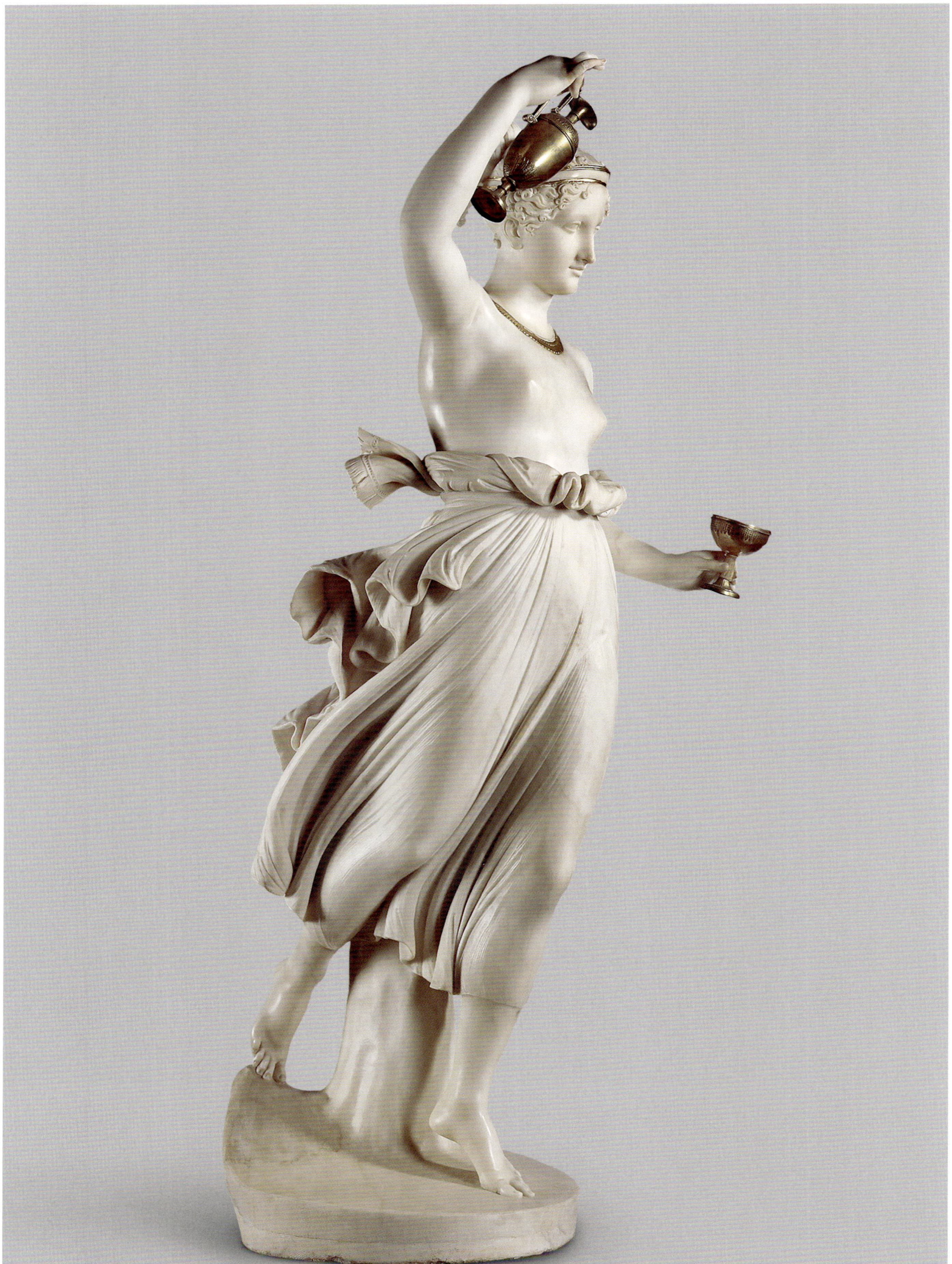

Fig. 76 Antonio Canova
Hebe / *Ebe*, 1816–1817
Forlì, Pinacoteca Civica

L'ispirazione reciproca

During his second trip to Italy, between 1783 and 1784, Quatremère met Gavin Hamilton (1723–1798), the Scottish painter, collector and antiquarian based in Rome since 1748, and, most importantly, Antonio Canova.

Quatremère's friendship with Canova[25] was destined to last until 1822, the year of the sculptor's death, and was based primarily on the dense correspondence that began in 1785, when Quatremère returned to Paris.

From Rome, Canova sent Quatremère sketches, drawings and even *models* of his latest creations, asking his friend to express his opinion on the artworks.[26] The relationship between the pair took the form of a collaboration.[27] Canova always reacted with extreme frankness and showed great respect for Quatremère's opinion, to the extent of reconsidering the works criticised by the Frenchman; sometimes he preferred to wait for the arrival from Paris of "instructions" from his friend before undertaking new projects. However, the artist's openness and humility were never synonymous with simple obsequiousness or a lack of decision-making autonomy, so much so that Canova sometimes disputed, politely but firmly, any observations he did not consider relevant.[28] Quatremère's opinion was extremely valuable to the sculptor, who was committed to explaining the philosophical motivation behind his work to a cultured and demanding public. For Quatremère, who sent his own work from Paris to Rome – which Canova listened to in his studio as translated by his friend Leopoldo Cicognara (1767–1834) – it was also a matter of verifying his theories in a practical way.[29] Spurred on by Quatremère and following his suggestions, Canova embarked on several sculptural projects, including the equestrian monument to Charles III in Piazza del Plebiscito in Naples and the *Pietà* in Possagno.[30]

Durante il suo primo soggiorno a Roma, Quatremère conobbe alcuni dei più illustri personaggi dell'ambiente artistico e culturale romano dell'ultimo quarto del Settecento.

Frequentò Villa Albani e il circolo culturale del cardinale Stefano Borgia;[21] nella villa del cardinale a Velletri[22] ebbe "pratica famigliare"[23] con il nucleo iniziale del Museo Borgiano, nato dalla riunione degli oggetti antichi e delle monete dei cardinali Clemente Erminio e Alessandro Borgia, in seguito arricchito dalle collezioni di antichità e manufatti provenienti da ogni parte del mondo raccolti da Stefano Borgia.

Quatremère frequentò Mengs, Batoni, Volpato e Piranesi, con cui pare fosse solito commentare i testi di Winckelmann.[24]

Questo dato è interessante seppure in certa misura scontato perché, sebbene Quatremère non abbia conosciuto direttamente Winckelmann – scomparso nel 1768 – è certo che a partire dagli anni Settanta del Settecento le opere di quest'ultimo dovettero essere un riferimento culturale ineludibile per qualsiasi studioso di arte antica a Roma.

Durante il suo secondo viaggio in Italia, tra il 1783 e il 1784, fece la conoscenza di Gavin Hamilton (1723-1798), pittore, collezionista e antiquario scozzese che si era stabilito a Roma dal 1748, e, soprattutto, di Antonio Canova.

L'amicizia con Canova[25] era destinata a durare fino al 1822, anno della scomparsa dello scultore, e si fondò soprattutto sul fitto scambio epistolare iniziato nel 1785, quando Quatremère fece ritorno a Parigi.

Da Roma Canova inviava a Quatremère schizzi, disegni e addirittura modelli delle sue ultime creazioni, sollecitando l'amico a esprimere la propria opinione sulle sue opere.[26] Il rapporto tra i due prese la forma di una collaborazione.[27] Canova si pose sempre con estrema franchezza e grande rispetto verso il parere di Quatremère, al punto da riconsiderare le opere che quest'ultimo criticava; a volte preferì attendere l'arrivo da Parigi di "istruzioni" dell'amico prima di intraprendere nuovi progetti. L'apertura e l'umiltà dell'artista non furono però mai sinonimo di semplice ossequio o di mancanza di autonomia decisionale, tant'è che talora

Le Jupiter Olympien: 'from a new point of view'

It is widely accepted that *Le Jupiter Olympien*, published by Quatremère in 1814 – an essay dedicated to Canova and intended as a revision of Winckelmann's earlier study[31] – encouraged the sculptor to study archaeology, understood as a reconstruction of the techniques and themes of ancient toreutics (fig. 73).[32]

The theories put forward in *Le Jupiter*, which aimed to dismantle numerous clichés of neoclassical taste on ancient sculpture – rehabilitating, for example, the lively polychromy of Phidias's colossal chryselephantine sculptures of *Jupiter Olympus and Athena* – led Canova to experiment with polychromy in the colossal statue of *Religion* for the tomb of Clement XIII in the Basilica of Saint Peter's, sculpted between 1783 and 1792.[33] A chapter in the book was dedicated to artificially coloured statuary, on the existence of which in Greece Quatremère's research provided valuable testimony (particularly because, according to an eighteenth-century prejudice, the practice was said to be limited to Roman sculpture). His examples included the gilding still visible on the hair of the *Medici Venus*, and the *circumlitio* or encaustic finishing in the *paros* of the *Venus de Milo*.[34] This text encouraged Canova to experiment not only with the application of gilding – on the vase and belt of the *Hebe* exhibited at the Louvre in 1808 and in some details of the figures carved on the *Tomb of Maria Christina of Austria* (fig. 78), daughter of Maria Teresa, in Vienna – but also with washing statues using dyed water and immersing marbles in a sulpture and wax solution that ensured that the stone was transparent and not susceptible to alterations.[35]

When Quatremère pointed out to Canova that the gesso models for the Allegories of the tomb of Clement XIII deviated from ancient iconography, the sculptor decided to redo them.[36] This episode narrated by Quatremère himself helps us get an idea of the personality of the artist. Canova was accustomed to welcoming the theorist's suggestions with humility and gratitude, and, in this specific case – as the tireless worker portrayed by his biographers – he finished the new *models* within eight to ten days, this time leaving Quatremère speechless.[37]

Canova contestò, con cortesia ma fermezza, le osservazioni che non riteneva pertinenti:[28] l'opinione di Quatremère era molto preziosa per lo scultore, impegnato a motivare, sotto il profilo filosofico, la propria opera di fronte a un pubblico colto ed esigente. Allo stesso modo, per Quatremère, il quale spediva da Parigi a Roma le proprie opere – che Canova ascoltava nel proprio studio tradotte dall'amico Leopoldo Cicognara (1767-1834) – si trattava di verificare in chiave pratica le proprie teorie.[29]

Sotto la spinta di Quatremère e seguendo i suoi suggerimenti, Canova avviò diversi progetti scultorei, fra cui il monumento equestre di Carlo III in Piazza del Plebiscito a Napoli e la *Pietà* di Possagno.[30]

È opinione condivisa che *Le Jupiter Olympien*, pubblicato da Quatremère nel 1814 – saggio dedicato a Canova e concepito come una revisione del precedente studio condotto da Winckelmann[31] – incoraggiò lo scultore allo studio dell'archeologia, intesa come ricostruzione delle tecniche e dei temi della toreutica antica (fig. 66).[32] Le tesi dello *Jupiter*, che miravano a smontare numerosi luoghi comuni del gusto neoclassico sulla scultura antica, riabilitando per esempio la vivace policromia dei colossi crisoelefantini fidiaci di *Giove Olimpio e Atena*, spinsero Canova a sperimentare la policromia nella statua colossale della Religione per la tomba di Clemente XIII nella basilica di San Pietro, scolpita tra il 1783 e il 1792.[33] Un capitolo era dedicato alla statuaria colorita artificialmente, sulla cui esistenza in Grecia (secondo un pregiudizio settecentesco la pratica sarebbe stata limitata alla scultura romana) le ricerche di Quatremère fornivano preziose testimonianze: ad esempio la doratura ancora visibile sulla capigliatura della *Venere Medici*, e la *circumlitio* o rifinitura a encausto nel *paros* della *Venere di Milo*.[34] Questo scritto invogliò Canova a sperimentare non soltanto l'applicazione della doratura – sul vaso e sulla cintura della *Ebe* presentata al Louvre nel 1808 e in alcuni dettagli delle figure scolpite nella *Tomba di Marie Christine d'Austria* (fig. 78), figlia di Maria Teresa, a Vienna – ma anche il lavaggio delle statue con acqua tinta e l'immersione dei marmi in una soluzione di zolfo e cera che assicurava alla pietra trasparenza e inalterabilità.[35]

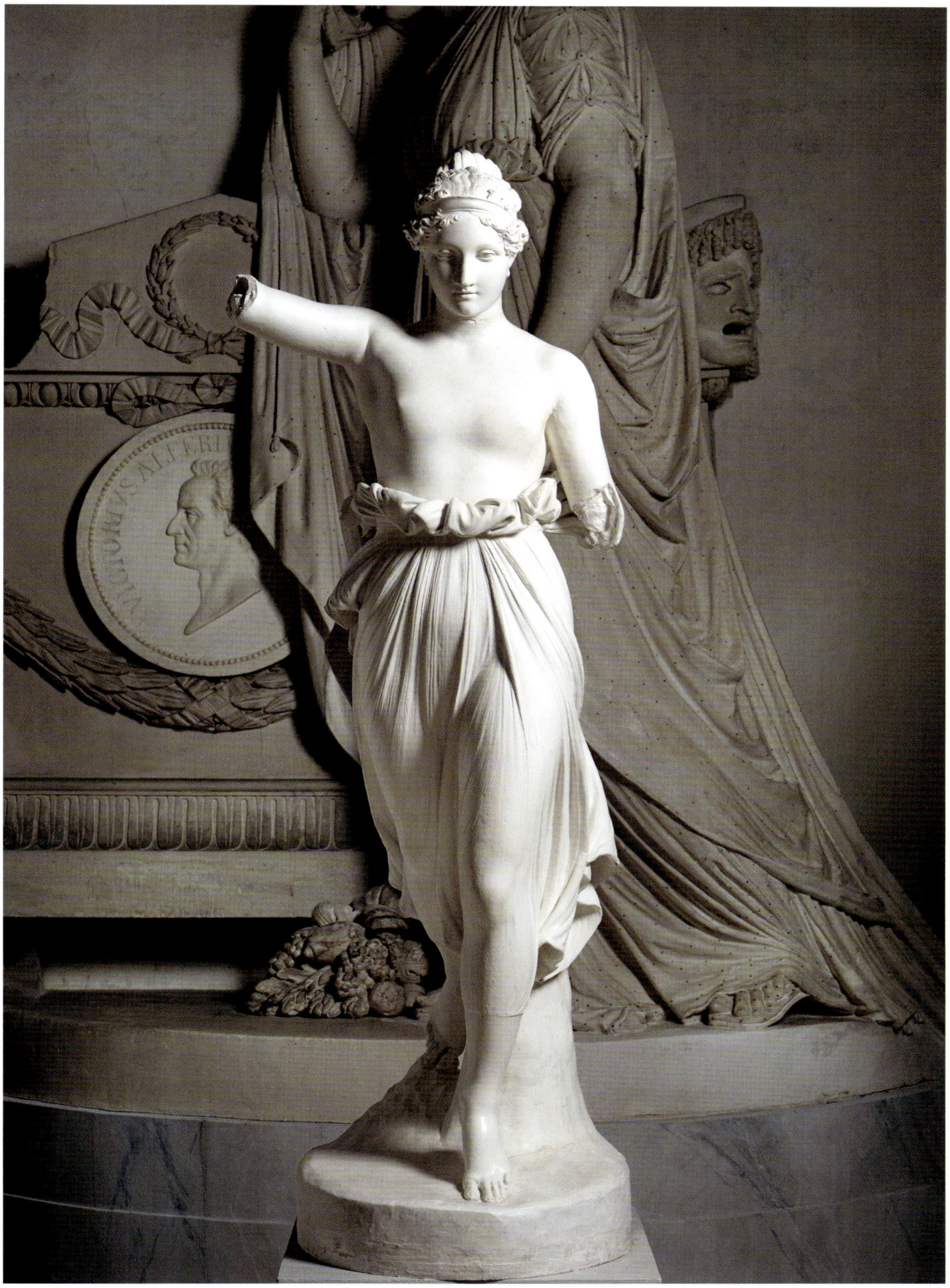

Fig. 77 Antonio Canova
Hebe 1808, gesso model
Ebe, modello in gesso
Possagno, Gipsoteca canoviana

following pp. / pp. seguenti

Fig. 78 Antonio Canova
Tomb of Archduchess Maria Christina, 1800
Tomba dell'arciduchessa Maria Cristina
Wien, Augustinerkirche

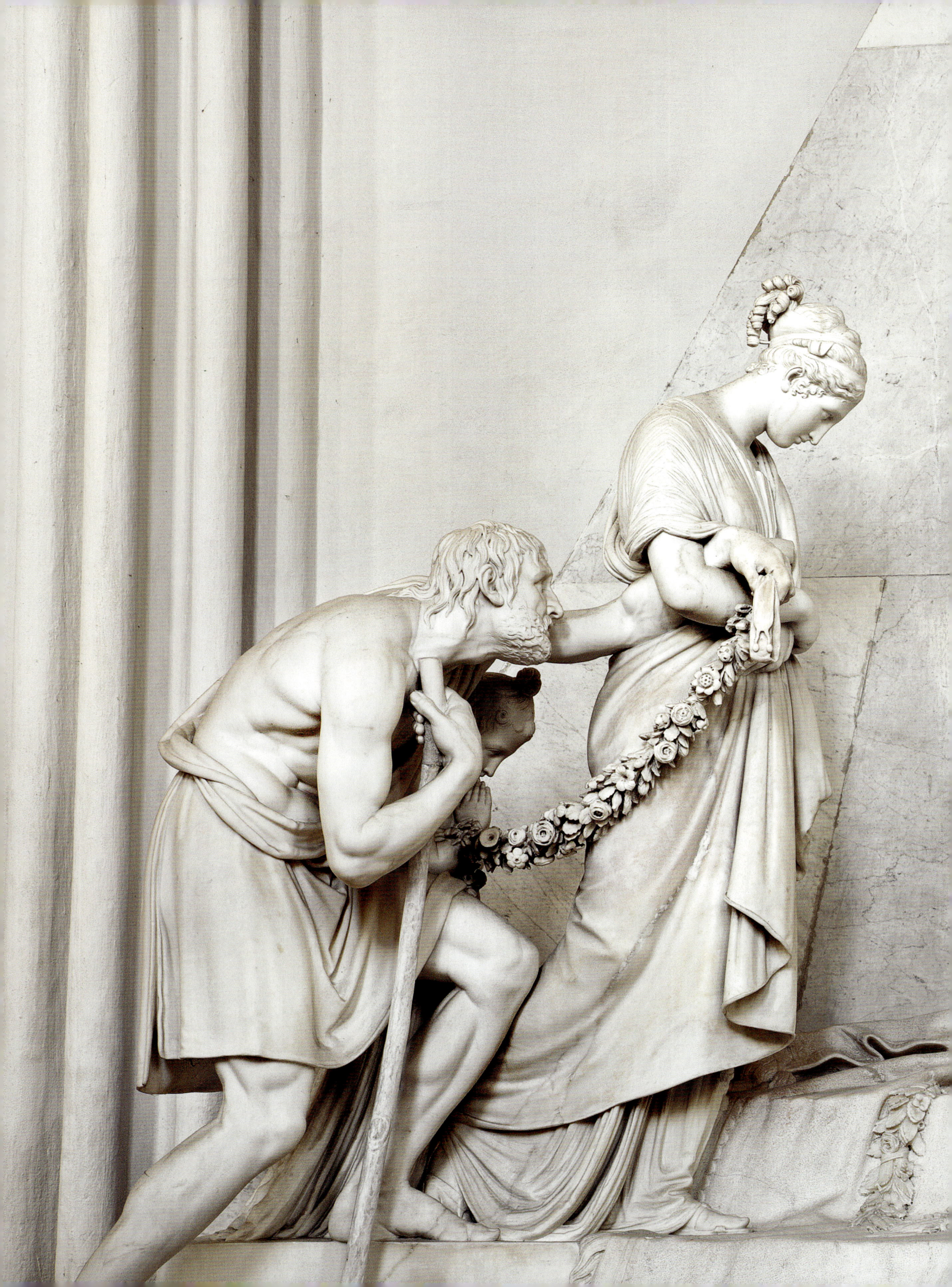

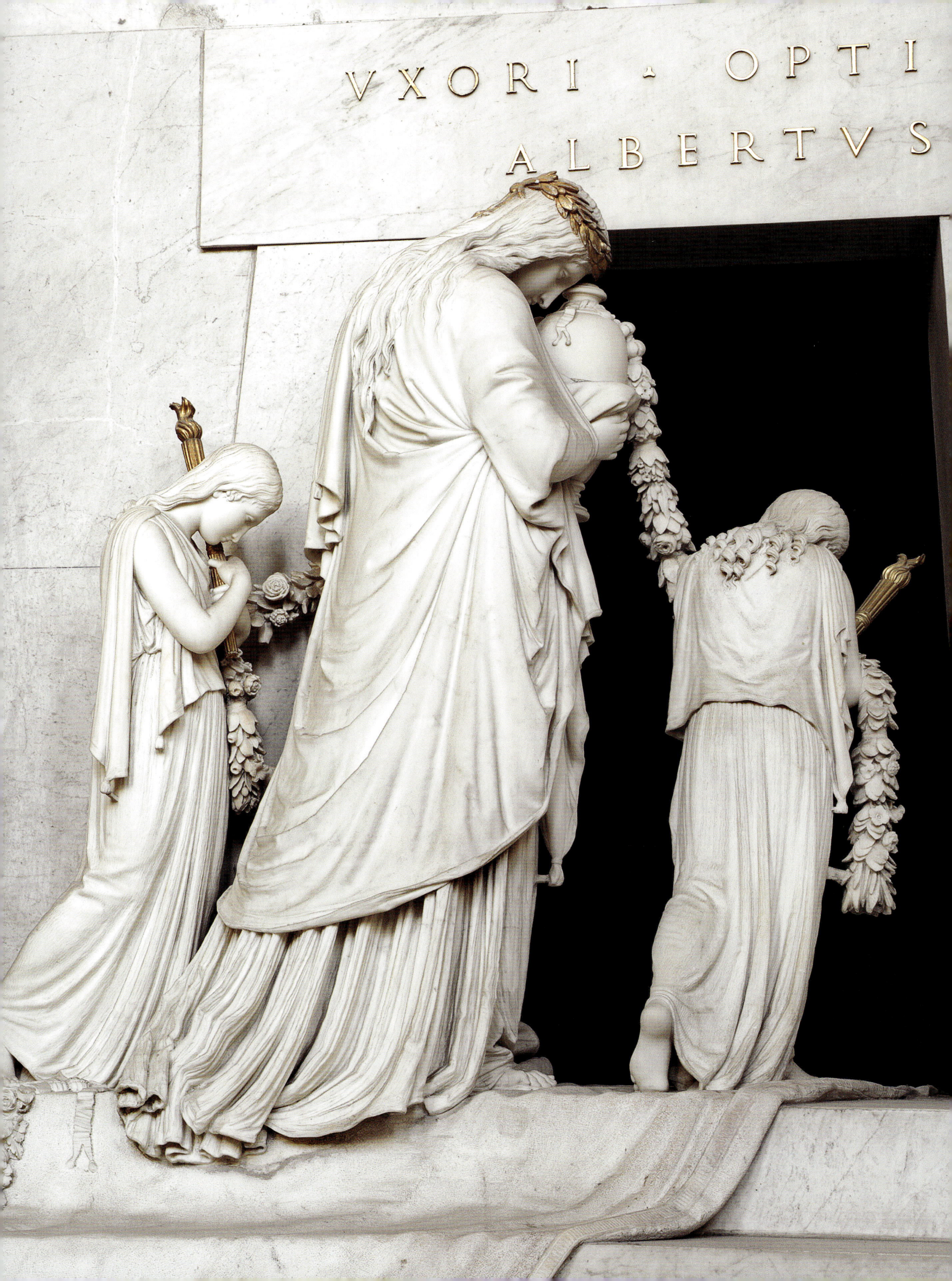
VXORI · OPTI
ALBERTVS

Political commitment

The French theorist also took credit for having suggested to Canova that he keep a cast of each finished sculpture, to use to make copies, underlining how much his influence also affected the sculptor's studio practice.[38]

It is interesting to add a note about the pair's characters: both remained bachelors throughout their lives, dedicating their time to their work. But while Canova was remembered for having a mild temperament, and a natural and diplomatic simplicity, Quatremère had a difficult and misogynistic personality.[39]

Both supported the need to undertake political campaigns in favour of works of art and, in particular, the need to repatriate the artworks and monuments plundered by Napoleon's troops.[40]

In 1796, Quatremère wrote the *Lettres à Miranda*, a pamphlet of seven letters, considered a manifesto against the expropriation of works of art. In these texts, the author questioned the legitimacy of one nation removing the artistic and cultural heritage of another; among the arguments put forward, the concept that could only be identified today as "context" is of great interest. Still limited to the city of Rome, it introduced the idea of the need for works to remain in the place in which nature has established that they should be preserved.[41] The far-sighted Quatremère referred to the Eternal City, intending it as an open-air museum of antiquities. Canova shared and applauded his friend's courageous defence and some years later, in 1815, the pair witnessed the first success of these ideas when the sculptor went to France on a mission for Pius VII Chiaramonti to recover artworks belonging to the Pope that had been plundered by the French.[42]

Quando Quatremère fece notare a Canova che i modelli in gesso per le Allegorie della tomba di Clemente XIII si discostavano dall'iconografia antica, lo scultore decise di rifarli.[36] Questo episodio narrato dallo stesso Quatremère aiuta anche a farsi un'idea della personalità dell'artista, che era solito accogliere con umiltà e riconoscenza i suggerimenti del teorico, e che nel caso specifico – da lavoratore indefesso quale lo ricordano i suoi biografi – completò nuovamente i modelli nell'arco di otto-dieci giorni, lasciando questa volta senza parole Quatremère.[37]

Il teorico francese si attribuì anche il merito di avere suggerito a Canova di conservare un calco di ogni opera terminata, da usare per realizzare delle copie, sottolineando quanto la sua influenza abbia inciso anche sulla pratica di studio dello scultore.[38]

È interessante aggiungere una nota sull'aspetto caratteriale dei due: entrambi rimasero scapoli per tutta la loro vita, dedicando il loro tempo al lavoro. Ma, mentre Canova fu ricordato come un temperamento mite, di naturale semplicità e diplomatico, Quatremère ebbe una personalità difficile e misogina.[39]

I due sostennero la necessità d'intraprendere campagne politiche a favore delle opere d'arte e, in particolare, l'esigenza di far rientrare in Italia le opere e i monumenti che le truppe napoleoniche avevano sottratto al suolo nazionale.[40] Nel 1796 Quatremère scrisse le *Lettres à Miranda*, un *pamphlet* che riuniva sette lettere, considerato un manifesto contro l'esproprio di opere d'arte. In questo scritto, l'autore si interrogò sulla legittimità da parte di un popolo di sottrarre a un altro il patrimonio artistico e culturale presente sul proprio territorio nazionale; tra le argomentazioni addotte è di grande interesse il concetto che oggi potremmo identificare come "contesto", che limitato ancora soltanto alla città di Roma, introduce l'idea di necessità che le opere restino nel luogo in cui la natura ha stabilito che fossero conservate.[41] Il lungimirante Quatremère si riferiva alla *Città Eterna*, intendendola come un museo di antichità a cielo aperto. Canova condivise e applaudì la coraggiosa difesa dell'amico e alcuni anni dopo, nel 1815, i due furono testimoni di un primo successo di queste idee quando lo scultore si recò in Francia su

L'impegno politico

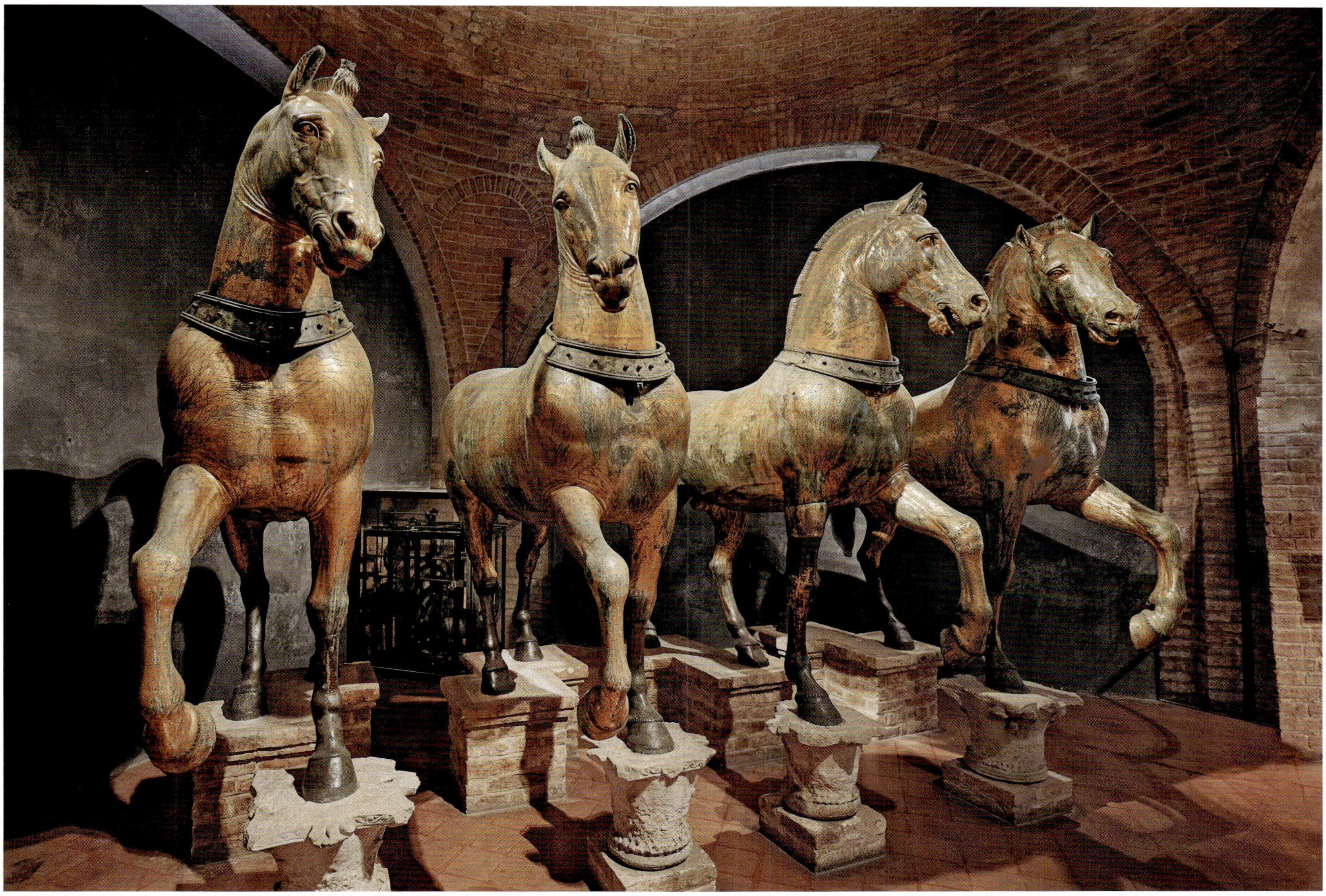

Fig. 79 *The horses of San Marco,* stolen by Napoleon's troops, were among the works of art returned to Italy / *I cavalli di San Marco,* sottratti dalle truppe napoleoniche, furono tra le opere d'arte restituite all'Italia
Venezia, Museo di San Marco

Canova's biographer

Canova died in 1822, leaving behind a profound vacuum in the artistic and cultural circles of the time, so much so that his death was seen as an event of national mourning. Quatremère, who, since his first meeting with Canova, never missed an opportunity to support him, defend him or raise awareness of his art, kept the posthumous memory of this extraordinary genius alive. On Canova's death, the celebration of his art and thought was continued by Quatremère, thanks to the estimable reputation and fame he had achieved.

The leading theorist of neoclassicism and an indisputable authority in the arts, Quatremère de Quincy dedicated a major biography to the life of his friend, published around a dozen years after the sculptor's death. This monograph somehow closes the circle of the extraordinary relationship between the theorist and the artist; the presence in it of a section of the correspondence sheds light on the dialogue and exchange between the pair.[43]

Quatremère's adherence to Canova's art is extremely vivid in the text, reworked and relived in his complex career, from archaeological and theoretical questions to techniques, as well as, of course, to biographical notes regarding the artist's personality. The constant promotion of Canovian style among the young sculptors who frequented the Académie des Beaux-Arts – Quatremère held the role of *secrétaire perpétuel* at the institution until his death – helped keep alive the sculptor's fame and memory despite the gradual advent of Romanticism.[44]

Antoine Chrysostôme Quatremère de Quincy was born on 28 October 1755 in Paris; he was the second child of François Bernard Quatremère de l'Épine, an important cloth merchant who had received a noble title in 1780. He studied at the Collège Louis-le-Grand, where he distinguished himself early on for his artistic inclinations. Destined for a legal career, he preferred to devote himself to the study of architecture and sculpture from a young age. This led him to take a trip to Rome in 1776, before he visited other parts of Italy and stayed in Naples for some time.

incarico di Pio VII Chiaromonti per recuperare alcune opere appartenute al pontefice e sottratte dai francesi.[42]

Nel 1822 Canova morì lasciando un profondo vuoto negli ambienti artistici e culturali del tempo, tanto che la sua scomparsa fu percepita come un lutto nazionale. Quatremère, che fin dal primo incontro con Canova non perse mai un'occasione per sostenerne, difenderne e farne conoscere l'opera, mantenne viva la memoria postuma di questo genio straordinario. Alla morte di Canova infatti, la celebrazione delle sue opere e del suo pensiero fu proseguita da Quatremère, grazie alla stimabile reputazione e fama che questi aveva raggiunte.

Principale teorico del Neoclassicismo e indiscutibile autorità nel campo delle arti, Quatremère de Quincy dedicò all'amico di una vita una importante *Biografia*, pubblicata una dozzina d'anni dopo la morte dello scultore. Questa monografia chiude in qualche modo il cerchio dello straordinario rapporto tra il teorico e l'artista; la presenza in essa di parte dell'epistolario fece luce sul dialogo e lo scambio fra i due.[43]

Nel testo vivissima è l'adesione di Quatremère all'opera canoviana, rielaborata e rivissuta nel suo complesso percorso, dalle questioni archeologiche e di natura teorica alle tecniche, così come, naturalmente, alle notazioni di carattere biografico e riguardanti la personalità dell'artista. La costante promozione dello stile canoviano fra i giovani scultori che frequentavano l'Académie des Beaux-Arts, grazie al ruolo di *secrétaire perpétuel* dell'istituzione che Quatremère ricoprì fino alla morte, aiutò a mantenere viva la fama e la memoria dello scultore malgrado il graduale avvento del Romanticismo.[44]

Antoine Chrysostôme Quatremère de Quincy nacque il 28 ottobre 1755 a Parigi; era il secondogenito di François Bernard Quatremère de l'Épine, un importante mercante di stoffe che aveva ricevuto lettere nobiliari nel 1780. Studiò al Collège Louis-le-Grand, dove si distinse precocemente per le sue inclinazioni artistiche. Destinato all'avvocatura, preferì dedicarsi fin da giovane allo studio dell'architettura e della scultura. Perciò si recò a

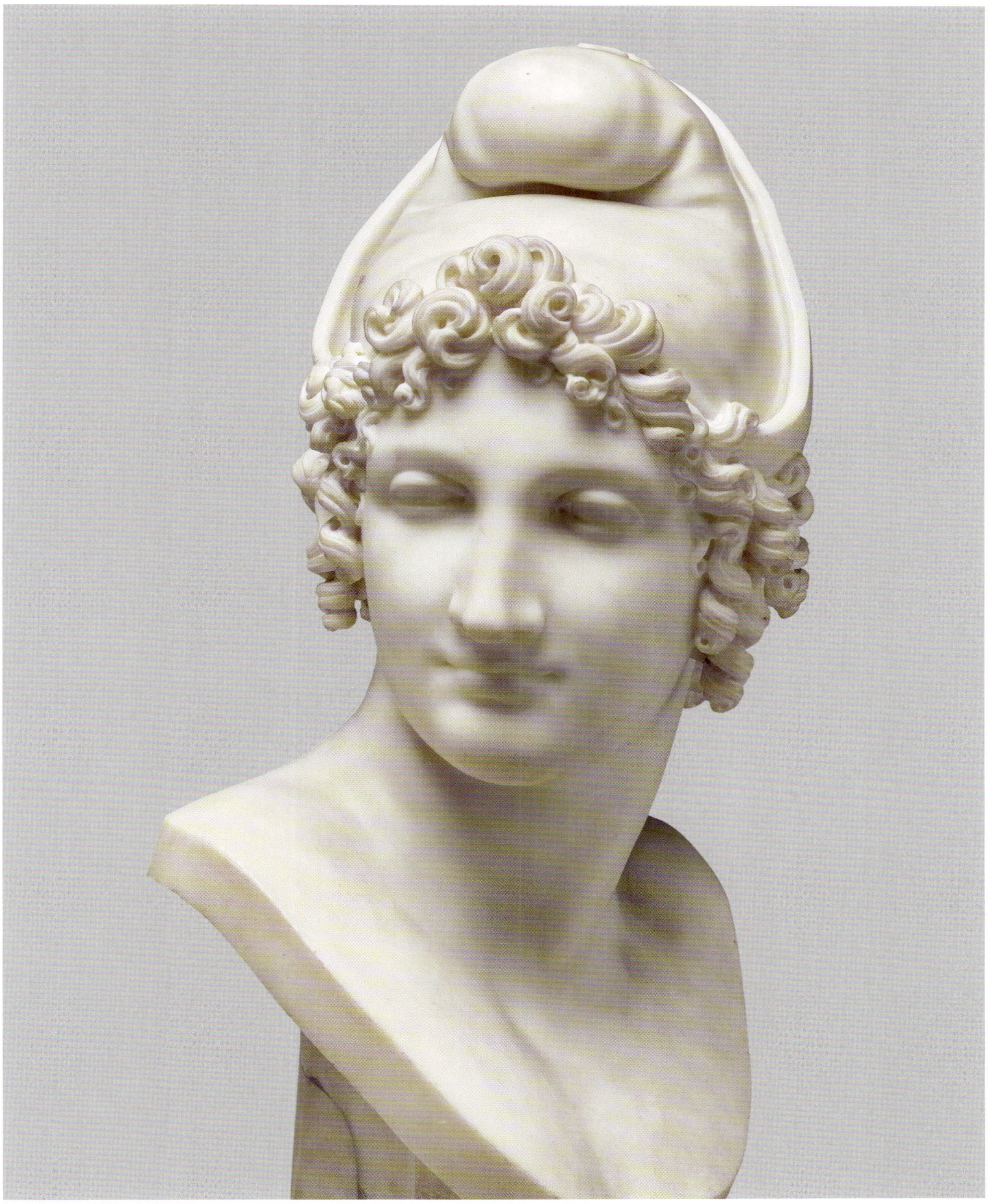

Fig. 80 Antonio Canova
Bust of Paris, 1809 / *Busto di Paride*
Canova sculpted this bust for Quatremère de Quincy and dedicated it to their friendship / Canova scolpì questo busto per Quatremère de Quincy e lo dedicò alla loro amicizia
Chicago, The Art Institute

Canova's posthumous fame

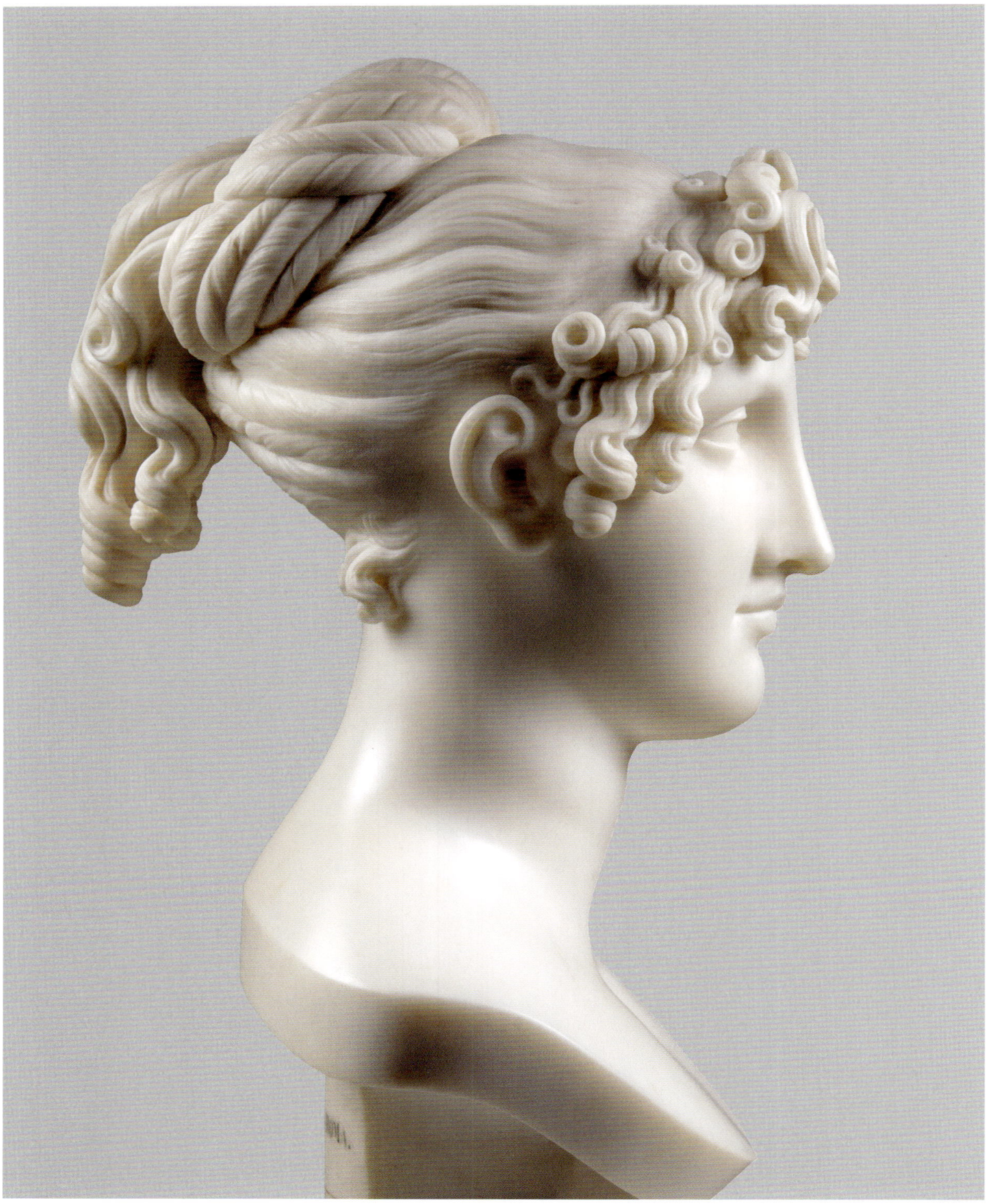

Fig. 81 Antonio Canova
La Riconoscenza, 1816–1817
commissioned by the Marquise de Grollier
as a gift for her friend Quatremère de Quincy,
dedicated to their friendship, private
collection / commissionato dalla marchesa
de Grollier come regalo per l'amico
Quatremère de Quincy, collezione privata

While on this journey, he collected elements useful to the writing of this *Dictionnaire d'Architecture*, the first volume of which was published in 1788.
During his second stay in Italy, between 1783 and 1784, he met Antonio Canova, to whom he was bound by a solid and lasting friendship.
In 1785, the Académie des Inscriptions et Belles Lettres held a competition entitled *Quel fut l'état de l'architecture chez les Egyptiens et ce que les Grecs paroissent en avoir emprunté* – the prize for the best dissertation was awarded to Quatremère.[45]
This success led the French publisher Charles-Joseph Panckoucke to entrust him with editing the first volume of the *Encyclopédie méthodique* dedicated to architecture.[46]
At the outbreak of the French Revolution, Quatremère de Quincy shared its ideals with moderation; as a member of the Assembly of the Representatives of the Paris Commune, on 2 April 1790 he delivered a *Discours sur la liberté des théâtres* in which he supported unlimited freedom for shows and theatres, hoping that the commune would loosen some of its control on such issues.[47]
On 21 September of the following year, he was elected member of the Legislative Assembly for the Department of Paris;[48] he sided in defence of the constitutional monarchy.
A staunch opponent of the republican left, during the Reign of Terror of 1793, Quatremère was imprisoned for his opposition to the Jacobin Club; he was released after 9 Thermidor (27 July 1794), the day of Robespierre's arrest.
He actively supported the counter revolution, taking on the role of president of the royalist Section de la Fontaine-de-Grenelle and participating in the preparations for the royalist insurrection of 13 Vendémiaire (5 October 1795).[49] Following this event, accused of having "incited an armed

Roma nel 1776, visitò l'Italia, soggiornò per qualche tempo a Napoli. Nel corso di questo viaggio raccolse elementi utili alla stesura del suo *Dictionnaire d'Architecture*, il cui primo volume fu pubblicato nel 1788.
In occasione di un secondo soggiorno in Italia, tra 1783 e 1784, conobbe Antonio Canova, a cui fu legato da una solida e duratura amicizia.
Nel 1785 l'Académie des Inscriptions et Belles Lettres indisse un concorso dal titolo *Quel fut l'état de l'architecture chez les Egyptiens et ce que les Grecs paroissent en avoir emprunté*, e il premio per la migliore dissertazione fu conferito a Quatremère.[45]
Questo successo spinse l'editore francese Charles-Joseph Panckoucke ad affidargli la redazione del primo volume dell'*Encyclopédie méthodique* dedicato all'architettura.[46]
Allo scoppio della Rivoluzione francese, Quatremère de Quincy ne condivise gli ideali con moderazione; in qualità di membro dell'Assemblea dei rappresentanti della Comune di Parigi, il 2 aprile 1790 pronunciò un *Discours sur la liberté des théâtres* nel quale sostenne libertà illimitata per spettacoli e teatri, auspicando una riduzione del controllo da parte della Comune sulle questioni ad essi relative.[47]
Il 21 settembre dell'anno seguente fu eletto deputato all'Assemblea legislativa per il dipartimento di Parigi:[48] si schierò a difesa della monarchia costituzionale.
Strenuo oppositore della sinistra repubblicana, durante il Terrore del 1793 Quatremère fu imprigionato per essersi opposto al Club dei Giacobini; fu rimesso in libertà dopo il 9 termidoro (27 luglio 1794), giorno dell'arresto di Robespierre.
Sostenne attivamente la controrivoluzione, assumendo l'incarico di presidente della sezione realista della Fontaine-de-Grenelle e partecipando ai preparativi per l'insurrezione realista del 13 vendemmiaio (5 ottobre 1795).[49] A seguito di questo evento, accusato di aver "incitato alla rivolta armata", Quatremère fu chiamato a comparire davanti al consiglio militare istituito al Théâtre français: fu condannato in contumacia, e i suoi beni furono confiscati. Ebbe tuttavia il tempo di fuggire e nascondersi. In questo

revolt", Quatremère was called to appear before a military council set up at the Théâtre Français; he was convicted in absentia and his assets were confiscated. He did, however, have time to flee and take hiding; it was most likely at this point that he wrote the *Lettres à Miranda*.[50]

Elected to the Council of Five Hundred for the Seine department on 22 Germinal of Year V (11 April 1797), Quatremère firmly opposed the republican institutions and, after the coup d'état of 18 Fructidor of Year V, his name was included on the banned lists with other members of the Clichy Club (formed after the fall of Robespierre).[51] Having escaped death, after the coup d'état of 18 Brumaire he was recalled by the consular government, which appointed him secretary general of the General Council of the Seine on 20 March 1800.[52]

In 1814, he became part of the royal government. In a letter to his friend Canova on 30 October, he foresaw that something positive was about to happen: in January 1815, Quatremère was elected Intendant of the Arts and Civil Monuments.[53] Awarded the Officer's Cross of the Legion of Honour and the Cordon de Saint-Michel, from 1816 to 1839 he held the position of permanent secretary (*secrétaire perpétuel*) at the Académie des Beaux-Arts.[54] In 1818, he was appointed professor of archaeology at the Cabinet of Antiquities at the National Library. Two years later, on 13 November 1820 he was appointed representative of the Seine at the Grand Collège.[55]

In 1835, he was appointed president of the journal *Annales de l'Institut archéologique*, founded in the same year. He died in 1849 aged 94.

As an architect, Antoine Quatremère de Quincy transformed the church of Sainte Geneviève, into a secular building, the Pantheon. As an urban planner, he was responsible for saving and relocating the *Fontaine des Innocents* in Paris.

frangente scrisse, con molta probabilità, le *Lettres à Miranda*.[50]

Eletto deputato per la Senna al Consiglio dei cinquecento il 22 germinale dell'anno V (11 aprile 1797), Quatremère si oppose fermamente alle istituzioni repubblicane e, dopo il colpo di Stato del 18 fruttifero dell'anno V, il suo nome fu inserito nelle liste di proscrizione insieme ad altri membri del partito di Clichy (formatosi dopo la caduta di Robespierre).[51] Scampato alla morte, dopo il colpo di Stato del 18 brumaio fu richiamato dal governo consolare che il 20 marzo 1800 lo nominò segretario generale del Consiglio generale della Senna.[52]

Nel 1814 entrò a far parte del governo reale; in una lettera all'amico Canova del 30 ottobre anticipava che qualcosa di positivo sarebbe presto accaduto: infatti, nel gennaio 1815 Quatremère fu eletto Intendente alle Arti e ai Monumenti civili.[53] Insignito della Croce di Ufficiale della Legione d'Onore e del Cordone di Saint-Michel, ricoprì dal 1816 al 1839 la carica di segretario permanente (*secrétaire perpétuel*) dell'Accademia di Belle Arti.[54] Nel 1818 fu nominato professore di Archeologia presso il Gabinetto delle antichità della Biblioteca Nazionale. Due anni dopo, il 13 novembre 1820 fu eletto deputato della Senna al Gran Collegio.[55]

Nel 1835 fu nominato presidente della rivista "Annales de l'Institut archéologique", fondata nello stesso anno.

Morì nel 1849 a 94 anni. In veste di architetto, Antoine Quatremère de Quincy trasformò la chiesa di Sainte-Geneviève in un edificio laico, il Pantheon. Come urbanista fu responsabile del salvataggio e del trasferimento della *Fontana degli Innocenti* a Parigi.

L'intellettuale tout court

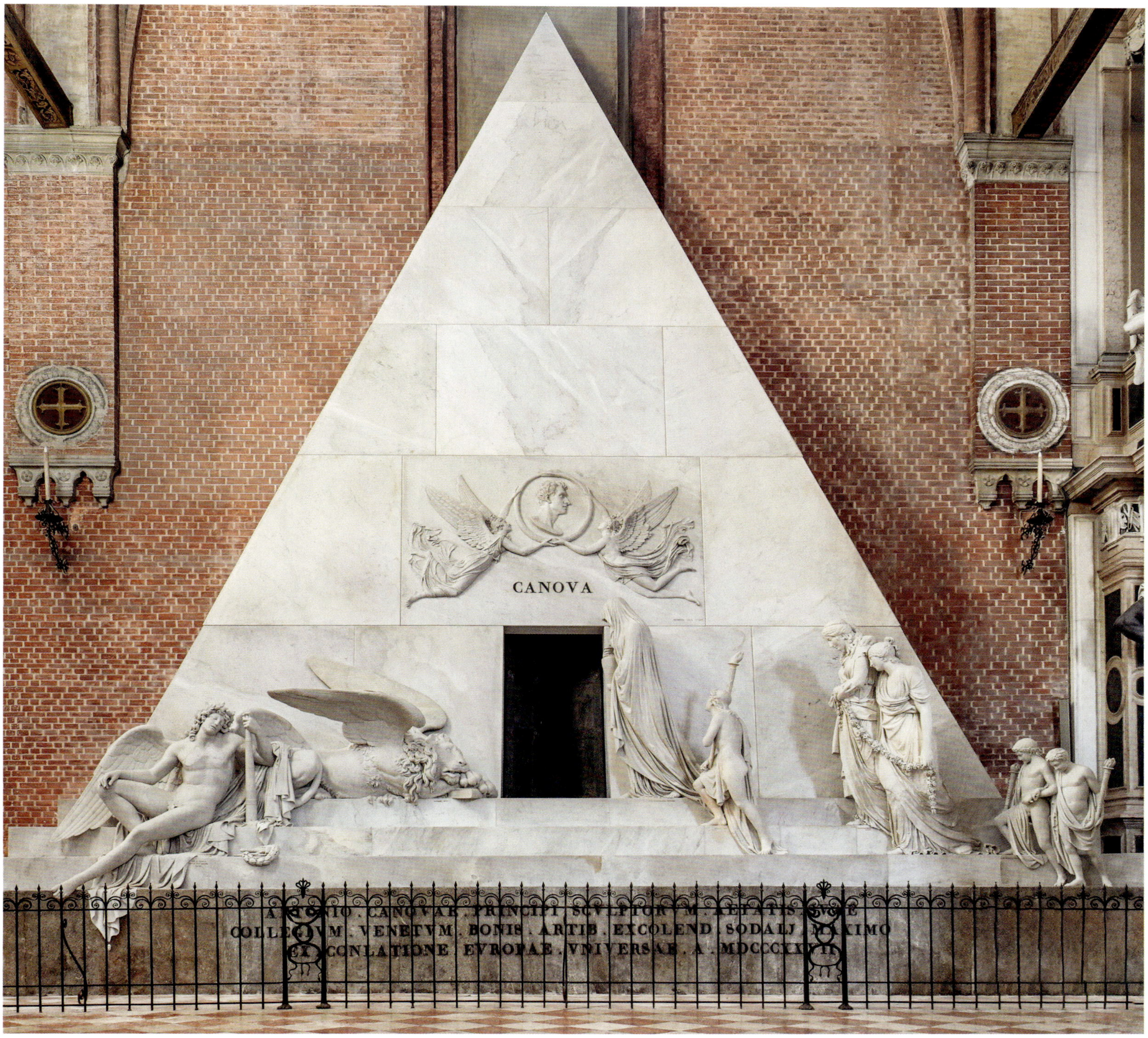

Fig. 82 Antonio Bosa, Giuseppe Fabris, Luigi Zandomenighi, et al.
The tomb of Antonio Canova, 1827
Il monumento funebre di Antonio Canova
Venezia, Basilica di Santa Maria dei Frari

following pp. / pp. seguenti

Fig. 83 *Sculpture Gallery in Chatsworth House* / *Galleria delle sculture di Chatsworth House*
Derbyshire

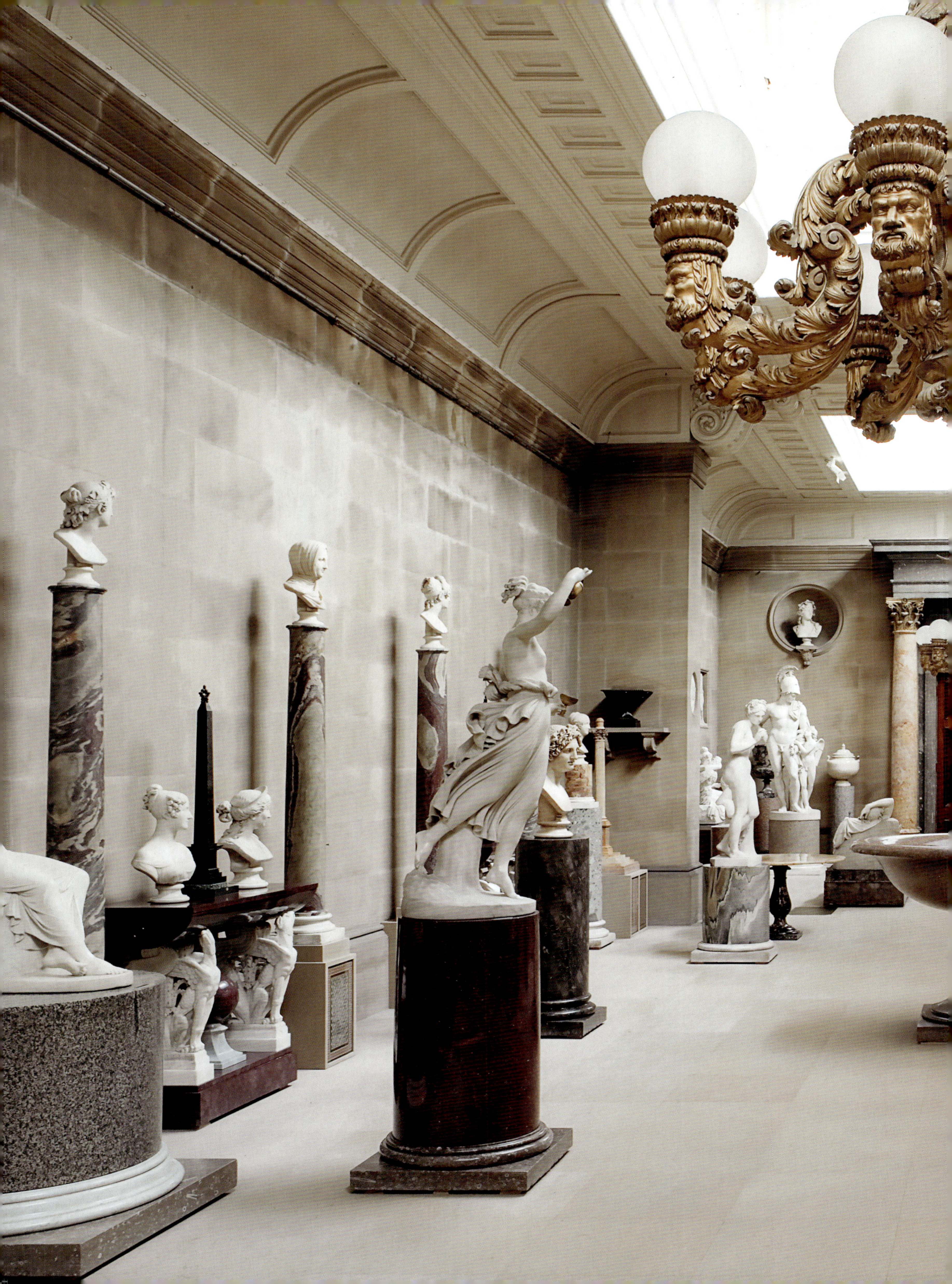

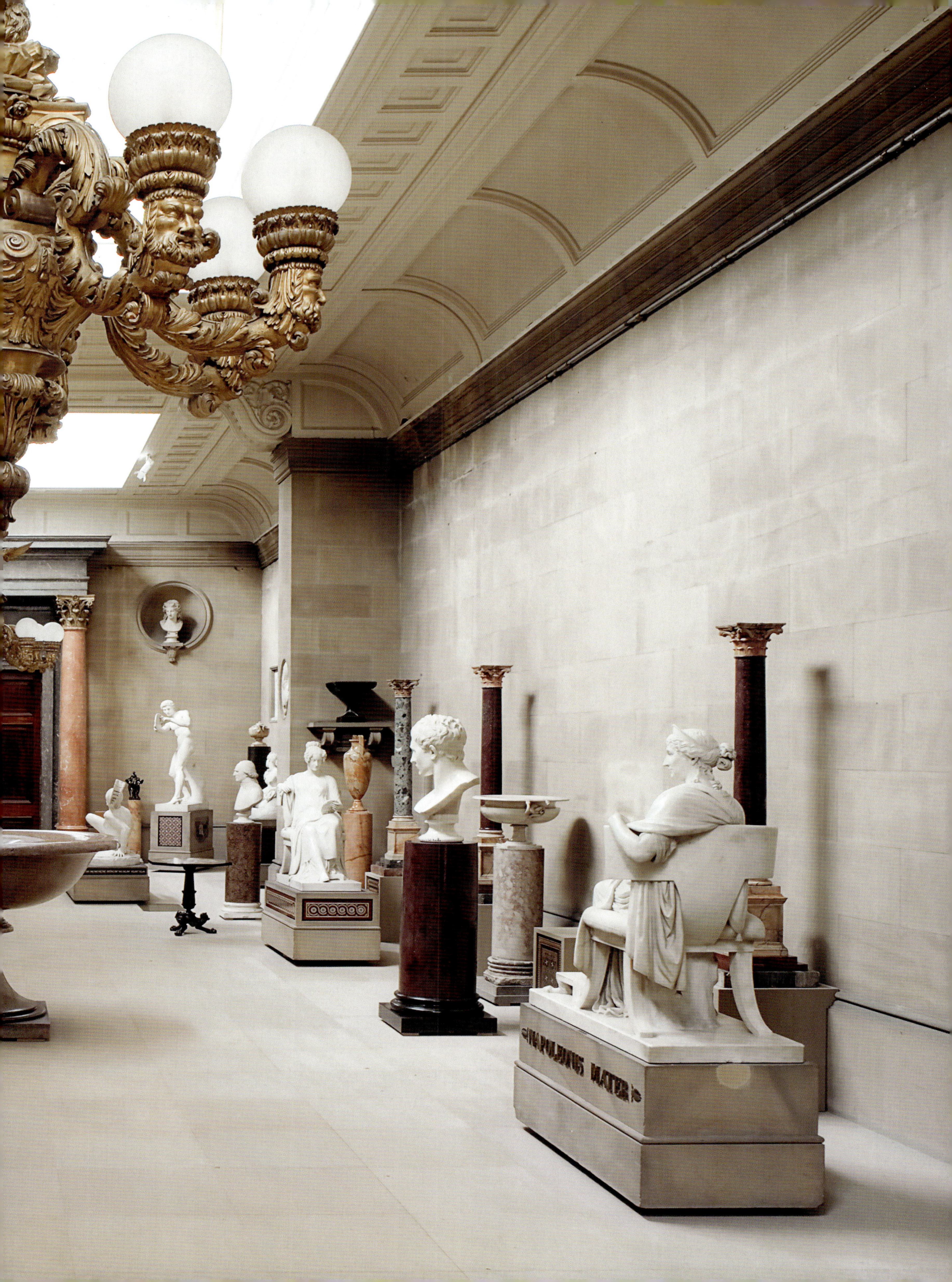
MATER

NOTES / NOTE

Miriam Prencipe
The Key Characters
Biographical summaries

1 Élisabeth Louise Vigée Le Brun, *Souvenirs*, Paris 1867, vol. II, p. 287.
2 *Ibid.*
3 Isabella Teotochi Albrizzi, *Opere di scultura e di plastica di Antonio Canova descritte da Isabella Albrizzi nata Teotochi*, Pisa 1821–1824, vol. III, p. 55.
4 On Van Spaendonck see M. van Boven, S. Segal, *Gerard & Cornelis van Spaendonck: Twee Brabantse bloemenschilders in Parijs*, Maarssen, 1980; P. Huys Janseen, *De geur van succes: Gerard & Cornelis van Spaendonck: bloemschilders in Parijs* (exh. cat., Het Hoordbrabants Museum), Zwolle 2019.
5 The Jardin du Roi (later the Jardin des Plantes) was a state-funded royal laboratory for the study of botany and medicine.
6 https://collections.lacma.org/node/179391.
7 David Pullins 2022, catalogue entry available online: https://www.metmuseum.org/art/collection/search/888924.
8 *Ibid.*
9 Vv. Aa., *L'Intermédiaire des chercheurs & curieux*, 1888, vol. 24, p. 433.
10 Étienne Soulange-Bodin, *Notice sur Madame la marquise de Grollier*, 1828, p. 5.
11 É. L. Vigée Le Brun, *Souvenirs*, Paris 1867, vol. II, p. 287.
12 Stéphanie-Félicité de Genlis, *Mémoires inédits de Madame la comtesse de Genlis sur le dix-hutième siècle et la Révolution française, depuis 1756 jusqu'à nos jours*, Paris 1825, Vol. VII, pp. 242– 243.
13 D. Pullins 2022, catalogue entry available online: https://www.metmuseum.org/art/collection/search/888924.
14 É. Soulange-Bodin, *Notice*, p. 6.
15 François-René de Chateaubriand, *Vers écrits sur un souvenir donné par la marquise de Grollier à M. le baron de Humbolt*, Paris 1818, available online https://www.poetica.fr/poeme-2026/francois-rene-de-chateaubriand-vers-ecrits-sur-un-souvenir/ (11.12.2023). You who will live forever, how can you believe / That you are offered flowers so quick to die? / "Show, you will say, these daughters of Zephyr / To beauty, but not to glory." / Learn more about the price of gifts of friendship. / Have less disdain for these new flowers: /By painting them on your writing, / I have found the secret of making them immortal. / Paris, 1818." (transl. Lucinda Byatt).
16 Antonio Pinelli, *Storia dell'arte e cultura della tutela. Le "Lettres a Miranda" di Quatremère de Quincy* in "Ricerche di Storia dell'arte", VIII, 1978–79, p. 44.
17 For a recent and exhaustive re-reading of Quatremère de Quincy, including his earlier bibliography, see M. Leoni, *Quatremère de Quincy e il primo tomo (1788–1790) del Dizionario di architettura dell'Encyclopédie Méthodique*, doctoral thesis in *Storia dell'Architettura e dell'Urbanistica, Politecnico di Torino*, 2012, available online: https://iris.polito.it/retrieve/handle/11583/2502165/57804/TOMO%20I%20intero%20senza%20cartina.pdf.
18 René Schneider, *Quatremère de Quincy et son intervention dans les arts: (1788–1850)*, Paris, 1910, p. 2.
19 Antoine Chysostôme Quatremère de Quincy, *Canova et ses ouvrages ou mémoires historiques sur la vie et les travaux de ce célèbre artiste*, Paris 1834, pp. 19–20, 28–30.
20 Joseph-Daniel Guigniaut, *Notice historique sur la vie et les ouvrages de M. Quatremère de Quincy, in Mémoires de l'Institut national de France*, Paris 1877, vol. XXV, first part, pp. 366–367. From Rome he is thought to have gone to Naples, where he is believed to have visited the Portici collection and the cities of Herculaneum, Pompeii and Paestum. In 1779, he is then thought to have set off for Sicily. Étienne Marc Quatremère states that his cousin, after visiting Naples and Paestum, moved on to Sicily where he visited Agrigento and Palermo in particular (É. M. Quatrèmere. *Quatremère, Notice historique sur la vie de M. Quatremère de Quiny*, in "Journal des Savants", 1853, pp. 662–663).
21 R. Schneider, *Quatremère de Quincy* cit., p. 3.
22 Étienne Marc Quatremère, Quatremère, *Notice historique* cit., p. 662–663.
23 R. Schneider, *Quatremère de Quincy* cit., p. 138.
24 *Ibid.*, pp. 2–3: *"Mengs, Battoni, Volpato, Piranesi, se groupent autour de lui. Il commente oralement Winckelmann, surtout révèle à David, dans leur commun voyage à Naples en 1779, le secret de l'art gréco-romain"*.
25 On the relationship between Canova and Quatremère see in particular: G. Pavanello (ed.), *Il carteggio Canova-Quatremère de Quincy 1785–1822*, ed. F. P. Luisio, Ponzano (Treviso) 2005; A.C. Quatremère de Quincy, *Canova et ses ouvrages ou Mémoires sur la vie et les travaux de ce célèbre artiste*, Paris 1834, (edition anastatic a cura di F. Mazzocca, Bassano del Grappa 2012).
26 Ian Wardropper, Thomas F. Rowlands, *Antonio Canova and Quatremère de Quincy: The Gift of Friendship*, in "Art Institute of Chicago Museum Studies", XV, 1989, 1, p. 45.
27 R. Schneider, *Quatremère de Quincy* cit., p. 3.
28 Maria Grazia Messina, *L'Arte di Canova nella critica di Quatremère de Quincy*, in "Quaderni sul Neoclassico. Le fonti Canoviane", 1973, p. 137.
29 *Ibid.*
30 R. Schneider, *L'Art de Canova et la France Imperiale*, in "Revue des Etudes Napolioniennes", I (1912), cit., pp. 51–52, in I. Wardropper, T. F. Rowlands, Antonio Canova, cit., p. 45.
31 A.C. Quatremère de Quincy, *Le Jupiter Olympien, ou l'art de la sculpture antique considéréé sous un nouveau point de vue*, Paris 1814. According to Quatremère, Winckelmann had been wrong to limit his analysis to Roman statuary without considering Greek.
32 M. G. Messina, *L'arte di Canova* cit., p. 138.
33 R. Schneider, *Quatremère de Quincy* cit., p. 376; M. G. Messina, *L'arte di Canova* cit., pp. 139–140; I. Wardropper, T. F. Rowlands, *Antonio Canova* cit., p. 45.
34 This last procedure was recommended because it gave the marble an ivory tint that attenuated the chiaroscuro contrasts; see M. G. Messina, *L'arte di Canova* cit., p. 139.
35 *Ibid.*, p. 140.
36 A. C. Quatremère de Quincy, *Canova et ses ouvrages* cit., pp. 45–46.
37 *Ibid.*
38 A. C. Quatremère de Quincy, *Canova et ses ouvrages* cit., p. 264.
39 I. Wardropper, T. F. Rowlands, *Antonio Canova* cit., p. 44.
40 *Ibid.*, p. 46.
41 A. C. Quatremère de Quincy, *Lettres sur l'enlèvement des ouvrages de l'art antique à Athènes et à Rome écrites les unes au célèbre Canova, les autres au général Miranda*, 1836, p. 202.
41 I. Wardropper, T. F. Rowlands, *Antonio Canova* cit., p. 46. The role of Quatremère and Canova in the debate on the restitution is explored in depth in E. Muntz, *Les invasions de 1814 et 1815 et la spoliation de nos musées*, in "La Nouvelle Revue", Paris, 1897, pp. 193–207.
43 M. G. Messina, *L'arte di Canova* cit., p. 142.
44 I. Wardropper, T. F. Rowlands, *Antonio Canova* cit., p. 46.
45 Marina Leoni 2012, (see note 17) p. 162.
46 The three volumes on architecture were published between 1788 and 1825.
47 R. Schneider, *Quatremère de Quincy* cit., p. 4.
48 A. C. Quatremère de Quincy, https://www.treccani.it/enciclopedia/qua remere-de-quincy-antoine-chrysostome/
49 R. Schneider, *Quatremère de Quincy* cit., p. 10.
50 *Ibid.*, pp. 10–11.
51 *Ibid.*, p. 12.
52 *Ibid.*, p. 63.
53 *Ibid.*, p. 199.
54 *Ibid.*, p. 200.
55 *Ibid.*, p. 15.

I protagonisti della vicenda
Cenni biografici

1 Élisabeth Louise Vigée Le Brun, *Souvenirs*, Paris 1867, vol. II, p. 287.

2 *Ibid.*

3 Isabella Teotochi Albrizzi, *Opere di scultura e di plastica di Antonio Canova descritte da Isabella Albrizzi nata Teotochi*, Pisa 1821-1824, vol. III, p. 55.

4 Su Van Spaendonck si vedano M. van Boven, S. Segal, *Gerard & Cornelis van Spaendonck: Twee Brabantse bloemenschilders in Parijs*, Maarssen, 1980; P. Huys Janseen, *De geur van succes: Gerard & Cornelis van Spaendonck: bloemschilders in Parijs* (catalogo della mostra al Het Hoordbrabants Museum), Zwolle 2019.

5 Il Jardin du Roi (poi Jardin des Plantes) era un laboratorio reale finanziato dallo Stato per lo studio della botanica e della medicina.

6 https://collections.lacma.org/node/179391.

7 David Pullins 2022, catalogo consultabile online: https://www.metmuseum.org/art/collection/search/888924.

8 *Ibid.*

9 AA.VV., *L'Intermédiaire des chercheurs & curieux*, 1888, vol. 24, p. 433.

10 Étienne Soulange-Bodin, *Notice sur Madame la marquise de Grollier*, 1828, p. 5.

11 É. L. Vigée Le Brun, *Souvenirs*, Paris 1867, vol. II, p. 287.

12 Stéphanie-Félicité de Genlis, *Mémoires inédits de Madame la comtesse de Genlis sur le dix-hutième siècle et la Révolution française, depuis 1756 jusqu'à nos jours*, Paris 1825, vol. VII, pp. 242-243.

13 D. Pullins 2022, catalogo consultabile online: https://www.metmuseum.org/art/collection/search/888924.

14 É. Soulange-Bodin, *Notice*, p. 6.

15 François-René de Chateaubriand, *Vers écrits sur un souvenir donné par la marquise de Grollier à M. le baron de Humbolt*, Paris 1818, consultabile online https://www.poetica.fr/poeme-2026/francois-rene-de-chateaubriand-vers-ecrits-sur-un-souvenir/Voi che vivrete in eterno, come potete credere / che vi siano offerti fiori così veloci a morire? /"Presentate", direte, "queste figlie di Zefiro / alla bellezza, ma non alla gloria./Dei doni dell'amicizia imparate il prezzo / Disprezzate meno questi nuovi fiori: / dipingendoli sui vostri scritti, / ho trovato il segreto per renderli immortali.

16 Antonio Pinelli, *Storia dell'arte e cultura della tutela. Le "Lettres a Miranda" di Quatremère de Quincy*, in "Ricerche di Storia dell'arte", VIII, 1978-79, p. 44.

17 Per una rilettura recente ed esaustiva di Quatremère de Quincy, comprensiva della bibliografia precedente sul personaggio, si veda M. Leoni, *Quatremère de Quincy e il primo tomo (1788-1790) del Dizionario di architettura dell'Encyclopédie Méthodique*, tesi di dottorato in Storia dell'Architettura e dell'Urbanistica, Politecnico di Torino, 2012, consultabile online: https://iris.polito.it/retrieve/handle/11583/2502165/57804/TOMO%20I%20intero%20senza%20cartina.pdf.

18 René Schneider, *Quatremère de Quincy et son intervention dans les arts: (1788-1850)*, Paris, 1910, p. 2.

19 Antoine Chysostôme Quatremère de Quincy, *Canova et ses ouvrages ou mémoires historiques sur la vie et les travaux de ce célèbre artiste*, Paris 1834, pp. 19-20, 28-30.

20 Joseph-Daniel Guigniaut, *Notice historique sur la vie et les ouvrages de M. Quatremère de Quincy, in Mémoires de l'Institut national de France*, Paris 1877, t. XXV, parte prima, pp. 366-367. Da Roma si sarebbe poi recato a Napoli, dove avrebbe visitato la collezione di Portici e le città di Ercolano, Pompei e Paestum. Nel 1779 sarebbe partito alla volta della Sicilia. Étienne Marc Quatrèmere sostiene che il cugino, dopo aver visitato Napoli e Paestum, si sarebbe spostato in Sicilia e avrebbe visitato in particolare Agrigento e Palermo (É. M. Quatremère, *Notice historique sur la vie de M. Quatremère de Quincy*, in "Journal des Savants", 1853, pp. 662-663).

21 R. Schneider, *Quatremère de Quincy* cit., p. 3.

22 Étienne Marc Quatremère, *Notice historique* cit., p. 664.

23 R. Schneider, *Quatremère de Quincy* cit., p. 138.

24 *Ibid.*, pp. 2-3: "*Mengs, Battoni, Volpato, Piranesi, se groupent autour de lui. Il commente oralement Winckelmann, surtout révèle à David, dans leur commun voyage à Naples en 1779, le secret de l'art gréco-romain*".

25 Sul rapporto tra Canova e Quatremère si veda in particolare: G. Pavanello (a cura di), *Il carteggio Canova-Quatremère de Quincy 1785-1822*, edizione di F. P. Luisio, Ponzano (Treviso) 2005; A.C. Quatremère de Quincy, *Canova et ses ouvrages ou Mémoires sur la vie et les travaux de ce célèbre artiste*, Paris 1834, edizione anastatica a cura di F. Mazzocca, Bassano del Grappa 2012.

26 Ian Wardropper, Thomas F. Rowlands, *Antonio Canova and Quatremère de Quincy: The Gift of Friendship*, in "Art Institute of Chicago Museum Studies", XV, 1989, 1, p. 45.

27 R. Schneider, *Quatremère de Quincy* cit., p. 3.

28 Maria Grazia Messina, *L'Arte di Canova nella critica di Quatremère de Quincy*, in "Quaderni sul Neoclassico. Le fonti Canoviane", 1973, p. 137.

29 *Ibid.*

30 R. Schneider, *L'Art de Canova et la France Imperiale*, in "Revue des Études Napolioniennes", I (1912), pp. 51-52, cit. in *cit.*, in I. Wardropper, T. F. Rowlands, *Antonio Canova* cit., p. 45.

31 A. C. Quatremère de Quincy, *Le Jupiter Olympien, ou l'art de la sculpture antique considéréé sous un nouveau point de vue*, Paris 1814. Secondo Quatremère, Winckelmann aveva avuto torto a circoscrivere la sua analisi alla statuaria romana e non considerare anche quella greca.

32 M. G. Messina, *L'arte di Canova* cit., p. 138.

33 R. Schneider, *Quatremère de Quincy* cit., p. 376; Messina, *L'arte di Canova* cit., pp. 139-140; I. Wardropper, T. F. Rowlands, *Antonio Canova* cit., p. 45.

34 Quest'ultimo procedimento era raccomandato poiché conferiva al marmo una tinta avorio che attenuava i contrasti chiaroscurali; si veda Messina, *L'arte di Canova* cit., p. 139.

35 *Ibid.*, p. 140.

36 A. C. Quatremère de Quincy, *Canova et ses ouvrages* cit., pp. 45-46.

37 *Ibid.*

38 A. C. Quatremère de Quincy, *Canova et ses ouvrages* cit., p. 264.

39 I. Wardropper, T. F. Rowlands, *Antonio Canova* cit., p. 44.

40 *Ibid.*, p. 46.

41 A. C. Quatremère de Quincy, *Lettres sur l'enlèvement des ouvrages de l'art antique à Athènes et à Rome écrites les unes au célèbre Canova, les autres au général Miranda*, 1836, p. 202.

42 I. Wardropper, T. F. Rowlands, *Antonio Canova* cit., p. 46. Il ruolo di Quatremère e Canova nel dibattito sulla restituzione è trattato più approfonditamente in E. Muntz, *Les invasions de 1814 et 1815 et la spoliation de nos musées*, in "La Nouvelle Revue", Paris, 1897, pp. 193-207.

43 M. G. Messina, *L'arte di Canova* cit., p. 142.

44 I. Wardropper, T. F. Rowlands, *Antonio Canova* cit., p. 46.

45 Marina Leoni 2012 (si veda nota 17), p. 162.

46 I tre volumi sull'architettura furono pubblicati tra il 1788 e il 1825.

47 R. Schneider, *Quatremère de Quincy* cit., p. 4.

48 A. C. Quatremère de Quincy, https://www.treccani.it/enciclopedia/quatremere-de-quincy-antoine-chrysostome/

49 R. Schneider, *Quatremère de Quincy* cit., p. 10.

50 *Ibid.*, pp. 10-11.

51 *Ibid.*, p. 12.

52 *Ibid.*, p. 63.

53 *Ibid.*, p. 199.

54 *Ibid.*, p. 200.

55 *Ibid.*, p. 15.

CREDITS

AKG-images, fig. 69
Arcaid Images, Richard Bryant, pp. 4–5
Ashmolean Museum, Oxford, figs. 17, 18
Collezione d'arte Banca d'Italia, Giuseppe Schiavinotto, fig. 6
Biblioteca Civica, Bassano del Grappa, figs. I–III, 24, 25, 28–30, 43–48
Bibliothèque nationale de France, figs. 26, 27, 31, 42, 49, 50
bpk / Kimbell Art Museum / Art Resource, NY, figs. 20, 37
bpk / RMN - Grand Palais / Michel Urtado, fig. 74
bpk / The Art Institute of Chicago / Art Resource, New York, figs. 38, 80
bpk / Victoria and Albert Museum, London, fig. 35
Bridgeman Images, reproduced by permission of Chatsworth Settlement Trustees, figs. 60, 67, 83
Comune di Forli, Archivio Fotografico Musei Civici, figs. 36, 76
Donell K. J. / Alamy Stock Photo, fig. 40
Fabre Museum, Montpellier, Frédéric Jaulmes, fig. 11
Gallerie degli Uffizi, Gabinetto Fotografico, figs. 15, 70
Gipsoteca canoviana, Possagno, Lino Zanesco, p. 1, figs. 32, 51–53, 77, 84
Joko / Alamy Stock Photo, fig. 82
Lipov Felix / Alamy Stock Photo, fig. 7
Los Angeles County Museum of Art, fig. 72
Musée des Beaux-Arts, Lyon, fig. 59
Museo Civico, Asolo, fig. 1
Museo di Brescia, Tosio Martinengo, fig. 61
Museum of Art, Toledo TX, Purchased with funds from the Libbey Endowment, Gift of Edward Drummond Libbey, fig. 4
Museum of Fine Arts, Boston, fig. 62
National Gallery of Art, Washington, fig. 39
Neder Renate, München, all photographs of La Riconoscenza, and figs. 63, 64, 66
Photo Scala, Florence – courtesy of the Ministero Beni e Att. Culturali e del Turismo, fig. 23
https://primo.getty.edu/primo-explore/fulldisplay?vid=GRI&docid=GETTY_ALMA21131353800001551&context=L figs. 5, 9, 14, 16, 21, 41, 56–58, 65
Ritterbach Juergen / Alamy Stock Photo 79
Roli Ghigo / Bridgeman Images, figs. 34
Royal Academy of Arts, London, fig. 73
Sammlung Bundesmobilienverwaltung, Hofburg Wien, Kaiserappartements, Tina King, fig. 33
Sedmak Jozef / Alamy Stock Photo Fig. 78
Skimage / Alamy Stock, 75
The Metropolitan Museum of Art, New York, figs. 68, 71
Thorvaldsen's Museum, Copenhagen, Lennart Larsen, fig. 3
Trinity Fine Art, London, fig. 2
Victoria and Albert Museum, London, Robert Auton, figs. 8, 10
V&A Images / Alamy Stock Photo, fig. 19
Zutich Bosiljka / Alamy Stock Photo, fig. 22

According to the referenced literature:
Paragone Arte, N 144 201, (ill. 8, 9), Isabella Bottoni, figs. 12, 13
Stampe delle opere scolpite da Antonio Canova, (n. p.) figs. 54, 55

p. 1
Antonio Canova
La Riconoscenza, 1816–1817
gesso model / modello in gesso
Possagno, Gipsoteca canoviana

pp. 4–5
Plaster Cast Gallery /
Sala grande
Possagno, Gipsoteca canoviana

p. 184
Fig. 84 Antonio Canova
Amor and Psyche, 1800,
gesso model / *Amore e Psiche*, modello in gesso
Possagno, Gipsoteca canoviana

COLOPHON

Author	Fernando Mazzocca
Author of the biographical summaries	Miriam Prencipe
Translation English	Laura Benett
Project management Hirmer Publishers	Jutta Allekotte
Copy-editing	Lucinda Byatt, Andrea Michler
Graphic design	Renate Neder
Production	Lucia Ott
Pre-press and reproductions	Reproline Genceller GmbH, Munich
Printing and binding	Druckerei Vogl GmbH & Co KG, Zorneding
Paper	GardaMatt Art, 170 g, Corolla Book Premium white, 90 g
Typefaces	Avenir, Didot
Editor	Sascha Mehringer

Printed in Germany

ISBN 978-3-7774-4303-4

Hirmer Publishers
(Hirmer Verlag GmbH)
Managing Director: Kerstin Ludolph
Bayerstraße 57–59, 80335 Munich, Germany

www.hirmerpublishers.com
www.hirmerpublishers.co.uk
www.hirmerverlag.de

Bibliographic information published by the Deutsche Nationalbibliothek
The Deutsche Nationalbibliothek lists this publication in the Deutsche Nationalbibliografie; detailed bibliographic data are available online at http://dnd.de

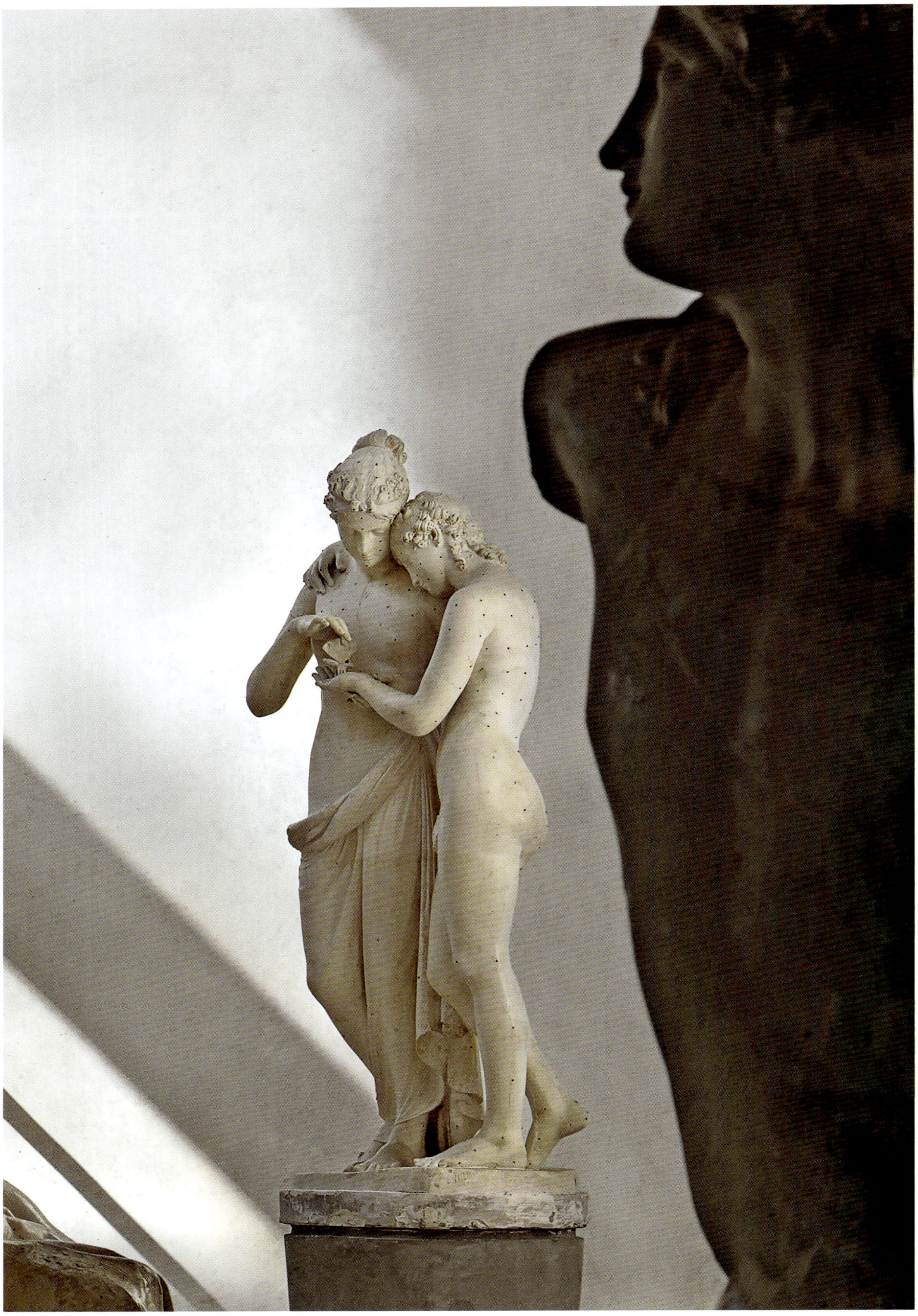

29 ~~Ottobre~~ 1816
Quatremere

All' Signor
Signor Canova
a Roma

15 NOVEMBRE

Parigi 29 8bre 1816

Carissimo Amico

Ho ricevuto nel suo dato tempo la vostra lettera del 1.° Ottobre, e pochi giorni doppo m'è pervenuta, da non so qual Signore, (giache io allora stavo fuor di casa) la lettera ed il pachetto annunziato da voi di Sua Santità. Insieme una bellissima Corona due Medaglie l'una d'oro l'altra d'argento e la preziosissima lettera del Santo padre la quale terro come un monumento rispettabile della benevolenza d'un tanto pontefice. Il tutto, Amico, sarà anche per me testimonio carissimo della vostra amicizia, poiche senza la vostra raccomandazione non mi lusingo d'aver ottenuto si caro e si prezioso honore.

Vi ringrazio delle cure che prendete per far conoscere ed esitar l'opera mia in Italia. Io ne scriverò al S.r Stella di Milano, a cui mi promette di far la raccommandazione.
Spero anche del nostro amico Cicognara che qualche cosa farà a Venezia, per far mi conoscere. dovrà per certo trovar il suo esemplar, il quale m'è assicurato che deve esser arrivato gran tempo fa.
In un nuovo ed antico Giornale, chiamato Le journal